중등교원 임용시험대비 정보컴퓨터 일반이론 완벽 가이드

알기 쉽게 풀어가는
정보컴퓨터 일반과정 II

기본개념 + 예제 + 기출문제 완벽정리

- 정보컴퓨터 일반이론을 체계적으로 정리
- 기본개념 설명과 예제를 통한 확인학습
- 다양한 기출문제를 통한 실전 완벽 대비

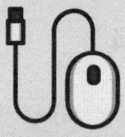

 자료구조

SECTION 01 알고리즘(Algorithm) 010
    1 알고리즘의 정의 010
    2 알리고즘의 특성 010
    3 알고리즘의 분석 010
    4 Big-Oh(O) 표기법 011
    5 Big-Oh(O)에 의한 복잡도의 차수별 비교 011

SECTION 02 선형 구조 015
    1 배열(array) 015
    2 제한된 선형 리스트 019
    3 연결 리스트(linked list) 029

SECTION 03 비선형 구조 037
    1 트리(tree) 037
    2 그래프(Graph) 046

SECTION 04 정렬(Sort) 057
    1 내부 정렬(internal sort) 057
    2 외부 정렬(external sort) 074

SECTION 05 검색(Search)	075
1 키 비교에 의한 탐색	075
2 키 변환에 의한 탐색 : 해싱(hashing)	087
3 탐색 구조	090

CHAPTER VI 컴퓨터 네트워크

SECTION 01 데이터 전송 기술	098
1 데이터 통신 시스템의 구성	098
2 정보 전송기술	102
3 변조 방식	105
4 다중화 방식(multiplexing)	116

SECTION 02 전송 제어 절차	119
1 전송 제어	119
2 프로토콜과 OSI 참조 모델	125
3 오류 검출(error detection)	129
4 흐름 제어와 오류 제어	133

CONTENTS

SECTION 03 컴퓨터 통신망   137
    1 데이터 회선망   137
    2 인터네트워킹(Internetworking)   143
    3 근거리 통신망(LAN)   151

SECTION 04 TCP/IP   154
    1 TCP/IP의 개요   154
    2 IP(Internet Protocol) 주소   157
    3 IPv4   163
    4 IPv6   168
    5 TCP(Transfer Control Protocol)   170

CHAPTER VII 정보보호론

SECTION 01 정보보호의 개요   176
    1 보안 요소와 침입 형태   176
    2 정보보안의 목표   177
    3 정보보안의 요소   179

SECTION 02 암호화(Encryption) 181
    1 암호 이용의 목적 181
    2 암호 공격 방식 182
    3 암호 방식의 종류 184
    4 해쉬함수(hash function) 191
    5 전자서명(digital signature) 193

SECTION 03 네트워크 보안과 해킹 198
    1 네트워크 기반 공격 198
    2 네트워크 장비를 이용한 보안기술 203
    3 접근통제(access control) 207
    4 해킹(hacking) 209

프로그래밍 언어론

SECTION 01 언어처리기와 바인딩 212
    1 언어 처리기 212
    2 바인딩(binding) 216

CONTENTS

SECTION 02 부프로그램(Subprogram) 217
    1 부프로그램의 분류   217
    2 매개변수 전달방법   218
    3 부수효과 / 이명   223

SECTION 03 언어의 블록 구조 226
    1 영역과 수명   226
    2 기억장소 할당   230
    3 자료형의 동치   233
    4 배열과 단락평가   235

CHAPTER IX 소프트웨어 공학

SECTION 01 생명주기와 비용산정 240
    1 생명주기(SDLC)의 모형   240
    2 소프트웨어 위기(software crisis)   243
    3 소프트웨어 비용 산정법   244
    4 일정계획   246
    5 프로젝트 조직   247

SECTION 02 분석 및 설계 — 248

1. 구조적 분석의 도구 — 248
2. 모듈화의 평가기준 — 249
3. 객체지향 언어 — 252
4. UML(Unified Modeling Language) — 253
5. 디자인 패턴(design pattern) — 255

SECTION 03 검사와 품질 — 256

1. 소프트웨어 검사 — 256
2. 단계별 소프트웨어 검사 — 259
3. 소프트웨어 복잡도 메트릭스 — 259
4. 신뢰도(reliability) — 261
5. 유지보수(maintenance) — 262

CHAPTER V

자료구조

SECTION 1 알고리즘(Algorithm)

1 알고리즘의 정의

특정한 작업을 수행하는 명령들의 집합을 의미한다. 즉, 입력으로 들어온 원시 자료(raw data)를 정교한 자료(refined data)로 변환하기 위하여 사용한다.

2 알리고즘의 특성

① 입력(input) : 외부에서 0개 이상의 입력 자료가 존재해야 한다.
② 출력(output) : 적어도 하나 이상의 결과 자료가 나온다.
③ 명확성(definiteness) : 각각 명령어가 애매하지 않고 명확하게 존재해야 한다.
④ 유한성(finiteness) : 모든 경우에 대하여 한정된 단계를 처리한 후 끝나게 된다.
⑤ 효율성(effectiveness) : 모든 명령어는 효율적으로 실행 가능한 것이어야 한다.

3 알고리즘의 분석

① 알고리즘 수행에 필요한 시간(시간 복잡도) : 알고리즘 수행에 필요한 기계 독립적인 시간의 양을 나타낸다.
② 알고리즘 수행에 필요한 공간(공간 복잡도) : 알고리즘 수행에 필요한 기계 독립적인 공간의 양을 나타낸다.
③ 정확성(Correctness) : 알고리즘이 입력에 대한 정확한 결과를 출력해 내는지를 나타낸다.
④ 간결성(Simplicity) : 알고리즘의 간단하고 읽기 쉬운 정도를 나타낸다.
⑤ 최적성(Optimality) : 알고리즘이 해결하고자 하는 문제를 최소의 비용으로 해결하고 있는지를 나타낸다.

4. Big-Oh(O) 표기법

- f, g가 양의 정수를 갖는 함수일 때, 두 양의 상수 a, b가 존재하고, 모든 n≥b에 대해 f(n) ≤a.g(n)이면, f(n) = O(g(n))이다.
- Big-Oh(O)함수는 어떤 식의 최고 차수의 상한을 나타내는 것이다.

문장	s/e	빈도수
float sum(float list[ ], int n)	0	0
{	0	0
float tempsum = 0;	1	1
int i;	0	0
for (i=0; i < n; i++)	1	n+1
tempsum += list[i];	1	n
return tempsum;	1	1
}	0	0
합계		2n + 3 = O(n)

5. Big-Oh(O)에 의한 복잡도의 차수별 비교

$$O(1) < O(\log_2 n) < O(n) < O(n\log_2 n) < O(n^2) < O(n^3) < O(2^n) < O(n!)$$

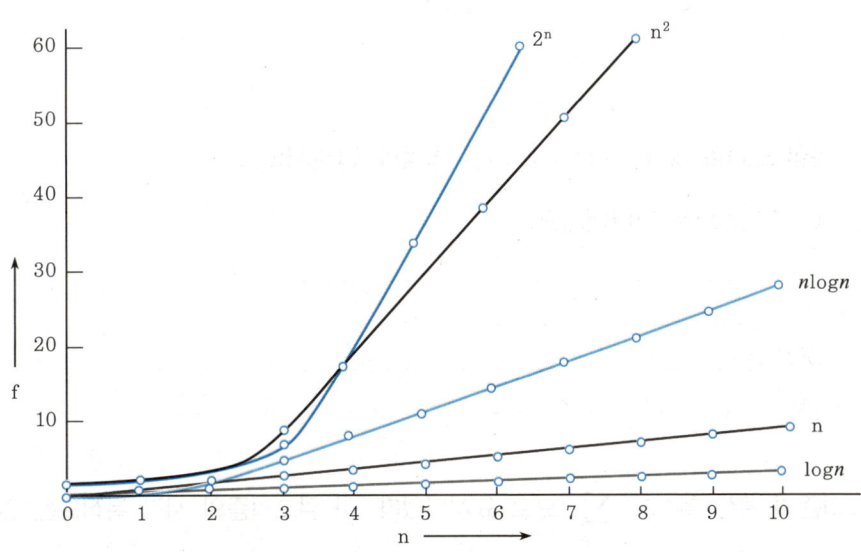

SECTION 1 알고리즘(Algorithm)

예제 01

다음 프로그램에 그 실행시간을 분석하여 수행회수와 O-표기법으로 나타내시오.

1.
```
sum = 0 ;
scanf("%d", &n) ;
for(i=1 ; i<=n ; i++)
    sum = sum + i ;
printf("sum = %d ", sum) ;
```

① 수행회수 : _____
② O-표기법 : _____

2.
```
for(i=1 ; i<=n ; i++)
 for(j=1 ; j<=n ; j++) {
    c[i][j] = 0 ;
    for(k=1 ; k<=n ; k++)
       c[i][j] += a[i][k]*b[k][j] ; }
```

① 수행회수 : _____
② O-표기법 : _____

예제 02

다음의 시간 복잡도(time complexity)에 대한 물음에 답하시오.

1. 알고리즘의 O-표기법으로 나타내시오.
   ① n^2-n+5 = _____
   ② n^2+5n+7 = _____
   ③ $O(n!) + O(2^n)$ = _____
   ④ $O(2^n) + O(n^{18})$ = _____

2. 어떤 알고리즘의 계산 횟수가 $\sum_{i=1}^{n} i^2$으로 표시되었다. 이 알고리즘의 시간 복잡도는 얼마인가?
   • 시간 복잡도 : _____

기출 2009 - 21 함수 A()와 B()는 동일한 기능을 수행하는 알고리즘이다. A()와 B()에 대한 설명으로 옳은 것을 〈보기〉에서 모두 고른 것은?

```
A(int a, int n) {
    int j, k = 1;
    for(j = 1; j <= n; j++)
        k = k × a ;
    return k;
}

B(int a, int n) {
    if( ㉮ )
        return 1;
    else if((n mod 2) == 0)
            return B(a², n/2) ;
        else   return a × B(a², ㉯ ) ;
}
```

보기

ㄱ. ㉮는 n=1, ㉯는 $\frac{n}{2}$이다.

ㄴ. ㉮는 n=0, ㉯는 $\frac{n-1}{2}$이다.

ㄷ. B(3, 4)를 수행할 때 B()의 전체 호출 횟수는 5회이다.

ㄹ. B()의 시간 복잡도는 $O(\log_2 n)$이다.

① ㄱ, ㄷ　　② ㄱ, ㄹ　　③ ㄴ, ㄷ　　❹ ㄴ, ㄹ　　⑤ ㄴ, ㄷ, ㄹ

1 알고리즘(Algorithm)

예제 03

다음과 같은 수식의 결과를 구하는 함수를 재귀적 알고리즘으로 작성하고자 한다. ㉠에 들어갈 알맞은 내용을 쓰시오. (단, 아래의 n은 음이 아닌 정수이다.)

알고리즘

○ 수식문제

$$m * n = \begin{cases} 0, & \text{if } n = 0 \\ m*(n-1)+m, & \text{if } n \neq 0 \end{cases}$$

○ 작성된 함수

```
int f(int m, int n)
  {
      int k;
      if (n == 0) return 0;
      k = [      ㉠      ];
      return(k + m );
  }
```

예제 04

int f(int m, int n)일 때 f(6, 10)에서 〈f 함수〉의 수행 횟수와 반환되는 값을 순서대로 쓰시오.

f 함수

```
int f(int m, int n)
  {
     if(n==1) return m;
        else if (n%2==0)
            {
                int temp;
                temp = f(m, n/2);
                return temp * temp;
            }
         else
             return m*f(m, n-1);
  }
```

SECTION 2 선형 구조

1 배열(array)

(1) 배열의 정의
① 색인(index)과 값(value)을 갖는 집합이다.
② 연산은 유한사상(finite mapping)으로 이루어져 있다.
③ 배열 연산의 종류에는 검색(retrieval)과 저장(store)이 있다.

(2) 배열원소의 주소 계산
① 2차원 배열 - A[m, n]이고, A[1, 1] = α 일 때
  ㉠ 행 중점 순서(row-major order)
   • A[i, j]의 위치 : $(i - 1) \times n + j$ • A[i, j]의 번지 : $\alpha + (i - 1) \times n + (j - 1)$
  ㉡ 열 중점 순서(column-major order)
   • A[i, j]의 위치 : $(j - 1) \times m + i$ • A[i, j]의 번지 : $\alpha + (j - 1) \times m + (i - 1)$
② 3차원 배열 - A[l,m,n]이고, A[1, 1, 1] = α 일 때
  ㉠ 행 중점 순서(row-major order)
   • A[i, j, k]의 번지 = $\alpha + (i - 1) \times m \times n + (j - 1) \times n + (k - 1)$
  ㉡ 열 중점 순서(column- major order)
   • A[i, j, k]의 번지 = $\alpha + (k - 1) \times l \times m + (j - 1) \times l + (i - 1)$

(3) 배열의 삽입·삭제시 평균 이동 횟수
① 삽입(insert)

| A_1 | A_2 | A_3 | ………… | A_{n-2} | A_{n-1} | A_n |

$$\therefore Mi = \sum_{i=1}^{n} i / n = \frac{n+1}{2}$$

② 삭제(delete)

| A_1 | A_2 | A_3 | ………… | A_{n-2} | A_{n-1} | A_n |

$$\therefore Md = \sum_{i=1}^{n-1} i / n = \frac{n-1}{2}$$

(4) 삼각행렬

① 삼원대각행렬

A	B	
$\begin{bmatrix} x\ x & & & & & \\ x\ x\ x & & & 0 & & \\ & x\ x\ x & & & & \\ & & x\ x\ x & & & \\ & & & \cdot\ \cdot\ \cdot & & \\ & & & & \cdot\ \cdot\ \cdot & \\ & 0 & & & x\ x\ x & \\ & & & & & x\ x \end{bmatrix}$	1 2 3 4 5 … 3n−2	A(1, 1) A(1, 2) A(2, 1) A(2, 2) A(2, 3) … A(n, n)

- A(1,1) → B(1)
- A(i, j) → if |i−j|>1 then 0
  else   B((3(i−1)−1) + (j−i+2))

② 하삼각행렬

A	B	
$\begin{bmatrix} x & & & & & \\ x\ x & & & 0 & & \\ x\ x\ x & & & & & \\ \cdot\ \cdot\ \cdot\ \cdot & & & & & \\ \cdot\ \cdot\ \cdot\ \cdot\ \cdot & & & & & \\ x\ x\ x\ x\ x\ x & & & & & \end{bmatrix}$	1 2 3 4 … n(n+1)/2	A(1, 1) A(2, 1) A(2, 2) A(3, 1) … A(n, n)

- A(1,1) → B(1)
- A(i, j) → if i < j then 0
  else   B(i(i−1)/2 + j)

③ 상삼각행렬

A	B		C	
$\begin{bmatrix} x\ x\ x\ x\ x\ x \\ \ \ x\ x\ x\ x\ x \\ \ \ \ \ \cdot\ \cdot\ \cdot\ \cdot \\ \ \ \ \ \ \ \cdot\ \cdot\ \cdot \\ 0\ \ \ \ \ \ x\ x \\ \ \ \ \ \ \ \ \ \ \ x \end{bmatrix}$	1 2 … n n+1 … n(n+1)/2	A(1, 1) A(1, 1) … A(1, 1) A(1, 1) … A(1, 1)	1 2 3 4 5 … n(n+1)/2	A(1, 1) A(1, 2) A(2, 2) A(1, 3) A(2, 3) … A(n, n)

- A(1,1) → B(1)
- A(i, j) → if i > j then 0
  else B((i−1)n−(i−1)(i−2)/2+(j−i+1))

예제 05

아래 〈그림〉의 3원 대각 행렬(tridiagonal matrix)은 희소 행렬이므로 2차원 배열(A[1 : n] [1 : n])에 저장할 경우 메모리 낭비가 크다는 단점을 갖는다. 이를 해결하기 위해 일차원 배열(B[1]=A[1][1], B[2]=A[1][2], B[3]=A[2][1], B[4]=A[2][2], B[5]=A[2][3], …)과 같을 때 A[151][150]이 저장되는 B[]의 원소의 첨자를 쓰시오.

그림

A	B	
$\begin{bmatrix} x\ x \\ x\ x\ x \ \ \ \ \ \ \ \ \ \ 0 \\ \ \ x\ x\ x \\ \ \ \ \ x\ x\ x \\ \ \ \ \ \ \ \cdot\ \cdot\ \cdot \\ \ \ \ \ \ \ \ \ \cdot\ \cdot\ \cdot \\ 0\ \ \ \ \ \ \ x\ x\ x \\ \ \ \ \ \ \ \ \ \ \ \ x\ x \end{bmatrix}$	1 2 3 4 5 … 3n−2	A(1, 1) A(1, 2) A(2, 1) A(2, 2) A(2, 3) … A(n, n)

SECTION 2 선형 구조

예제 06

다음과 같이 하삼각행렬을 행 우선 방식으로 일차원 배열에 저장하는 경우 A(200,50)이 저장되는 주소를 구하시오. (단, 행렬의 각 원소는 한 바이트를 차지하며 일차원 배열의 시작 주소는 100이다.)

```
A(1,1)
A(2,1)  A(2,2)
A(3,1)  A(3,2)  A(3,3)
.....
A(n,1)  A(n,2)  A(n,3) ...... A(n,n)
```

∴ 주소 : _____

(5) 희소 행렬(sparse matrix)

배열(array)을 표시함에 있어서 특이한 행렬로서, 구성 요소 중에서 0이 무수히 많은 행렬을 의미한다. 이 행렬에서 기억장소를 절약하기 위한 방법으로 선형 리스트를 사용한 방법과 연결 리스트를 사용한 방법이 있다.

예제 07

희소 행렬(sparse matrix)은 구성 요소들이 0이 무수히 많은 행렬로, 기억 장소의 낭비가 심하다. 다음과 같은 5행 5열의 희소행렬을 기억 장소를 절약할 수 있는 선형 리스트를 구하시오.

[희소 행렬]

	0열	1열	2열	3열	4열
0행	0	7	0	0	−16
1행	0	0	0	56	0
2행	9	0	0	0	0
3행	0	0	−23	0	0
4행	0	42	0	0	0

→

[선형 리스트]

	0열	1열	2열
0행			
1행			
2행			
3행			
4행			
5행			
6행			

2 제한된 선형 리스트

(1) 스택(stack)

① 개념
  ㉠ 삽입과 삭제가 TOP에서 이루어지는 선형 리스트(ordered list)이다.
  ㉡ 후입선출(LIFO, Last In First Out) 구조이다.

② 삽입 알고리즘 : push down

```
#define SIZE 임의의 양의 정수
void push(char item, int top)
 {
  if(top == SIZE)
    {
       printf("stack is overflow\n");
       exit(0);
    }
       top++;
       stack[top] = item;
 }
```

③ 삭제 알고리즘 : pop up

```
char pop(int top)
 {
   char item;

   if(top == 0)
     {
        printf("stack is underflow");
        exit(0);
     }
        item = stack[top];
        top--;
        return(item);
 }
```

SECTION 2 선형 구조

예제 08

순서가 A, B, C, D로 정해진 입력 자료를 스택에 넣었다가 꺼내는 결과들이 다음과 같을 때, 이러한 결과를 생성하기 위한 스택의 동작을 쓰시오. (단, 입력동작은 I이고 출력동작은 O이다.)

1. B, A, D, C
   동작순서 : _____

2. C, B, A, D
   동작순서 : _____

3. B, C, D, A
   동작순서 : _____

예제 09

순서가 A, B, C, D, E로 정해진 입력 자료를 스택에 다음과 같이 입력하였다가 출력한 결과를 쓰시오.

1. push-push-pop-push-pop-pop-push-pop-push-pop
   _____

2. push-push-push-pop-push-pop-pop-push-pop-pop
   _____

3. push-pop-push-push-pop-push-pop-push-pop-pop
   _____

④ 연결을 이용한 스택 알고리즘

```
    typedef struct stack_node stack_node ;
    struct stack_node {
          char data ;
          stack_node *link ; } ;
    stack_node *top = NULL ;
    void push(char data)
    {
      struct stack_node *new ;

      new = malloc(sizeof(stack_node)) ;
      if( !new ) { printf("memory allocation error") ;
                 exit(1) ; }
      else
        {
          new->data = data ;
          new->link = top ;
          top = new ;
        }
    }
    char pop( )
    {
      struct stack_node *ptr ;
      char temp ;

      if( isempty() ) { printf("stack empty") ; exit(1) ; }
      else
        {
          temp = top->data ;
          ptr = top ;
          top = top->link ;
          free(ptr) ;
          return(temp) ;
        }
    }
```

⑤ 활용
  ㉠ 부프로그램의 호출(call)과 복귀(return)

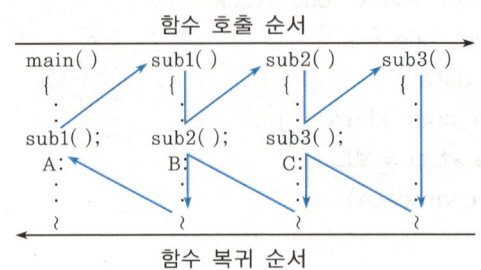

  ㉡ 인터럽트(interrupt), 되부름(recursion), 깊이 우선 검색, Quicksort
  ㉢ 산술식의 표현
    ⓐ 중위(Infix) 표기법   : operand − operator − operand
    ⓑ 전위(Prefix) 표기법 : operator − opernd − operand
    ⓒ 후위(Postfix) 표기법 : operand − operand − operator

예제 10

A / B * * C + D * E − A * C를 prefix와 postfix로 표기하시오.

prefix : _____
postfix : _____

기출 2006 - 19 다음에 표현된 전위표기(prefix) 연산식을 후위표기(postfix)로 변경하시오. 이때, 연산자의 우선순위(precedence)와 결합성(associativity)은 C 프로그래밍 언어의 규칙을 따른다고 가정한다. 연산식에서 +, −, *, ++, %는 연산자이며, a, b, c, d, e는 변수이다. (3점)

• 전위표기 연산식 : + − * ++ a b % c d e
• 후위표기 연산식 : a++ b * c d % − e +

기출 2016 - 12 다음은 단방향 연결리스트를 이용한 스택에서 삽입 연산인 push( ) 함수를 C언어로 작성한 프로그램의 일부이다. 빈칸 안의 ㉠, ㉡에 들어갈 내용을 순서대로 쓰시오. (단, 삽입되는 값은 스택의 최상위에 위치하며 스택에서 최하위 노드의 next는 NULL이다.) (4점)

```
#define NOK -1
struct node {              /* Linked stack의 노드 구조 */
    int value;             /* 노드의 원소 값 */
    struct node *next;     /* 다음 노드를 가리키는 포인터 */
};

struct node *top = NULL;
 /* Linked stack의 최상위 원소를 가리키는 포인터 */
int push(int ikey)         /* ikey는 스택에 삽입되는 값 */
{
    struct node *ptr;
    ptr = (struct node *)
    malloc(sizeof(struct node));
    if (ptr == NULL) {
            /* 메모리 할당에 실패하면 에러 코드를 반환함 */
        printf("Memory allocation is failed. \n");
        return NOK;
     }
    ptr->value = ikey;
    if (top == NULL) {      /* 스택이 empty인 경우 */
        ptr->next = NULL;
    }
    else {                  /* 스택이 empty가 아닌 경우 */
         ㉠        ;
    }
         ㉡        ;
    return OK;
}
```

| 해답 | ㉠ ptr->next = top
㉡ top = ptr | 각 2점 |

(2) 큐(queue)

① 개념
㉠ 삽입은 rear라는 한쪽 끝에서 일어나고 삭제는 front라는 다른 끝에서 일어나는 선형 리스트이다.
㉡ 선입선출(FIFO, First In First Out) 구조이다.

② 환형 큐 알고리즘 : n-1개

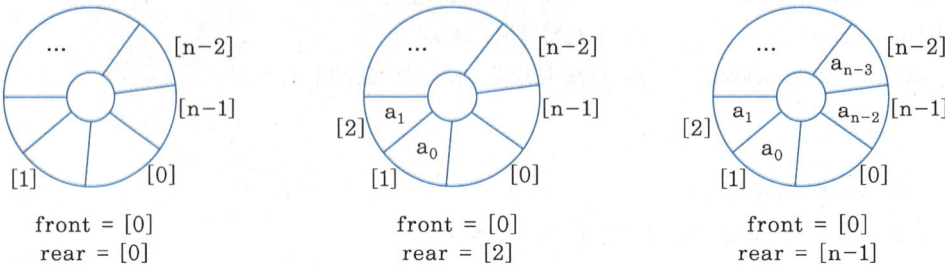

front = [0]   front = [0]   front = [0]
rear = [0]   rear = [2]   rear = [n-1]

삽입/삭제 알고리즘

⟨삽입 알고리즘⟩
```
#define SIZE 임의의 양의 정수
void add_cqueue(char item, int rear, int front)
{
        rear = (rear + 1) % SIZE;
        if(rear == front)
        {     printf("cqueue is overflow\n");
              exit(0);
        }
          queue[rear] = item;
}
```

⟨삭제 알고리즘⟩
```
#define SIZE 임의의 양의 정수
  char delete_cqueue(int rear, int front)
    {
        char item;
        if (rear == front)
           {   printf("cqueue is underflow \n");
               exit(0);
           }
        front = (front + 1) % SIZE;
        item = queue[front];
        return(item);
    }
```

③ 태그를 이용한 알고리즘 : n개

삽입/삭제 알고리즘

〈삽입 알고리즘〉
```c
#define SIZE 10
static char queue[SIZE] ;
int front = rear = 0 ;
int tag = 0 ;
void insert_queue(char data)
{
  if (tag == 1)
    {
        printf("%s", "queue overflow" ) ;
        exit(1) ;
    }
  rear = (rear+1) % SIZE ;
  if (front==rear) tag = 1 ;
  queue[rear] = data ;
}
```

〈삭제 알고리즘〉
```c
char delete_queue( )
  {
    if ((front==rear) && (tag==0))
      {
          printf("%s", "queue underflow" ) ;
          exit(1) ;
      }
    if (front==rear) tag = 0 ;
    front = (front+1) % SIZE ;
    return(queue[front]) ;
  }
```

기출 2019-04 (가)와 (나)는 배열로 구현한 큐에 삽입, 삭제 연산을 수행하는 C언어 유형의 알고리즘이다. 〈조건〉을 고려하여 〈작성 방법〉에 따라 쓰시오. [4점]

(가)

```
insert(char data) {
   if (rear > n-1)
      printf("Queue Overflow");
   else {
      Q[rear] = data;
      rear = rear + 1;
   }
}
delete( ) {
   if (____㉠____)
      printf("Queue Underflow");
   else {
      temp = Q[front];
      front = front + 1;
   return temp;
   }
}
```

(나)

```
insert(char data) {
   if (((rear + 1) % n) == front)
      printf("Queue Overflow");
   else {
      Q[rear] = data;
      rear = ____㉡____;
   }
}
delete( ) {
   if (front == rear)
      printf("Queue Underflow");
   else {
      temp = Q[front];
      front = front + 1;
   return temp;
   }
}
```

> **조건**
> - (가)와 (나)에서 front와 rear의 초깃값은 0이다.
> - (가)의 알고리즘은 자료를 최대 n개 저장할 수 있다.
> - (나)의 알고리즘은 자료를 최대 n-1개 저장할 수 있고, 자료의 삽입과 삭제 시 저장 공간은 순환적으로 접근된다.

> **작성 방법**
> (1) 밑줄 친 ㉠, ㉡에 해당하는 내용을 순서대로 쓸 것.
> (2) (나)의 알고리즘에서 n=4이고, insert()와 delete() 연산을 아래의 연산 순서에 따라 1~7까지 수행을 완료하였을 때, front와 rear의 최종 값을 순서대로 쓸 것.
>
> | 연산 순서 | 연산 내용 |
> |:---:|:---:|
> | 1 | insert('s') |
> | 2 | insert('q') |
> | 3 | delete( ) |
> | 4 | insert('u') |
> | 5 | insert('e') |
> | 6 | delete( ) |
> | 7 | insert('t') |

(3) 데크(deque)

   ① 개념

      ㉠ 삽입과 삭제가 양쪽 끝에서 이루어진다.

      ㉡ 스택(stack)과 큐(queue)의 복합 구조이다.

      ㉢ 2개의 포인터를 사용(LEFT, RIGHT)한다.

      ㉣ 한쪽 끝에서 Overflow가 되는 것을 최소화하기 위해 항목들을 중앙부에 있도록 한다.

   ② 종류

      ㉠ 입력 제한 데큐(input-resricted deque) : Scroll

      ㉡ 출력 제한 데큐(output-restricted deque) : Shelf

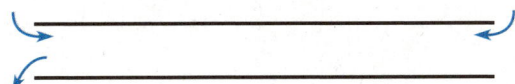

SECTION 2 선형 구조

기출 2009 다음과 같이 정의된 덱(deque) 연산을 이용하여 스택과 큐의 삽입, 삭제 연산을 설계하고자 한다. 〈보기〉의 ㉮, ㉯, ㉰에 들어갈 내용으로 옳은 것은? (1.5점)

```
ADT Deque
데이터: 0개 이상의 원소를 가진 유한순서리스트
연산:
    insertFirst() ::= 덱앞(front)에 새로운 원소 삽입
    insertLast()  ::= 덱뒤(rear)에 새로운 원소 삽입
    deleteFirst() ::= 덱앞(front)의 원소 삭제
    deleteLast()  ::= 덱뒤(rear)의 원소 삭제
End Deque
```

보기

	스택 원소 삽입	스택 원소 삭제	큐 원소 삽입	큐 원소 삭제
덱연산	㉮	deleteLast()	㉯	㉰

	㉮	㉯	㉰
①	insertFirst()	insertFirst()	deleteFirst()
②	insertFirst()	insertLast()	deleteFirst()
③	insertFirst()	insertLast()	deleteLast()
④	insertLast()	insertFirst()	deleteFirst()
❺	insertLast()	insertLast()	deleteFirst()

3 연결 리스트(linked list)

(1) 단순 연결 리스트(single linked list)
모든 노드가 다음 노드의 위치를 지적하기 위한 포인터를 하나만 갖고 있는 리스트이다.

① 노드 구조

```
노드
| data | link |

struct node {
    int data ;
    struct node *link ;
} ;
```

② 노드의 삭제

```
10 → 20 → 30 → 40
head  temp   new

deletenext( temp, new )
struct node *temp, *new ;
{
  temp->link = new->link ;
  free(new) ;
}
```

③ 노드의 삽입

```
10 → 20 → 30 → 40
head  temp ②↘ ↗①
             25
             new

insert_after( struct node *temp )
{
  struct node *new ;

  new = malloc(sizeof(node)) ;
  new->data = 25 ;
  new->link = temp->link ;   ←①
  temp->link = new ;         ←②
}
```

④ 노드의 검색

```
                    10 → 20 → 30 → 40 →
                    ↑         ↑
                   head      item

search_node(int item, struct node *head)
{
 struct node *temp ;

 item = 30 ;
 temp = head ;
 while(temp->data !=item)
  {
   if(temp->link == NULL)
    /* 환형 연결리스트의 조건은 temp->link == head이다 */
    { printf("not found"); return(NULL); }
   else
    temp = temp->link ;
  }
 return(temp) ;
}
```

예제 11

다음에 주어진 표는 LINKED LINEAR LIST이다. Top Pointer를 이용해서 이 List에서 "Handerson"이라는 Name을 찾는데 Name 비교를 몇 번해야 하는지를 구하여 쓰시오. (단, Top Pointer = 4)

〈표〉

N	Name	Pointer
1	Harris	9
2	Bennet	8
3	Morris	7
4	Alan	2
5	Martin	3
6	Grant	1
7	Stone	0
8	Evans	6
9	Handerson	10
10	King	5

(2) 이중 연결 리스트(double linked list)

좌 링크(llink), 자료(data), 우 링크(rlink)필드로 구성되며 양방향으로 검색할 수 있다.

① 노드 구조

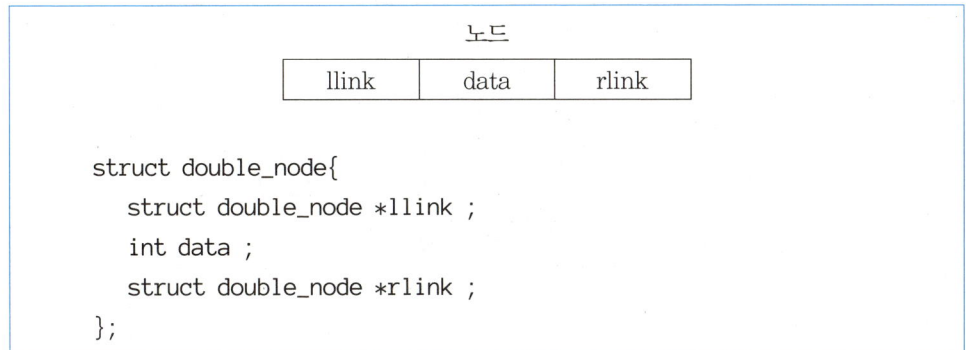

```
struct double_node{
   struct double_node *llink ;
   int data ;
   struct double_node *rlink ;
};
```

② 노드의 삭제

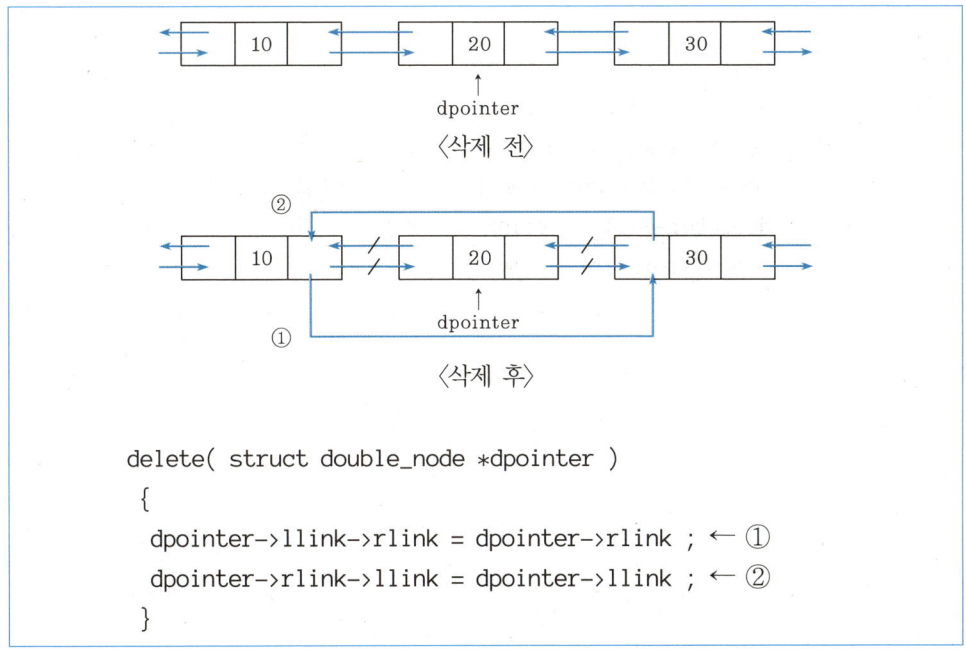

```
delete( struct double_node *dpointer )
 {
  dpointer->llink->rlink = dpointer->rlink ;  ← ①
  dpointer->rlink->llink = dpointer->llink ;  ← ②
 }
```

③ 노드의 삽입
  ㉠ 특정 노드 이전에 삽입

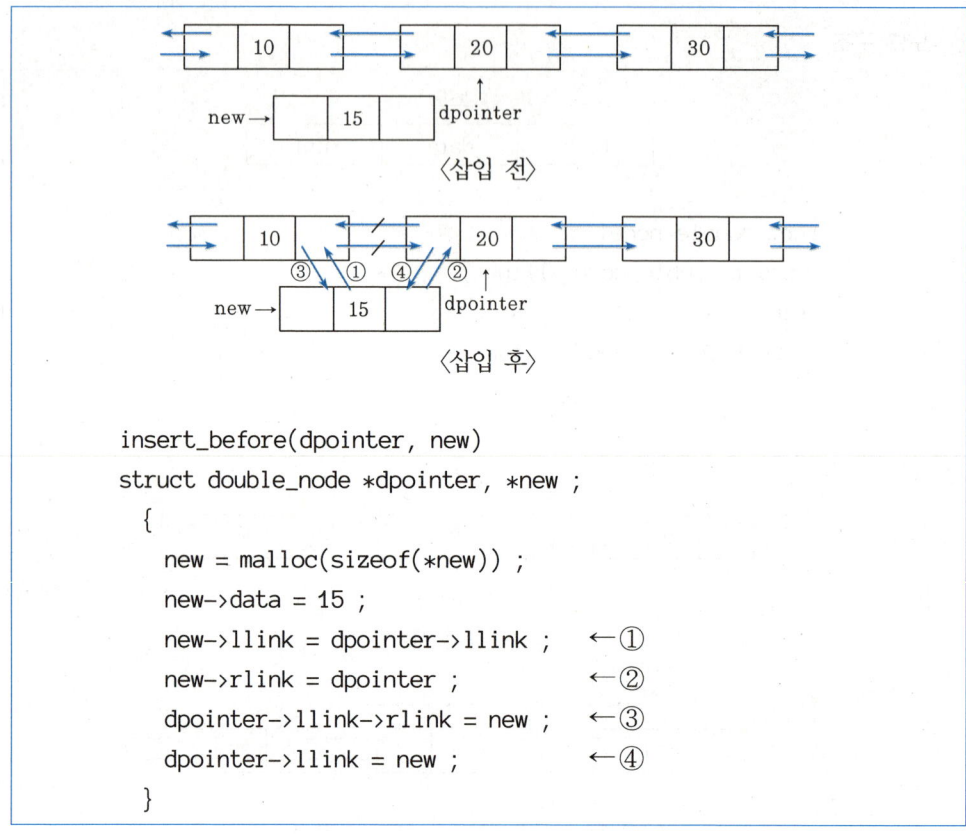

```
insert_before(dpointer, new)
struct double_node *dpointer, *new ;
  {
    new = malloc(sizeof(*new)) ;
    new->data = 15 ;
    new->llink = dpointer->llink ;      ←①
    new->rlink = dpointer ;             ←②
    dpointer->llink->rlink = new ;      ←③
    dpointer->llink = new ;             ←④
  }
```

ⓛ 특정 노드 이후에 삽입

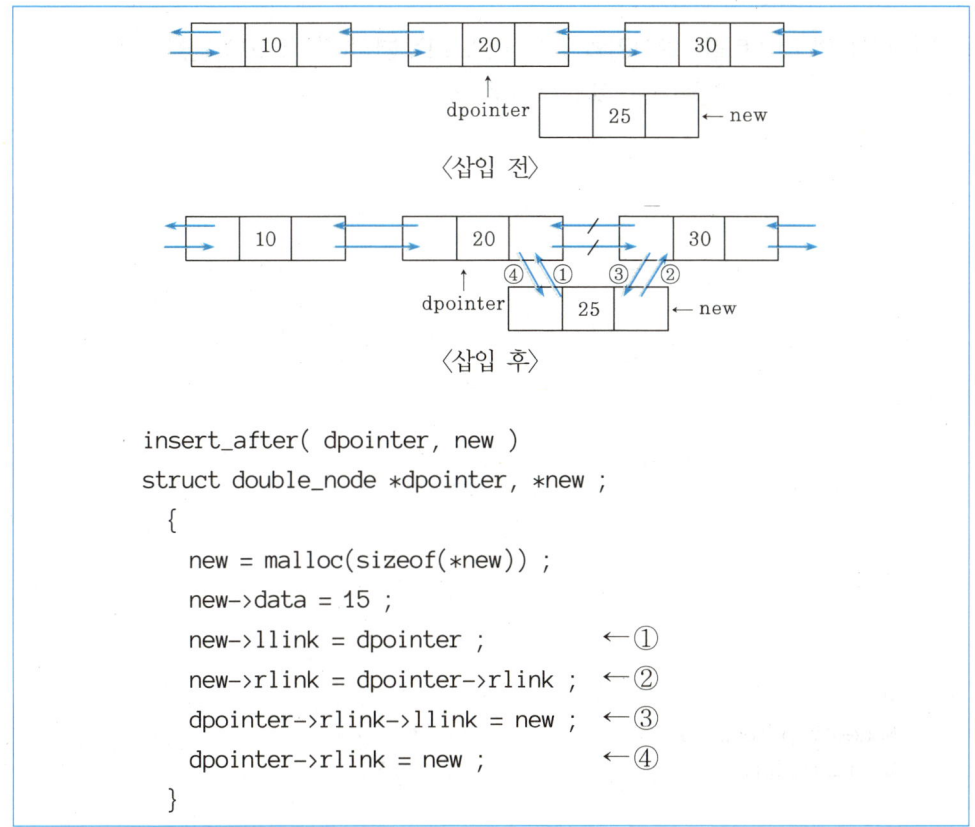

```
insert_after( dpointer, new )
struct double_node *dpointer, *new ;
  {
    new = malloc(sizeof(*new)) ;
    new->data = 15 ;
    new->llink = dpointer ;           ←①
    new->rlink = dpointer->rlink ;    ←②
    dpointer->rlink->llink = new ;    ←③
    dpointer->rlink = new ;           ←④
  }
```

예제 12

다음은 [보기1]의 리스트를 [보기2]와 같은 리스트로 변경하는 알고리즘을 C 언어로 구현한 것이다. 빈칸 안의 ㉠과 ㉡에 들어갈 코드를 쓰시오.

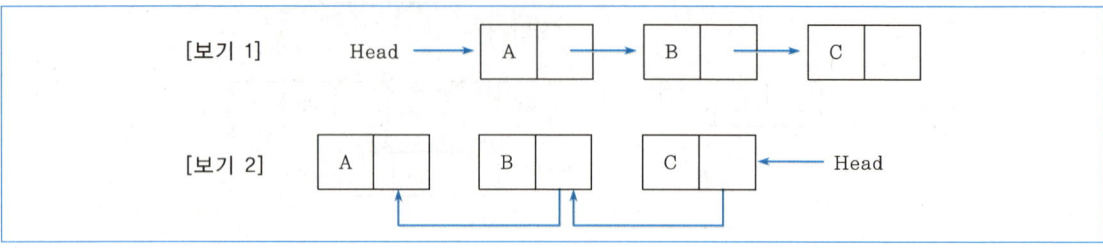

C 언어

```
typedef struct node *Nodeptr;
typedef struct node {
    char data;
    Nodeptr link;
};

Nodeptr reverse(Nodeptr head){
    Nodeptr p=NULL, q;
    while (head)
      {
         q = p;
         [     ㉠     ] ;
         head = head->link ;
         [     ㉡     ] ;
      }
    return p;
}
```

기출 2020 - 10 다음은 학생의 학번(sID)을 연결 리스트에 입력 순서대로 저장하는 C 프로그램이다. 프로그램 코드와 〈조건〉을 고려하여 〈작성방법〉에 따라 서술하시오. [4점]

```
#include <stdio.h>
#include <stdlib.h>
typedef struct node {
    int sID;
    struct node *next;
} Node;
Node *findLast (Node *start) {
    Node *p;
    if (start == NULL)
        return NULL;
    p = [  ㉠  ] ;
    while (p->next != NULL) {
        printf ("findLast : %d \n", p->sID);
        p = p->next;
    }
    return p;
}
void insert (Node *start, int s) {
    Node *n, *p;
    p = findLast (start);
    if (p != NULL) {
        printf ("insert : %d \n", p->sID);
        n = (Node *) malloc (sizeof (Node));
        n->sID = s;
        n->next = NULL;
        [  ㉡  ] = n;
    }
}
int main () {
    Node *start = NULL;
    start = (Node *) malloc (sizeof (Node));
    start->sID = 10000;
    start->next = NULL;
    insert (start, 20000);
    ㉢ insert (start, 30000);
    return 0;
}
```

SECTION 2 선형 구조

조건
- main 함수의 start 변수는 연결 리스트의 첫 번째 노드를 가리킨다.
- findLast 함수는 연결 리스트의 마지막 노드의 주소를 반환한다.
- insert 함수는 연결 리스트의 마지막 노드 다음에 새로운 학생의 학번이 저장된 노드를 추가하는 함수이다.

작성 방법
- ㉠, ㉡에 해당하는 코드를 순서대로 쓸 것.
- 프로그램의 실행 결과를 쓸 것.
- ㉢ 위치의 코드를 아래와 같이 변경한 후 실행했을 때, 연결 리스트의 마지막 노드에 저장된 학생의 학번을 쓸 것.

insert (start->next, 30000);

SECTION 3 비선형 구조

1 트리(tree)

(1) 트리의 정의
① 루트라는 하나의 노드가 반드시 존재한다.
② 나머지 노드들은 n(≥0)개의 분리된 집합 $T_1, T_2, \cdots T_n$으로 분할된다.
  (단, 여기서 $T_1, T_2, \cdots T_n$는 트리이며 이를 Subtree라 한다.)

(2) 트리의 용어
① 근 노드(root node) : 트리의 시작 정점을 말한다.
② 부 노드(parent node) : 한 노드의 상위 노드을 말한다.
③ 자 노드(child node) : 한 노드의 하위 노드들을 말한다.
④ 차수(degree) : 한 노드의 부분 트리의 수를 말한다.
⑤ 단 노드(terminal node, leaf node) : 차수가 0인 노드를 말한다.
⑥ 간 노드(nonterminal node) : 차수가 0이 아닌 노드를 말한다.
⑦ 형제 노드(sibling or brother node) : 부 노드가 같은 노드로 되어 있는자 노드들을 말한다.
⑧ 깊이(depth) : 최대 레벨수를 말한다.
⑨ 조상(ancestors) : 근 노드로부터 시작해서 그 노드까지의 길을 따라 존재하는 모든 노드들을 말한다.
⑩ 숲(forest) : 근 노드를 제거했을 때 서브 트리의 수를 말한다.

〈예제〉

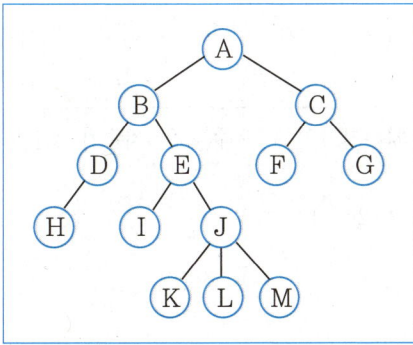

- 근 노드 : A
- J 노드의 차수 : 3
- 단 노드 : F, G, H, I, K, L, M
- 간 노드 : A, B, C, D,E , J
- L의 형제 노드 : K, L, M
- 깊이 : 5
- M 노드의 조상 : A, B, E, J
- 숲 : 2

(3) 이진 트리(binary tree)
  ① 이진 트리의 정의
    ㉠ 공집합이거나
    ㉡ 루트 노드와 서로 분리된 두 개의 이진 트리, 즉 왼쪽 부트리와 오른쪽 부 트리로 구성된다.
  ② 이진 트리의 종류
    ㉠ 정이진 트리(full binary tree)
      ⓐ 깊이가 K일 때 총 노드 수 : $2^K - 1$
      ⓑ 레벨 i에서 노드 수 : 2^{i-1}
    ㉡ 전이진 트리(complete binary tree)
      ⓐ 깊이가 k-1까지는 정이진 트리이다.
      ⓑ 레벨 k에서 노드 배열이 왼쪽에서 오른쪽으로 나열된 트리이다.
      ⓒ $2^{K-1} - 1 <$ 총노드 수 $< 2^K - 1$
    ㉢ 사향이진 트리(skewed binary tree)
      이진 트리에서 왼쪽 서브 트리나 오른쪽 서브 트리가 없는 트리

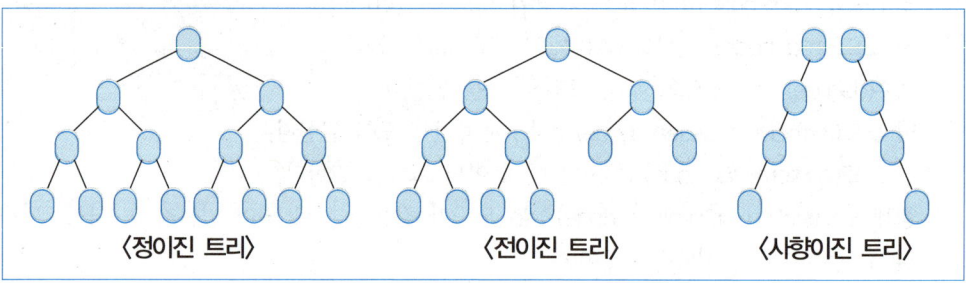

〈정이진 트리〉 〈전이진 트리〉 〈사향이진 트리〉

  ③ 이진 트리의 정리
    정리 1 ㉠ 이진 트리의 레벨i에서 최대 노드 수는 2^{i-1} ($i \geq 1$)이다.
           ㉡ 깊이 k의 이진 트리에서 최대 노드 수는 $2^k - 1$ ($k \geq 1$)이다.
    정리 2 어떤 이진 트리에서 n_0가 단노드수라 하고, n_2는 차수가 2인 노드 수라고 가정하면, 그때 $n_0 = n_2 + 1$이 된다.

> 〈유도〉 n : 총노드 수, n0 : 단노드 수, n1 : 차수가 1인 노드 수, n2 : 차수가 2인 노드 수
> n = n0 + n1 + n2 - ①
> n = B(가지수) + 1 (∵ B = n1 + 2n2)
>   = n1 + 2n2 + 1 - ②
> ① - ②
> 0 = (n0 + n1 + n2) - (n1 + 2n2 + 1)
> ∴ n0 = n2 + 1

    정리 3 n개의 노드로 된 전 2진 트리(즉, 깊이 = $\lfloor \log_2 n \rfloor + 1$)가 i번째를 나타내는 어떤 노드($1 \leq i \leq n$)에 대해
      ㉠ 부 노드   • i≠1 : _____
                    • i=1 : _____

ⓒ 왼쪽 자 노드
- $2i \leq n$: _____
- $2i > n$: _____

ⓒ 오른쪽 자 노드
- $2i+1 \leq n$: _____
- $2i+1 > n$: _____

기출 2009 트리에 대한 설명으로 옳은 것은?

① 완전이진(complete binary) 트리는 항상 포화이진(full binary) 트리가 되지만 그 역은 항상 성립하지는 않는다.
② 서로 다른 자료를 갖는 노드가 있다. 이 3개의 노드로 이루어진 서로 다른 모양의 이진 트리 개수는 3!(=6)이다.
③ 루트노드의 레벨(level)이 1이라고 할 때, 깊이(depth)가 k인 이진트리를 배열로 표현하기 위해서는 최대 $2^{k+1}-1$개의 배열 원소가 필요하다.
④ 차수 2인 트리에서 널(null) 링크 개수는 전체 링크 개수의 약 50%이므로, 차수 2인 트리가 차수 3 이상인 트리보다 널 링크의 개수 비율이 높다.
❺ N개 노드를 갖는 이진탐색(binary search) 트리에서 자료를 삽입하는 연산의 시간 복잡도는 트리의 높이 h에 비례하고, 높이 h는 최악의 경우 O(N)이다.

예제 13

아래 이진 트리를 첨자가 1부터 시작하는 배열로 표현할 때, 배열에서 A, B, C, D의 첨자 위치를 쓰시오.

트리

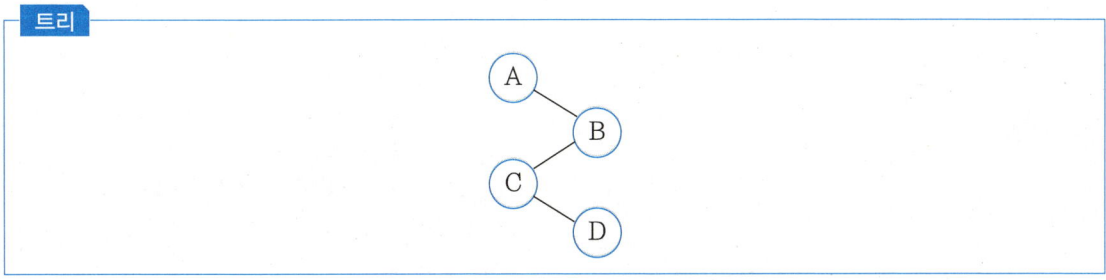

3 비선형 구조

(4) 운행법
  ① 이진 트리의 운행법

예제 14

이진 트리의 inorder와 preoder, postorder 운행법이 다음과 같을 때, 이진 트리를 그리시오.

1. inorder 운행법 : C, D, B, E, A, F, G, H
   preorder 운행법 : A, B, C, D, E, F, G, H

2. inorder 운행법 : D, C, E, B, G, F, H, A, I
   postorder 운행법 : D, E, C, G, H, F, B, I, A

예제 15

다음은 어떤 이진 트리를 후위(postorder) 순회와 중위(inorder) 순회한 순서를 출력한 것이다. 이 트리에서 단말 노드(leaf node)만 나열하시오.

후위 순회 : B D E A G H F I C
중위 순회 : B A D E C I H G F

② 트리의 운행법
  ㉠ Preorder 운행법
    ⓐ 근 노드를 방문한다.
    ⓑ 다음 서브 트리에 대하여 맨 좌측 서브 트리에서 근 노드, 좌우 자 노드를 방문한다.
  ㉡ Postorder 운행법
    ⓐ 맨 좌측 단 노드를 방문한다.
    ⓑ 다음 자 노드 및 부 노드 순으로 상향식으로 방문한다.
  ㉢ Family order 운행법
    ⓐ 근 노드를 방문한다.
    ⓑ 근 노드의 자 노드를 검사한 후 가장 늦게 방문한 자 노드로부터 앞의 작업을 반복한다.

예제 16

다음의 트리에 대한 preorder, inorder, postorder, family order를 구하시오.

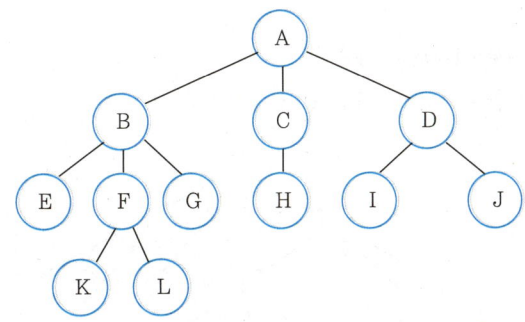

1. preorder   : _____
2. inorder   : _____
3. postorder   : _____
4. family order : _____

(5) 트리의 이진 트리로 변환

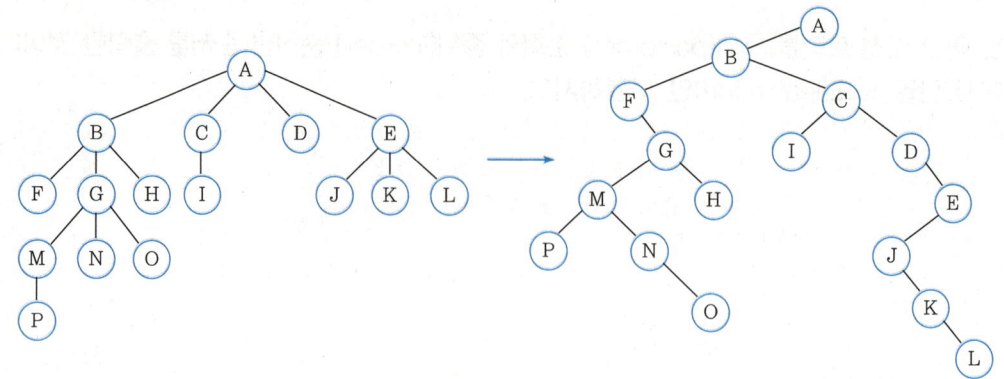

〈트리 순회 방법의 적용 결과〉
- 트리 전위 순회 : A, B, F, G, M, P, N, O, H, C, I, D, E, J, K, L
- 트리 중위 순회 : F, B, P, M, G, N, O, H, A, I, C, D, J, E, K, L
- 트리 후위 순회 : F, P, M, N, O, G, H, B, I, C, D, J, K, L, E, A

〈변환된 이진 트리의 순회 결과와의 비교〉
- 트리 전위 순회 결과 = 변환된 이진 트리의 전위 순회 결과
- 트리 중위 순회 결과 ≠ 변환된 이진 트리의 어떤 순회 결과
- 트리 후위 결과 = 변환된 이진 트리의 중위 순회 결과

(6) 스레드(thread) 이진 트리(Inorder일 때)

① 연결 리스트 표현 이진 트리의 문제점
   실제로 사용하는 링크수보다 사용하지 않는 널(null)링크가 더 많다.
   - n개의 노드를 가진 이진 트리의 총 링크 수 : 2n개
   - 실제 사용되는 링크 수 : n-1개
   - 널 링크수 : n+1개

② 스레드 이진 트리(threaded binary tree)
   널 링크들을 낭비하지 않고 스레드(thread)를 저장해 활용한다.

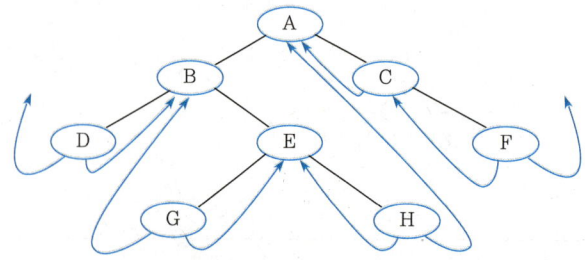

예제 17

다음의 2진 트리를 preorder 방식에 의한 Threaded 2진 트리을 연결 리스트로 표현할 때 아래 표를 완성하시오. (단, L_{bit} : 0이면 L_p가 threaded pointer일 경우, 1이면 L_p가 정상pointer일 경우이며, R_{bit} : 0이면 R_p가 threaded pointer일 경우, 1이면 R_p가 정상 pointer일 경우이다.)

트리

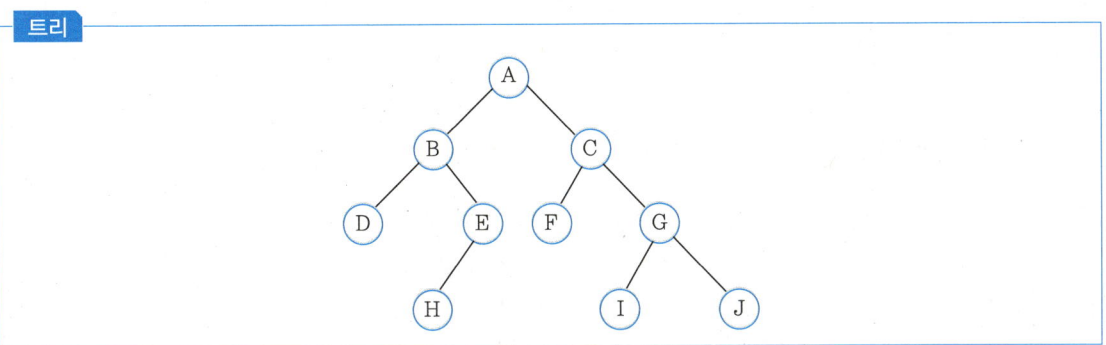

Index	L_{bit}	L_p	Data	R_p	R_{bit}
1			A		
2			B		
3			C		
4			D		
5			E		
6			F		
7			G		
8			H		
9			I		
10			J		

(7) 경로 길이(Path Length)
① 내부 경로 길이(I) : 근 노드에서 각 노드에 이르는 경로 길이의 합을 말한다.
② 외부 경로 길이(E) : 근 노드로부터 이들 외부 노드까지 경로 길이의 합을 말한다.

$$E = I + 2n \text{ (단, n은 노드수)}$$

예제 18

다음 이진 트리의 내부 패스 길이(I), 외부 패스 길이(E)를 구하시오.

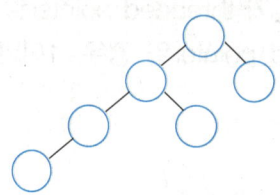

1. 내부 패스 길이(I) : _____
2. 외부 패스 길이(E) : _____

예제 19

다음 그림의 N개 노드로 구성된 이진 트리에서 I(T), E(T)를 구하시오.

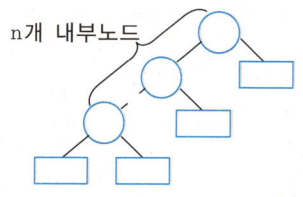

n개 내부노드

1. I(T) : _____
2. E(T) : _____

(8) 허프만 코드(Huffman Code)

① 허프만 코드 : 자료 압축기법에 사용되는 코드의 일종으로 많이 사용되는 문자를 자주 사용되지 않는 문자보다 적은 비트 수의 코드로 변환함으로써 자료의 양을 줄여 필요한 전체 기억 공간과 외부 가중된 패스 길이를 최소화하고자 하는데 있다.

② 허프만 코딩 트리 : 먼저 n개의 외부 노드 각각에 대한 가중치를 오름차순으로 정렬한 다음 가중치가 가장 작은 두 개의 노드를 선택한다. 이 때 선택된 두 노드는 단 노드인 외부 노드가 되고 두 노드의 가중치를 합하여 새로 만들어진 노드는 근 노드가 된다. 다음으로 새로 생성된 노드의 가중치를 포함하여 가장 작은 가중치를 갖는 노드를 새로 생성되는 트리의 왼쪽 자 노드로 두 번째 작은 가중치를 갖는 노드를 오른쪽 자 노드로 하는 하나의 트리를 생성한다.

예제 20

외부 노드의 가중치가 1, 3, 5, 10, 11일 때 최소 가중 경로 길이를 갖는 트리를 구하시오.

예제 21

문자의 사용 빈도수가 다음과 같을 때 허프만 코딩 트리를 만들고, 허프만 코드를 만드시오.

문자	빈도수
S	61
C	25
H	15
O	9
L	3

〈허프만 코딩 트리〉

〈허프만 코드〉

문자	허프만 코드
S	
C	
H	
O	
L	

2 그래프(Graph)

(1) 그래프의 종류

① 단순 그래프(simple graph)
- 자기 루프(자신을 연결하는 루프)를 허용하지 않는다.
- 두 정점 사이에 최대 하나의 간선 존재

  [참고] 다중 그래프(multigraph) : 두 정점 사이에 복수 간선 가능

② 완전 그래프(complete graph)
- 최대 수의 간선을 가진 그래프를 말한다.
- 정점이 n개일 때, 간선의 수는
  무방향 그래프일 경우 : n(n-1)/2, 방향 그래프일 경우 : n(n-1)

③ 부분 그래프(subgraph)
  V(G')⊆V(G)이고, E(G')⊆E(G)인 그래프 G'는 그래프 G의 부분 그래프이다.

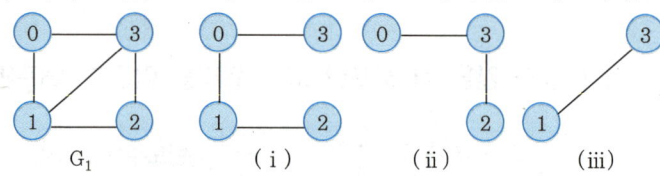

④ 강력 연결(strongly connected)
  방향 그래프 G에서 V(G)에 있는 서로 다른 모든 정점의 쌍 u와 v에 대해 u에서 v까지, 또한 v에서 u까지의 방향 경로가 존재한다.

⑤ 약한 연결(weakly connected)
  u에서 v까지, 또는 v에서 u까지 어느 하나의 경로만 존재한다.

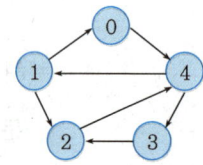 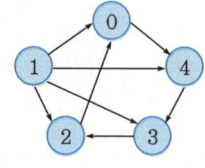

⑥ 강력 연결 요소(strongly connected component)
  방향 그래프에서 서로 접근할 수 있는 방향 경로가 모든 정점쌍 간에 존재하는 최대의 부분 그래프를 말한다.

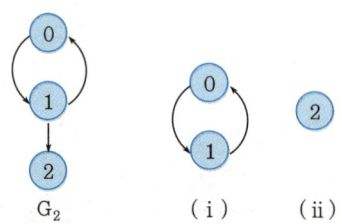

(2) 그래프의 표현
① 인접 행렬(adjacency matrices)

[G₁ 인접 행렬]　　　　　[G₂ 인접 행렬]

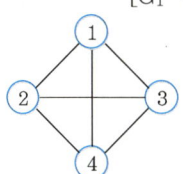 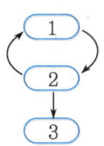

	1	2	3	4
1				
2				
3				
4				

	1	2	3
1			
2			
3			

② 인접 리스트(adjacency lists)와 역인접 리스트

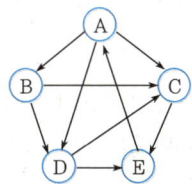

〈인접 리스트〉

	Head node
정점 A	
정점 B	
정점 C	
정점 D	
정점 E	

〈역인접 리스트〉

	Head node
정점 A	
정점 B	
정점 C	
정점 D	
정점 E	

③ 인접 다중 리스트(adjacency multilists)

〈인접 다중 리스트〉

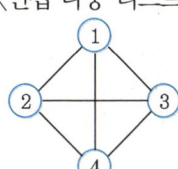

	Head node
정점 1	
정점 2	
정점 3	
정점 4	

3 비선형 구조

기출 2017-12 〈조건〉과 같은 무방향 그래프 G가 있다. 〈작성 방법〉에 따라 서술하시오. [4점]

조건
- G의 정점(vertex)은 3비트의 2진 값으로 나타낸다.
- 간선(edge)은 한 비트만 다른 두 정점 사이에 존재한다.
- 다음 표는 G를 인접 행렬로 나타낸 것이다.

	000	001	010	011	100	101	110	111
000	0	1	1	0	1	0	0	0
001	1	0	0	1	0	1	0	0
010	1	0	0	1	0	0	1	0
011	0	1	1	0	0	0	0	1
100	1	0	0	0	0	1	1	0
101	0	1	0	0	1	0	0	1
110	0	0	1	0	1	0	0	1
111	0	0	0	1	0	1	1	0

- 최단 경로(shortest path)란 출발 정점에서 도착 정점까지 경로상에 있는 정점 개수가 가장 적은 경로이다

작성 방법
(1) G의 전체 간선의 개수를 쓰고, 정점 110과 인접한 정점 3개를 쓸 것.
(2) G의 정점 000에서 정점 111까지의 최단 경로 중 정점 011을 경유하는 최단 경로를 2가지 쓸 것.

해답	(1) 12 　　010, 100, 111 (2) 000 → 001 → 011 → 111 　　000 → 010 → 011 → 111	각 1점

해설 인접행렬에 대한 그래프

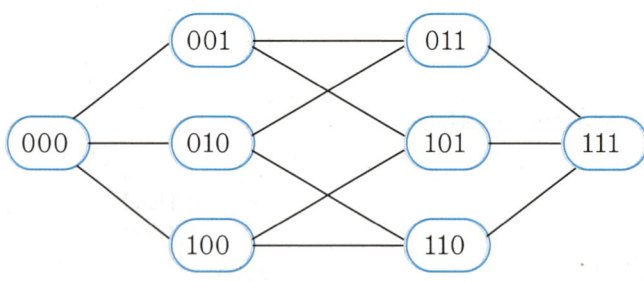

(3) 그래프의 운행법
 ① 깊이 우선 검색(DFS, Depth First Search)
  〈방문 방법〉
  ㉠ 시작되는 정점 V가 결정되어 방문된다.
  ㉡ V에 인접된 정점 가운데 방문되지 않은 결점 W를 선택하여 DFS방문을 시작한다.
  ㉢ 모든 인접된 정점을 방문한 정점 V를 만나면 방문되지 않은 인접된 정점을 가졌던 마지막 정점으로 되돌아가서 DFS를 시작한다.
  ㉣ 더 이상 방문할 정점이 없을 때 DFS는 끝이 난다.

 ② 너비 우선 검색(BFS, Breadth First Search)
  〈방문 방법〉
  ㉠ 시작되는 정점 V를 결정하여 방문한다.
  ㉡ 정점 V에 인접하며 방문되지 않는 모든 정점을 방문하고, 다시 이 정점에 대하여 인접하여 방문되지 않은 모든 정점에 대하여 BFS를 계속한다.
  ㉢ 더 이상 방문할 정점이 없을 때 BFS는 끝이 난다.

예제 22

다음 그래프를 깊이 우선 검색(DFS)와 너비 우선 검색(BFS)을 사용하여 모든 정점을 방문할 경우 방문되는 순서를 구하시오.

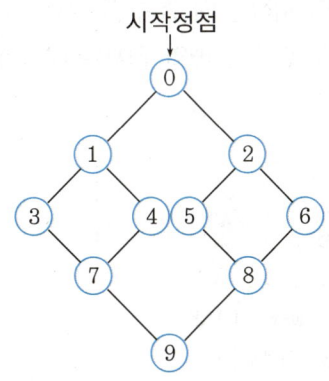

1. 깊이 우선 검색(DFS) : _____
2. 너비 우선 검색(BFS) : _____

기출 2015 - [17 ~ 18] 그래프의 노드 구조체가 다음과 같다. 주어진 리스트는 무방향 그래프의 인접 관계를 표현했고 head[v]는 노드 v의 포인터 배열이다. 다음 물음에 답하시오.

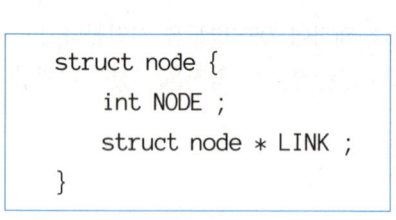

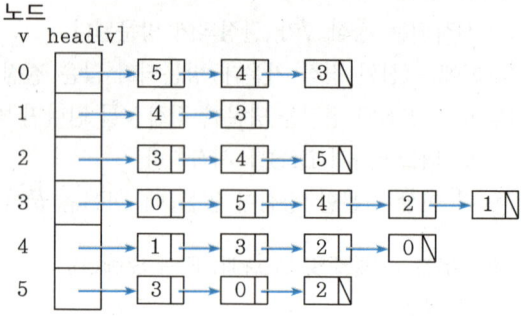

17. 위의 인접리스트를 이용하여 그래프를 완성하시오. (단, 점0 ~ 점5는 노드 번호이다.) (2점)

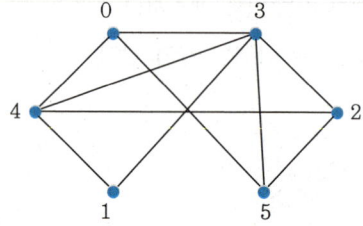

18. 다음 알고리즘과 주어진 인접리스트 정보를 이용하여 그래프의 노드를 순회(traverse)하고자 한다. DFS(int v)의 출발 노드 v를 0부터 시작할 때 출력 결과를 쓰시오. (단, DFS() 알고리즘을 수행하기 전에 visited[ ]의 초기 값은 모두 0이고, 배열 첨자는 0부터 시작한다.) (4점)

```
DFS(int v) {
    struct node * w ;
    visited[v] = True ;
    printf("%d", v) ;
    for(w=head[v]; w; w=w->LINK)
        if(!visited[w->NODE])
            DFS(w->NODE) ;
}
```

• 출력 결과

출력 순서	출력 노드
1	0
2	5
3	3
4	4
5	1
6	2

(4) 신장 트리(spanning tree)

① **신장 트리의 정의** : 임의의 그래프 G에서 간선 일부를 사용하여 그래프의 모든 정점들이 연결된 트리를 말한다.

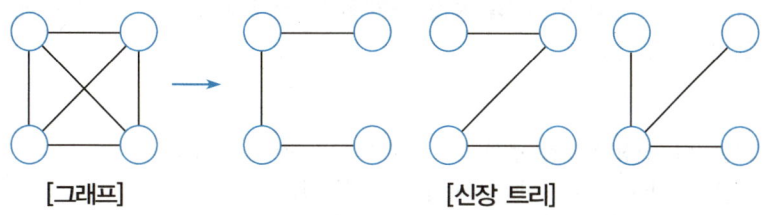

[그래프]   [신장 트리]

② **최소 비용 신장 트리**

㉠ Prim's Algorithm : 최소 비용 간선들의 집합을 A라고 할 때 그 다음에 선택되는 간선은 A에는 존재하지 않으나 A의 정점에 인접한 간선들 중에서 비용이 가장 적은 간선을 선택해 나가는 방법이다.

⟨Prim의 신장트리⟩

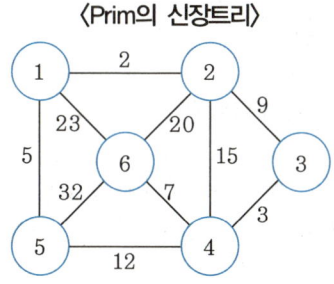

∴ 가중치의 순서 : _____

㉡ Kruskal's Algorithm : 간선을 분류시켜 비용이 적은 순으로 간선을 받아들여 신장 트리를 형성해 나가는 방법이다.

⟨Kruskal의 신장트리⟩

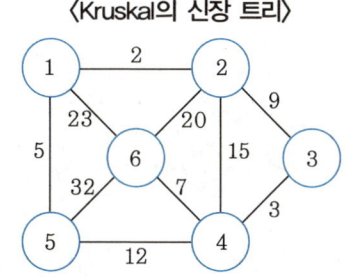

∴ 가중치의 순서 : _____

SECTION 3 비선형 구조

기출 2003-06 그래프 G가 n개의 정점(vertex)들의 집합 V와 m개의 간선(edge)들의 집합 E로 구성된다고 할 때, 다음의 알고리즘을 수행하여 최소 신장 트리(minimum spanning tree)를 구하고자 한다. 다음의 그래프에서 간선은 두 정점간 비용(cost)을 포함한다고 할 때, 〈가정〉을 참조하여, 다음 알고리즘의 반복문(while 문)을 4번 수행하여 구성되는 신장 트리를 매 단계 마다 ①, ②, ③, ④에 그려 보시오. (4점)

가정
ⓐ 집합 MST는 최소 신장 트리를 구성하는 간선들의 집합이다.
ⓑ 함수 size( )는 집합에 속하는 원소들의 개수를 되돌려준다.
ⓒ 함수 find_min( )은 최소 비용을 갖는 간선을 구한다.
ⓓ 함수 find_cycle( )은 집합이 사이클을 포함하는지를 검사한다. 사이클을 포함하면 true, 그렇지 않으면 false를 되돌려준다.
ⓔ 임의의 정점들 v, w를 잇는 간선은 (v, w)로 표시한다.

[알고리즘]

```
MST = { };
while ( (size(MST) < n-1) && (size(E) ≠ 0) ) {
  (v, w) = find_min(E);
  if ( find_cycle(MST∪{(v, w)}) == false ) {
    MST = MST ∪ {(v, w)};
  }
  E = E - {(v, w)};
}
```

[그래프]

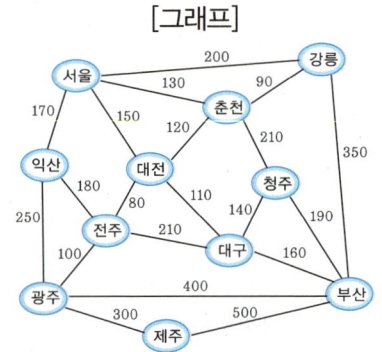

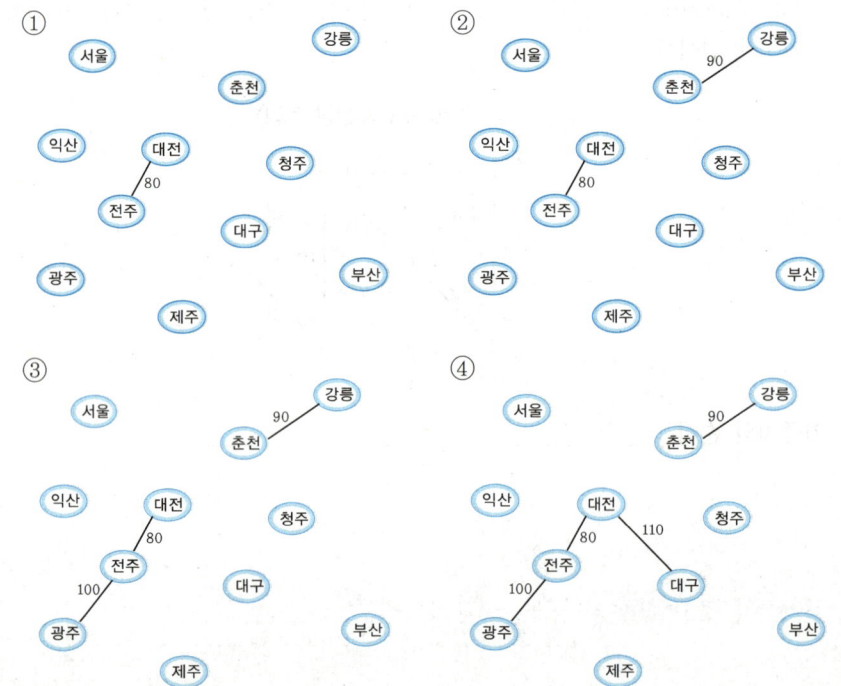

예제 23

다음의 그래프에서 Kruskcal 알고리즘을 적용할 경우 신장 트리의 최소 비용을 구하여 쓰시오. 그리고 일곱 번째로 선택되는 간선을 쓰시오.

그래프

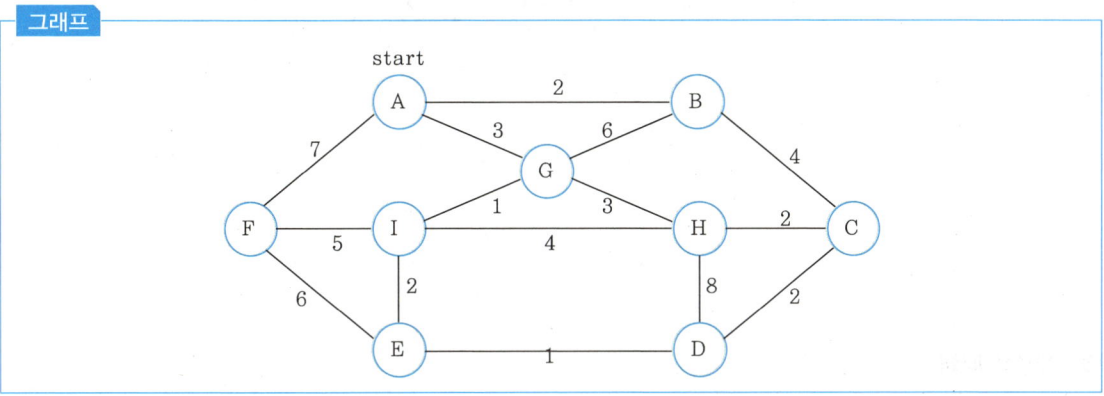

(5) **최단 경로**

① 단일 시작점에서 모든 목표점의 최단 경로(Dijkstra's algorithm)

방향그래프 G의 간선에 대한 가중치가 주어졌을 때 시작점부터 G의 나머지 모든 정점으로의 최단 경로를 찾는 것이다.

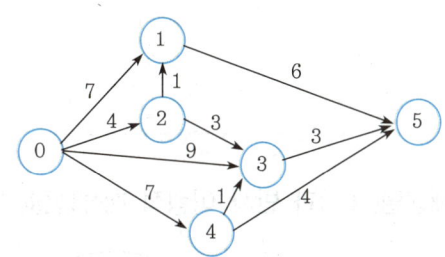

단계	정점의 집합	선택된 정점	dist[0]	dist[1]	dist[2]	dist[3]	dist[4]	dist[5]
초기								
1								
2								
3								
4								
5								

② 모든 쌍의 최단 경로(Shortest algorithm)

방향 그래프 G에 대해 시작점을 고정하지 않고 그래프를 구성하는 모든 정점들을 시작점으로 선택하여 각 시작점과 나머지 모든 정점 사이의 최단 경로를 찾는 것이다.

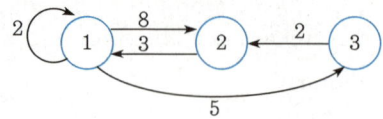

A^{-1}	1	2	3
1			
2			
3			

A^0	1	2	3
1			
2			
3			

A^1	1	2	3
1			
2			
3			

A^2	1	2	3
1			
2			
3			

(6) 이행적 패쇄

① 이행적 폐쇄 행렬(transitive closure matrix) : A^+
- $A^+(i, j) = 1 \rightarrow$ i에서 j로의 경로 길이가 0보다 큰 경우
- $A^+(i, j) = 0 \rightarrow$ 그렇지 않은 경우

② 반사 이행적 폐쇄 행렬(reflexive transitive closure matrix) : A^*
- $A^*(i, j) = 1 \rightarrow$ i에서 j로의 경로 길이가 0보다 크거나 같은 경우
- $A^*(i, j) = 0 \rightarrow$ 그렇지 않은 경우

예제 24

다음 그래프의 이행적 폐쇄행렬(A^+)과 반사 이행적 폐쇄행렬(A^*)을 구하시오.

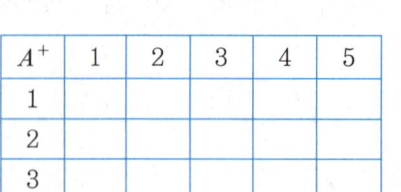

A^+	1	2	3	4	5
1					
2					
3					
4					
5					

A^*	1	2	3	4	5
1					
2					
3					
4					
5					

(7) 작업 네트워크
① 위상 순서(Topological sort)
  ㉠ 정점 작업(AOV, Activity On Vertex)네트워크 : 정점은 작업을 나타내고 작업간의 우선순위를 간선으로 나타내는 방향 그래프이다.
  ㉡ 위상 순서 : AOV 네트워크에서 정점 Vi가 정점 Vj의 선행자라면 작업 순서도 Vi가 앞선다. 이러한 순서로 방문되는 인접한 간선을 제거하는 정점의 순서를 말한다.

예제 25

다음 그래프의 위상 순서를 구하시오.

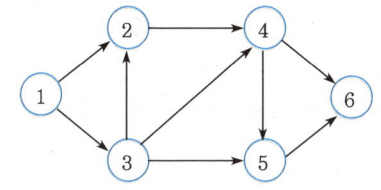

• 위상 순서 : _____

② 임계 경로(Critical path)
  ㉠ 간선작업(AOE, Activity On Edge)네트워크 : 어떤 과제를 위해 수행하는 작업을 방향간선으로 표시하고 작업의 시작과 완료를 정점으로 표현하는 그래프이다.
  ㉡ 임계경로 : AOE 네트워크에서 하나의 작업은 동시에 서브작업으로 수행될 수 있기 때문에 하나의 작업이 최종적으로 완료되는 시점은 시작 정점에서 완료 정점까지의 가장 긴 거리가 된다.

예제 26

다음 그래프의 임계 경로와 임계 경로 길이를 구하시오.

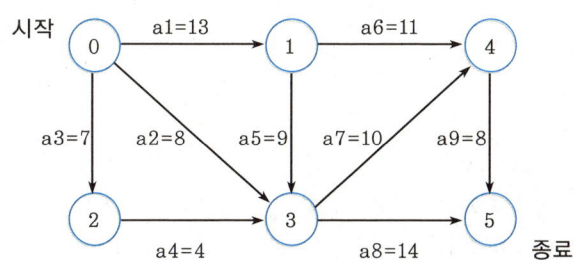

• 임계 경로 : _____
• 임계 경로 길이 : _____

Section 3 비선형 구조

기출 2006-20 다음에 주어진 가상 프로젝트의 작업 그래프에서 임계 경로(critical path)에 존재하는 노드(vertex)를 순서대로 나열하시오. (3점)

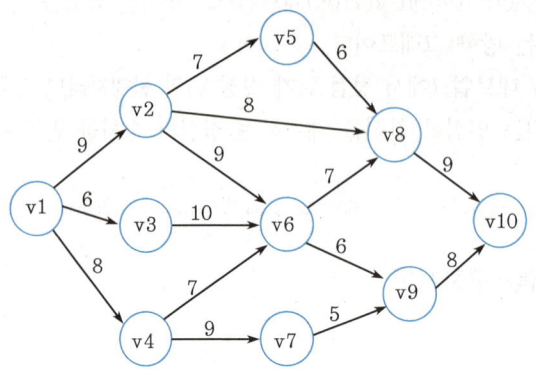

- 임계 경로상의 노드 순서 : V1, V2, V6, V8, V10

예제 27

다음은 방향성 그래프(directed graph)를 인접행렬로 표현한 것이다. 이에 대한 위상 정렬(topological sorting)의 결과를 쓰시오. (단, 행(row)은 출발 노드로 열(column)은 도착 노드로 매핑된다.)

	a	b	c	d	e	f
a		1	1			
b			1	1		
c				1	1	
d						1
e				1		1
f						

정렬(Sort)

1 내부 정렬(internal sort)

(1) 선택 정렬(selection sort)

① 방법 : n개의 레코드가 있을 때 키 값이 가장 작은 레코드를 찾아서 첫 번째 위치에 놓고, 나머지 n-1개의 레코드에서 다음 작은 키 값을 갖는 레코드를 선택하여 두 번째 위치에 놓는다. 이와 같은 과정을 연속적으로 수행하여 마지막 n-1번째 단계에서 최대값을 갖는 레코드가 n번째 위치에 오도록 배열하는 방법이다.

② 알고리즘

```
알고리즘
    void selection(int *array, int n)
    {
        int i, j, minindex, temp ;

        for(i=0 ; i<n-1 ; i++)
         {
          minindex = i ;
          for(j=i+1 ; j<n ; j++)
          if( array[minindex] > array[j] )
                  minindex = j ;
          if( minindex != i )
           {
             temp = array[minindex] ;
             array[minindex] = array[i] ;
             array[i] = temp ;
           }
         }
    }
```

③ 특징
- 총 비교횟수 : $\dfrac{n(n-1)}{2}$
- 평균 연산시간 : O(n^2)
- 사용 공간 : n

정렬(Sort)

예제 28

n=7이고 데이터가 [72, 35, 44, 18, 82, 27, 63]이라고 할 때 위 알고리즘을 적용했을 때의 과정을 나타내시오.

풀이

단계	array[0]	array[1]	array[2]	array[3]	array[4]	array[5]	array[6]
i=0, k=3	72	35	44	18	82	27	63
i=1, k=5	18	35	44	72	82	27	63
i=2, k=5	18	27	44	72	82	35	63
i=3, k=5	18	27	35	72	82	44	63
i=4, k=6	18	27	35	44	82	72	63
i=5, k=6	18	27	35	44	63	72	82
정렬결과	18	27	35	44	63	72	82

(2) 버블 정렬(bubble sort)

① **방법** : 파일에서 인접한 두 개의 레코드를 비교하여 키 값이 오름차순으로 정렬되어 있지 않으면 두 개의 레코드를 서로 교환한다. 따라서 첫 번째 단계를 수행하면 가장 큰 키 값을 갖는 레코드가 정렬되어 파일의 마지막 끝에 위치하게 된다. 두 번째 단계에서는 마지막에 있는 제일 큰 레코드를 제외한 나머지를 대상으로 정렬을 수행하게 된다.

② **알고리즘**

> **알고리즘**
> ```
> void bubble_sort(int *array, int n)
>   {
>     int i, j, flag, temp ;
> 
>     for(i=0 ; i<n-1 ; i++)
>      {
>        flag = 0 ;
>        for(j=0 ; j<n-i-1 ; j++)
>          if(array[j] > array[j+1])
>            {
>               temp =array[j] ;
>               array[j] = array[j+1] ;
>               array[j+1] = temp ;
>               flag = 1 ;
>            }
>        if( flag==0 ) break ;
>      }
>   }
> ```

③ **특징**
- 총 비교횟수(평균) : $\frac{n(n-1)}{4}$
- 총 비교횟수(최상) : $n-1$
- 총 비교횟수(최악) : $\frac{n(n-1)}{2}$
- 평균 연산시간 : $O(n^2)$
- 사용 공간 : n

정렬(Sort)

예제 29

n=7이고 데이터가 [72, 35, 44, 18, 82, 27, 63]이라고 할 때 위 알고리즘을 적용했을 때의 과정을 나타내시오.

풀이

단계	정렬 과정						
초기상태	72	35	44	18	82	27	63
1 단계	35	44	18	72	27	63	82
2 단계	35	18	44	27	63	72	82
3 단계	18	35	27	44	63	72	82
4 단계	18	27	35	44	63	72	82
5 단계	18	27	35	44	63	72	82

(3) 퀵 정렬(quick sort)

① 방법 : R1을 키로 하여 제일 왼쪽에서 오른쪽으로 가면서 R1보다 작은 값을 찾아서 서로 바꾼다. 이 때 서로 교차하면 중지하고 R1과 제일 나중에 찾은 R1보다 작은 값을 바꾼다. 바뀐 값을 중심으로 좌우 2개의 부파일에 대해서 위의 과정을 독립적으로 되풀이하여 수행해 나가는 방법을 말한다.

② 알고리즘

> **알고리즘**
> ```
> void quick(int *file, int left, int right)
>   {
>     int down, up, pivot ;
>
>     if( left<right )
>      {
>       down = left ;
>       up = right + 1 ;
>       pivot = file[left] ;
>     do{
>         down++ ;
>         up-- ;
>         while(file[down]<pivot)   down++ ;
>         while(file[up]>pivot)     up-- ;
>         if(down<up)
>           swap(file[down], file[up]);
>       } while(down<up) ;
>         swap(file[left], file[up]);
>         quick(file, left, up-1) ;
>         quick(file, up+1, right) ;
>     }
>   }
> ```

③ 특징 ─ 평균 연산시간 : $O(n\log_2 n)$
　　　 ─ 최악 연산시간 : $O(n^2)$
　　　 ─ 사용 공간　　: n + stack

정렬(Sort)

예제 30

n=10이고 데이터가 [26, 5, 37, 1, 61, 11, 59, 15, 48, 19]이라고 할 때, Quick sort를 적용했을 때의 과정을 나타내시오.

풀이

정렬 과정										down	up
[26	5	37	1	61	11	59	15	48	19]	1	10
[11	5	19	1	15]	26	[59	61	48	37]	1	5
[1	5]	11	[19	15]	26	[59	61	48	37]	1	2
1	5	11	[19	15]	26	[59	61	48	37]	4	5
1	5	11	15	19	26	[59	61	48	37]	7	10
1	5	11	15	19	26	[48	37]	59	[61]	7	8
1	5	11	15	19	26	37	48	59	[61]	10	10
1	5	11	15	19	26	37	48	59	61	완료	

(4) 히프 정렬(heap sort)

① 방법
  ㉠ 최대 Heap : 부 노드 > 자 노드
  ㉡ 최소 Heap : 부 노드 < 자 노드

② 알고리즘

알고리즘

```
void heap(int *array, int n)
 {
   int i, temp ;

   for(i=n/2 ; i>=1 ; i--)
       reheap(array, i, n) ;
   for(i=n-1 ; i>=1 ; i--)
    {
       temp = array[i+1] ;
       array[i+1] = array[1] ;
       array[1] = temp ;
       reheap(array, 1, i) ;
    }
 }

void reheap(int *array, int i, int n)
 {
   int j, k, m ;
   boolean flag ;

   flag = FALSE ;
   m = k = array[i] ;
   j = 2*i ;
   while( j<=n && !flag )
    {
       if(j<n)
         if(array[j] < array[j+1])  j++ ;
       if(k>=array[j])
         flag = TRUE ;
       else {
         array[j/2] = array[j] ;
         j = j*2 ;
       }
    }
   array[j/2] = m ;
 }
```

③ 특징 ─ 평균 연산시간 : O(nlog₂n)
        └ 사용 공간   : n + pointer

정렬(Sort)

예제 31

n=10이고 데이터가 [26, 5, 77, 1, 61, 11, 59, 15, 48, 19]이라고 최대 Heap과 최소 Heap을 구성하고, 최대 Heap 정렬 과정을 나타내시오.

〈최대 Heap〉

〈최소 Heap〉

〈최대 Heap 정렬 과정〉

(5) 병합 정렬(merge sort)

① 방법 : 입력의 크기가 n인 파일에서 길이가 2인 n/2개의 파일을 얻기 위해 짝으로 병합한다. 단, 크기 n이 홀수이면, 1개의 파일 크기는 길이가 1이 된다. 그리고 n/2개의 파일이 다시 짝으로 병합된다.

② 알고리즘

알고리즘

```
void merge(int *array1, int *array2, int m, int n)
{
  int i, j, k, t;

  i = k = 1 ;
  j = m + 1 ;
  while( i<=m && j <=n )
   {
    if( array1[i] <= array1[j] )
     {
      array2[k] = array1[i] ;
      i++ ;
     }
    else
     {
      array2[k] = array1[j] ;
      j++ ;
     }
    k++ ;
   }
  if( i > m )
    for( t = j ; t<= n ; t++ )
      array2[k++] = array1[t] ;
  else
    for( t = i ; t<= m ; t++ )
      array2[k++] = array1[t] ;
}
```

③ 특징 ┌ 평균 연산시간 : $O(n\log_2 n)$
         ├ 수행 과정의 수: $\lceil \log_2 n \rceil$
         └ 사용 공간   : 2n

정렬(Sort)

예제 32

n=10이고 데이터가 [19, 01, 26, 43, 82, 87, 21, 38, 11, 55]이라고 할 때, 2-way merge sort를 적용했을 때의 과정을 나타내시오.

풀이

단계	정렬 과정									
초기상태	19	01	26	43	82	87	21	38	11	55
1 단계	01	19	26	43	82	87	21	38	11	55
2 단계	01	19	26	43	21	38	82	87	11	55
3 단계	01	19	21	26	38	43	82	87	11	55
4 단계	01	11	19	21	26	38	43	55	82	87

(6) 삽입 정렬(insertion sort)

① 방법 : 이미 정렬된 서브파일에 새로운 레코드를 그 순서에 맞게 삽입하는 방식이다.

② 알고리즘

> **알고리즘**
> ```
> void insertionsort(int *list, int n)
> {
>   int i, j, temp ;
>
>   for(i=1 ; i<n ; i++)
>    {
>      temp = list[i] ;
>      for(j=i ; j>0 ; j--)
>       if(temp<list[j-1])
>             list[j] = list[j-1] ;
>       else
>             break ;
>      list[j] = temp ;
>    }
> }
> ```

③ 특징
- 총 비교횟수 : $\dfrac{n(n-1)}{2}$
- 평균 연산시간 : $O(n^2)$
- 사용 공간 : n

예제 33

키들이 17, 15, 6, 8, 12, 5로 구성된 리스트를 삽입정렬을 사용하여 정렬하시오.

풀이

단계	정렬 과정					
초기상태	17	15	6	8	12	5
1 단계						
2 단계						
3 단계						
4 단계						
5 단계						

(7) 쉘 정렬(shell sort)

① 방법 : Insertion sort을 확장한 것으로 일정한 간격으로 서브파일 형성하여 Insertion sort하는 방식으로, 입력파일이 부분적으로 정렬된 경우에 유리하다.

② 알고리즘

```
알고리즘

void ShellSort(int *list, int n)
 {
  int d = 0, i, j, next ;
  int tmp ;

  while( 2*( next = 3*d + 1 ) <= n ) d = next ;
  for( ; d>0 ; d /= 3 )
   {
     for( i=d ; i<n; i++ )
      {
        tmp = list[i] ;
        for( j=i-d ; j>=0; j-=d)
          if( tmp<list[j] ) list[j+d] = list[j] ;
          else break ;
        list[j+d] = tmp ;
      }
   }
 }
```

③ 특징 ┌ 평균 연산시간 : O($n^{1.5}$)
       └ 사용 공간   : n

예제 34

n=12이고 데이터가 [19, 13, 05, 27, 01, 26, 31, 16, 02, 09, 11, 21]이라고 할 때, Shell sort를 적용했을 때의 과정을 나타내시오.

풀이

단계	정렬 과정											
초기	19	13	05	27	01	26	31	16	02	09	11	21
d = 4	01	09	05	16	02	13	11	21	19	26	31	27
d = 1	01	02	05	09	11	13	16	19	21	26	27	31

(8) 기수 정렬(radix sort)
① 방법 : 일종의 다중 키(multi key)의 개념을 갖는 것으로 각 데이터를 digit별로 나누어 10개의 버켓(bucket)에 분배하고 그것을 다시 정돈해서 digit수만큼 반복한다.

② 알고리즘

> **알고리즘**
> ```
> type struct list_node *list_pointer ;
> typedef struct list_node {
>     int key[MAX_DIGIT] ;
>     list_pointer link ; }
> list_pointer radix_sort(list_pointer ptr)
>  {
>    list_pointer front[10], rear[10] ;
>    int i, j, digit ;
>    for(i=MAX_DIGIT-1 ; i>=0 ; i--) {
>      for(j=0 ; j<10 ; j++)
>        front[j]=rear[j]=NULL ;
>      while(ptr) {
>         digit=ptr->key[i] ;
>         if(!front[digit])
>           front[digit] = ptr ;
>         else
>           rear[digit]->link = ptr ;
>         rear[digit] = ptr ;
>         ptr = ptr->link ;
>       }
>      ptr = NULL ;
>      for(j = 9 ; j >= 0 ; j--)
>        if(front[j]) {
>          rear[j]->link = ptr ;
>          ptr = front[j] ;
>          }
>     }
>     return ptr ;
>  }
> ```

③ 특징 ─ 평균 연산시간 : $O(d(n+q))$
        └ 사용 공간   : $(n + 1)q$

정렬(Sort)

예제 35

10개의 레코드 (412, 73, 125, 221, 137, 82, 194, 367, 150, 256)로 구성된 입력파일을 단계별로 radix sort하는 과정을 보이시오.

1. 〈1의 자리〉

digit	bucket	결과
0	150	
1	221	
2	412, 82	
3	73	150, 221, 412, 82, 73,
4	194	194, 125, 256, 137, 367
5	125	
6	256	
7	137, 367	
8		
9		

2. 〈10의 자리〉

digit	bucket	결과
0		
1	412	
2	221, 125	
3	137	412, 221, 125, 137, 150,
4		256, 367, 73, 82, 194
5	150, 256	
6	367	
7	73	
8	82	
9	194	

3. 〈100의 자리〉

digit	bucket	결과
0	73, 82	
1	125, 137, 150, 194	
2	221, 256	
3	367	73, 82, 125, 137, 150,
4	412	194, 221, 256, 367, 412
5		
6		
7		
8		
9		

기출 2011 - 38 다음 정렬 알고리즘을 〈조건〉에 따라 수행할 경우 명령문 ㉮가 두 번째로 실행될 때, 리스트(list)의 세 번째와 여섯 번째 원소로 옳은 것은?

> sort(list) :
> while (d는 LSD(Least Significant Digit)의 위치부터
>   MSD(Most Significant Digit)의 위치까지)
> {
>   list의 원소들을 d 위치의 값에 따라 0번부터 9번 버킷에 넣는다.
>   0번 버킷부터 9번 버킷까지 원소들을 순차적으로 읽어 list를
>   재구성한다.
>   ㉮ list의 원소들을 순서대로 출력한다.
>   d를 MSD 방향으로 한 자리 이동시킨다.
> }

조건
- 버킷은 크기 제한이 없는 큐로 만든다.
- 초기 list는 (344, 278, 459, 871, 583, 123, 981, 615)이다.
- 278의 경우 LSD 위치의 값은 8이고 MSD 위치의 값은 2이다.

	세 번째 원소	여섯 번째 원소
❶	344	278
②	344	615
③	344	871
④	583	278
⑤	583	615

㉠
- 1회차(d=1): 252 512
- 2회차(d=2): 325 127
- 3회차(d=3): 252

㉡
- 1회차(d=1): 870 691 471 252 512 145 325 127
- 2회차(d=2): 512 325 127 145 252 870 471 691
- 3회차(d=3): 127 145 252 325 471 512 691 870

> **작성 방법**
>
> (1) 밑줄 친 ㉠ 명령문이 첫 번째 수행될 때와 두 번째 수행될 때 출력되는 내용을 각각 쓸 것.
> (2) 밑줄 친 ㉡ 명령문이 첫 번째 수행될 때와 두 번째 수행될 때 출력되는 내용을 각각 쓸 것.
> (3) 위 알고리즘의 시간 복잡도를 빅-오(Big-oh) 표기법으로 쓸 것.

해답	(1) 252, 512 / 325, 127 (2) 870, 691, 471, 252, 512, 145, 325, 127 512, 325, 127, 145, 252, 870, 471, 691 (3) $O(d(n+Q))$	2점 2점 1점

해설 기수 정렬

〈1의 자리〉

digit	bucket	결과
0	870	870 691 471 252 512 145 325 127
1	691, 471	
2	252, 512	
3		
4		
5	145, 325	
6		
7	127	
8		
9		

〈10의 자리〉

digit	bucket	결과
0		512 325 127 145 252 870 471 691
1	512	
2	325, 127	
3		
4	145	
5	252	
6		
7	870, 471	
8		
9	691	

정렬(Sort)

> (1) 정렬 방식
>   ① 교환법 : selection sort, bubble sort, quick sort
>   ② 삽입법 : insertion sort, shell sort
>   ③ 선택법 : heap sort
>   ④ 병합법 : 2-way merge sort
>   ⑤ 분배법 : radix sort
>
> (2) 시간 복잡도
>
> | 복잡도 | 종류 |
> |---|---|
> | $O(n^2)$ | selection sort, bubble sort, insertion sort, quick sort(최악) |
> | $O(nlog_2n)$ | quick sort, heap sort, 2-way merge sort |
> | $O(n^{1.5})$ | shell sort |
> | $O(d(n+Q))$ | radix sort |

2 외부 정렬(external sort)

(1) **균형 병합(balanced merge) 정렬**
   가장 단순한 외부 정렬 방식으로서 원시파일을 동일한 크기의 서브파일들로 분배하여 반복적인 병합을 수행시켜 하나의 정렬된 파일을 만든다.

(2) **다단계(polyphase merge) 병합 정렬**
   내부 정렬에 의해 생성된 run들을 피보나치수열에 따라 n-1개로 차등 분배하고, n-1 way 병합 작업을 하여 빈 테이프에 출력하게 되며, 이 중 한 테이프가 비게 되면 테이프를 되감아 다시 빈 테이프에 n-1 way 병합 작업을 계속한다.

(3) **캐스케이드 병합(cascade merge) 정렬**
   1단계 생성된 run들을 개개의 테이프에 분배하고, 한 개의 빈 테이프에 생성된 run테이프를 병합하되, 한 테이프가 빈 테이프가 되면 그 다음에는 n-2개의 생성된 run을 병합하고, 계속해서 생성된 n-3, n-4…를 병합시켜 1개의 테이프에 하나의 run이 남을 때까지 계속하면 정렬된 파일을 얻게 된다.

(4) **오실레이팅 병합(oscillating merge) 정렬**
   테이프의 순방향과 역방향을 이용한 방식으로 한 개의 입력, 한 개의 출력 테이프와 입력 자료에 의해서 생성된 run을 기록한 n-2개의 테이프를 n-2 way 병합을 반복 실행하여 run의 수가 한 개가 될 때까지 n-2 way 병합을 계속한다.

SECTION 5 검색(Search)

```
         ┌─ 선형 검색
         │              ┌─ 이분 검색
         ├─ 제어 검색 ──┼─ 피보나치 검색
         │              └─ 보간 검색
         ├─ 블록 검색
         ├─ 2진 검색 트리
         └─ 해싱(Hashing)
```

1 키 비교에 의한 탐색

(1) 선형(linear) 검색

① 정의 : R에서 특정 원소 x를 탐색하려고 할 때 R의 처음 원소(마지막 원소)에서 마지막 원소(처음 원소)까지 x와 일치하는 것을 찾는 방식이다.

② 검색 방법
  ㉠ 키 값을 마지막 레코드 key[n], key[n-1],...,key[1], key[0]의 순으로 레코드를 순차적으로 검색한다.
  ㉡ 원하는 키 값을 찾지 못한 경우는 n+1회 비교가 된다.
  ㉢ 원하는 키 값을 찾은 경우 레코드에 대한 키의 위치에 의존한다.
      레코드 i번째 f[i].key가 검색되었을 때는 n-i+1회 비교를 한다.

③ 평균 비교 횟수 = $\frac{1}{n}\sum_{i=1}^{n} i = \frac{n+1}{2}$

④ 개선된 알고리즘

알고리즘
```
sequential_search (int *key, int find_key, int n)
{
  int i = n ;

  key[0] = find_key ;
  while( key[i] != find_key )
     i-- ;
  return(i) ;
}
```

(2) 이분(binary) 검색

① 정의 : 검색하려는 키를 k라고 가정하면 파일의 중간에 위치한 f[m].key와 k를 비교한다. k>f[m].key, k=f[m].key, k<f[m].key 중에 하나이다.

② 검색 방법
  ㉠ 키값 K가 중간에 있는 레코드값 f[m].key보다 작은 경우(k<f[m].key)는 레코드 f[1].key,f[2].key .... f[m-1].key에 찾고자 하는 값이 위치하므로 이 중에서 다시 중간에 위치한 값을 택하여 작업을 한다.
  ㉡ 키값 k가 중간에 있는 레코드값 f[m].key보다 큰 경우(k>f[m].key)는 레코드 f[m+1].key, f[m+2].key,...,f[n].key에 값이 있으므로 위와 같은 방법으로 한다.
  ㉢ 키값 k와 중간에 위치한 레코드 값 f[m].key과 같은 경우는 원하는 키값을 찾았으므로 탐색이 끝나게 된다.

③ 평균 검색 횟수 : $\log_2(n+1)-1 \fallingdotseq \log_2 n$

예제 36

다음 도표와 같이 15개 키로 구성되어 있을 때 P를 검색하려고 한다. 이분검색의 과정을 쓰시오.

번호	1	2	3	4	5	6	7	8	9	10	11	12	13	14	15
키	A	B	C	D	F	H	I	L	O	P	Q	R	S	W	X

풀이

① mid = (1 + 15) / 2 = 8
   8 번째 위치 값(L)과 키 값(P)을 비교 → L < P
② mid = (9 + 15) / 2 = 12
   12 번째 위치 값(R)과 키 값(P)을 비교→ R > P
③ mid = (9 + 11) / 2 = 10
   10 번째 위치 값(P)과 키 값(P)을 비교→ P = P

∴ <u>3번 수행 후 키 값 검색 성공</u>

④ 알고리즘

알고리즘

```
int binary_search(int n, int k)
{
  int low, mid, high;
  char ch;

  low = 1;  high = n;
  while(low <= high)
   {
     mid = (low + high) / 2;
     switch(ch = compare(k, f[mid].key)
      {
        case '>' : low = mid + 1;  break;
        case '=' : return(mid);
        case '<' : high = mid -1;
      }
   }
     return(NULL);
}
```

(3) 피보나치(fibonacci) 검색

① 정의 : 이분검색과는 달리 꼭 반씩 분리하지 않고 피보나치 수열에 따라 서브파일을 나누어 검색한다.

② 특징
  ㉠ 이분 검색에는 나눗셈에 의하지만, 피보나치 검색에는 덧셈과 뺄셈만을 포함한다.
  ㉡ 평균 비교횟수가 이분 검색보다 적지만 부가적인 overhead 때문에 대체로 이분 검색보다 좋지 못하다.

③ 알고리즘

> **알고리즘**
>
> ```
> int fibo_search(int keys[], int find_key, int n)
> {
>   int mid, f1, f2, t ;
>
>   f1 = fib(i-2) ; /* f1은 i-2번째 피보나치 수 */
>   f2 = fib(i-3) ; /* f2은 i-3번째 피보나치 수 */
>   mid = n-fib(i-2)+1 ; /* n = (i번째 피보나치 수 -1) */
>   while( 1 )
>    {
>      if( find_key > keys[mid] )
>        {
>           if( f1==0 ) return(0) ;
>           mid = mid + f2 ;
>           f1 = f1 -f2 ;
>           f2 = f2 -f1 ;
>           continue ;
>        }
>      if( find_key = keys[mid] ) return(mid) ;
>      if( find_key < keys[mid] )
>        {
>           if( f2==0 ) return(0) ;
>           mid = mid -f2 ;
>           t = f1 - f2 ;
>           f1 = f2 ;
>           f2 = t ;
>        }
>    }
> }
> ```

기출 2016 - 11 다음은 피보나치 수를 이용한 탐색 알고리즘이다. 함수 Fk와 배열 A가 〈조건〉과 같을 경우 search(A, 6, 72)를 실행하였을 때 출력되는 값을 순서대로 쓰고, 밑줄 친 ㉠은 어떤 경우에 수행되는지 그 의미를 기술하시오. (4점)

알고리즘

```
/*  A: 탐색 대상 키가 저장된 배열, A[i]: 배열 A의 i번째 값
    n: 피보나치 수의 색인
    find: 찾으려는 값 */
search(A, n, find) {
    k ← n;
    i ← Fk;
    while (k > 0) {
        print i; /* i 값을 출력한다. */
        if (A[i] = find) return i;
        if (A[i] > find) {
            i ← i - Fk-2;
            k ← k - 1;
        } else {
            i ← i + Fk-2;
            k ← k - 2;
        }
    }
    ㉠ return -1;
}
```

조건

○ 피보나치 함수 : $F_k = F_{k-1} + F_{k-2}$ ($k \geq 3$, $F_1 = 1$, $F_2 = 1$)
  ($F_1 = 1$, $F_2 = 1$, $F_3 = 2$, $F_4 = 3$, $F_5 = 5$, …)
○ 배열 A의 크기는 $F_{n+1} - 1$ 이다.
○ 배열 A의 초깃값 :

	1	2	3	4	5	6	7	8	9	10	11	12
A	5	18	21	33	43	48	59	61	64	72	84	91

해답	• 8 11 10 • 찾고자 하는 키 값이 없는 경우	각 2점

검색(Search)

해설 피보나치 검색

〈피보나치 트리〉

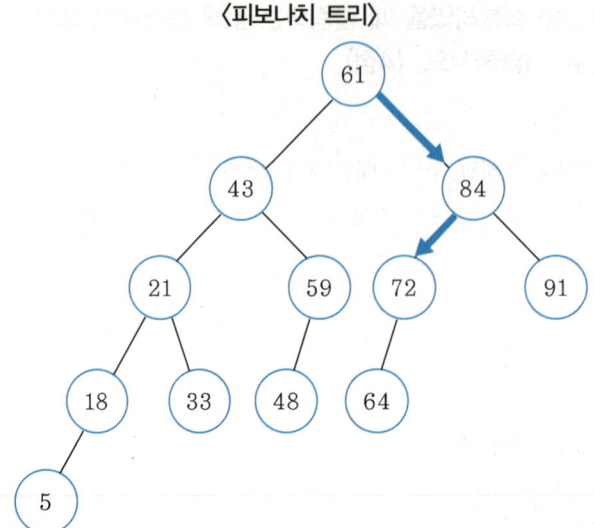

〈수행과정〉

피보나치 수열	1	1	F_k 2	F_k 3	5	F_k 8	13
k	1	2	3	4	5	6	7

첫번째	$k = 6$, $\underline{i = 8}$, $F_k = 8$, $F_{k-1} = 5$, $F_{k-2} = 3$ $61 < 72$이므로　$i \leftarrow i + F_{k-2} = 8 + 3 = 11$ 　　　　　　　　$k \leftarrow k - 2\quad = 4$
두번째	$k = 4$, $\underline{i = 11}$, $F_k = 3$, $F_{k-1} = 2$, $F_{k-2} = 1$ $84 > 72$이므로　$i \leftarrow i - F_{k-2} = 11 - 1 = 10$ 　　　　　　　　$k \leftarrow k - 1\quad = 3$
세번째	$k = 3$, $\underline{i = 10}$, $F_k = 2$, $F_{k-1} = 1$, $F_{k-2} = 1$ $72 = 72$이므로　return 10

예제 37

다음 도표와 같이 12개 키로 구성되어 있을 때 H를 검색하려고 한다. 피보나치 트리를 그리고, 검색 횟수를 구하시오.

번호	1	2	3	4	5	6	7	8	9	10	11	12
키	A	B	C	D	F	H	I	L	O	P	Q	R

(4) 보간(interpoation) 탐색

특정한 키가 있음직한 부분의 키를 선택하여 검색하는 방식이다.

◆ 키 값 K_i에서 i를 구하는 공식 : $i = \dfrac{K - K_l}{K_u - K_l}$

  K_l : 리스트에서 가장 작은 키 값
  K_u : 리스트에서 가장 큰 키 값

검색(Search)

(5) 블록(block) 검색
  ① 정의 : 데이터가 블록단위로 나누어지며, 각 블록내의 데이터는 정렬될 필요가 없지만 블록 간에는 정렬되어야 한다.
  ② 검색 방법
    ㉠ 색인 테이블을 순차적으로 검색하여 원하는 블록을 선택한다.
    ㉡ 선택된 블록에서 찾고자하는 키를 순차적으로 검색한다.

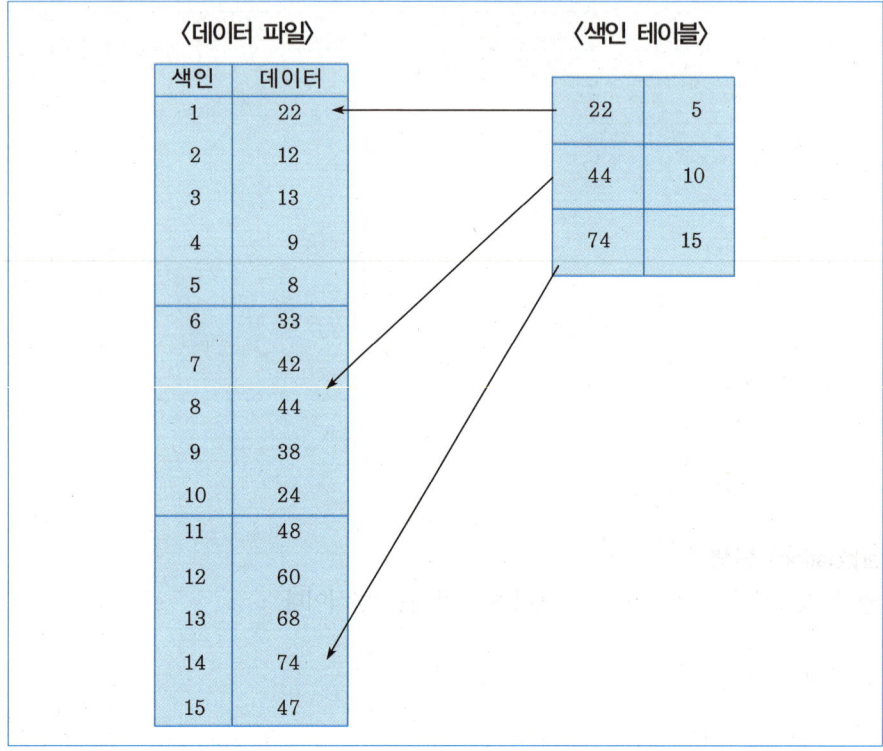

  ③ 평균 검색 길이
    총 레코드 수 : n개, 블록의 수 : b개, 블록 내의 레코드 수 : s개일 때

    $L_{block} = L_b + L_w$
    = _____
    = _____
    = _____
    = _____
    = _____

  ④ 최적 블록의 크기 : $\sqrt{n}$

⑤ 알고리즘

> 알고리즘

```
int block_search(int keys[], int n, int index[][], int limit, int find_key)
{
  int i, j, low, high ;

  for( i=0 ; i<limit ; i++ )
      if( find_key <= index[i][0] )  break ;
  if( i>=limit ) return(0) ;
  if( i==0 )
      low = 1 ;
  else
      low = index[i-1][1] + 1 ;
  high = index[i][1] ;
  for( j = low ; j <= high ; j++ )
    if( find_key == keys[j] )
        return(j) ;
  return(0) ;
}
```

(6) 2진 검색 트리
  ① 성질
    ㉠ Tree의 왼쪽 서브 트리의 모든 노드들의 값은 Tree의 근 노드에 대한 값보다도 작고,
    ㉡ Tree의 오른쪽 서브 트리의 모든 노드들의 값은 Tree의 근 노드의 값보다 큰 것을 나타내며,
    ㉢ Tree의 왼쪽 서브 트리와 오른쪽 서브 트리도 2진 검색 트리임을 나타낸다.

  ② 2진 검색 트리의 삽입
    〈예제〉 DATA : 70, 30, 90, 100, 45, 85, 95

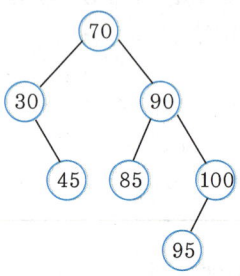

  ③ 2진 검색 트리의 삭제

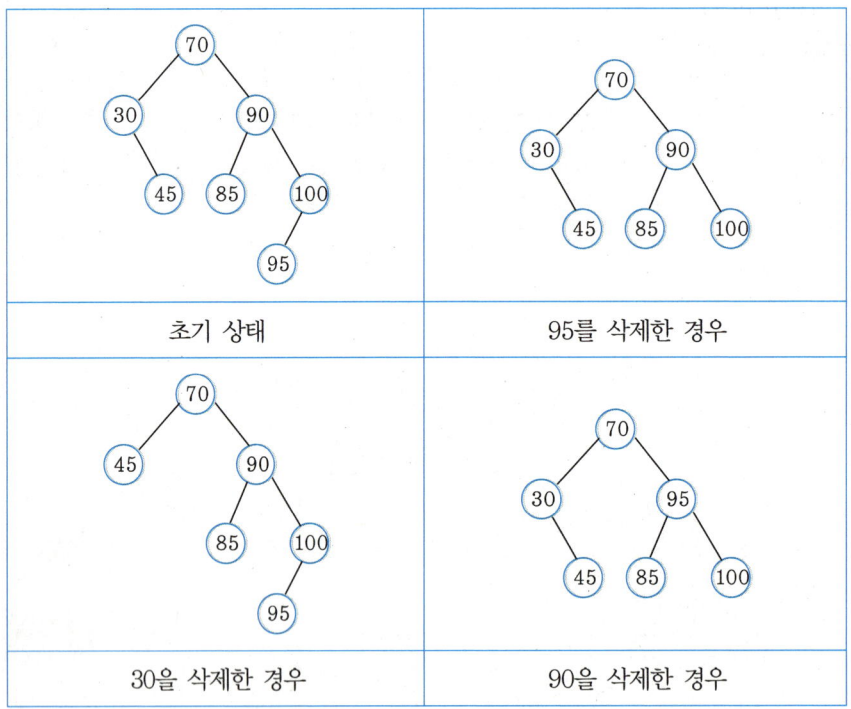

| 초기 상태 | 95를 삭제한 경우 |
| 30을 삭제한 경우 | 90을 삭제한 경우 |

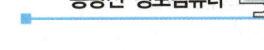

기출 2019-03 다음은 〈조건〉을 만족하는 이진트리이다. 트리를 구성하는 노드에 저장된 키 값들이 10, 20, 30, 40, 50일 때, ㉠, ㉡에 들어갈 키 값을 순서대로 쓰시오. [2점]

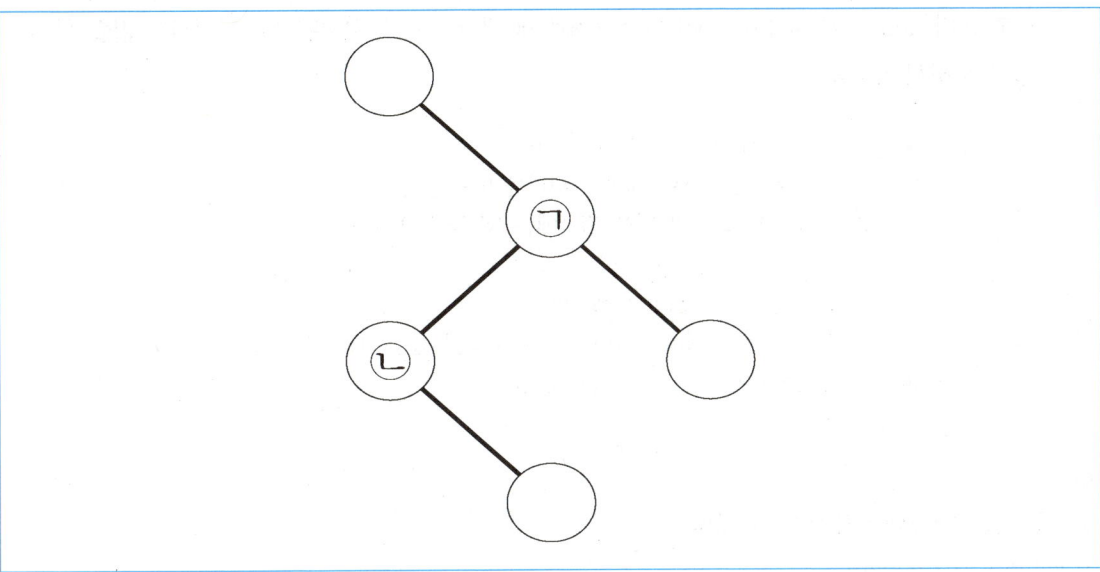

> **조건**
> - (조건1) 이진트리의 모든 노드는 서로 다른 키 값을 갖는다.
> - (조건2) 이진트리로서 공백일 수 있고, 만약 공백이 아니면 해당 이진트리의 루트 노드를 R이라 할 때, 다음과 같은 성질을 갖는다.
>   성질1. R의 왼쪽 서브트리에 있는 모든 노드의 키 값은 R의 키 값보다 작다.
>   성질2. R의 오른쪽 서브트리에 있는 모든 노드의 키 값은 R의 키 값보다 크다.
>   성질3. R의 왼쪽 서브트리와 오른쪽 서브트리 모두 (조건2)를 만족하는 트리이다.

검색(Search)

기출 2002-05 다음 물음에 답하시오. [총 8점]

5-1. 이진 탐색트리 "tree"에서 키 값이 "value"인 노드를 탐색하는 순환적 알고리즘을 C언어로 작성하려고 한다. 노드가 data, left_child, right_child 세 개의 필드로 구성된다고 가정하고 밑줄 친 부분을 작성하시오. (5점)

```
tree_pointer search(tree_pointer tree, int value)
 { /* 키 값이 value인 노드에 대한 포인터를 반환한다.
      키 값이 value인 노드가 없을 경우에는 NULL을 반환한다. */
   if( ① tree == NULL )      return NULL ;
   if( ② value == tree->data ) return tree ;
   if( ③ value > tree->data  ) return ④ search(tree->right_child, value) ;
   return ⑤ search(tree->left_child, value) ;
 }
```

[참고]

③, ④, ⑤를 다음처럼 표현하여도 된다.
③ value < tree->data
④ search(tree->left_child, value)
⑤ search(tree->right_child, value)

5-2. 이중 원형 연결리스트에서 하나의 노드를 삽입하는 알고리즘을 C언어로 작성하려고 한다. 노드는 데이터 필드와 2개의 링크 필드(left_link, right_link)로 구성된다고 가정하고 밑줄 친 부분을 작성하시오. (3점)

```
void insert(node_pointer node, node_pointer newnode)
 {
   /* newnode를 node의 오른쪽에 삽입한다. node는 NULL이 아니라고 가정한다.*/
   newnode->left_link = node ;
  ① newnode->right_link = node->right_link ;
  ② node->right_link->left_link = newnode ;
  ③ node->right_link = newnode ;
 }
```

① 검색 방법의 비교표

구분	평균검색 길이	검색시간	기억공간	프로그래밍 정도
선형검색	$\frac{n+1}{2}$	$O(n)$	n	간단
이분검색	$LOG_2(n+1)-1$	$O(LOG_2 n)$	n+2	적당
이진검색트리	$1.4 LOG_2 n$	$O(LOG_2 n)$	2n	복잡
블록검색	$\sqrt{n}$	$O(LOG_2 n)$	n+b	적당

② 검색 방법의 평균 수행시간 비교

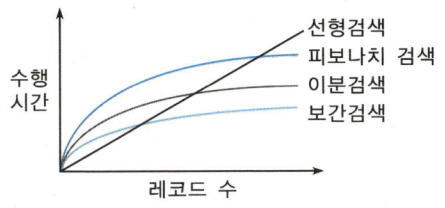

2 키 변환에 의한 탐색 : 해싱(hashing)

(1) 개요

① 파일을 구성하거나 검색할 때 키를 비교하는 것이 아니라 계산에 의해서 주소를 기억공간에 보관하거나 검색하는 것을 말한다.(key-to-address방법)

② 해시 테이블(hash table) 필요

해시 테이블은 HT(0) ~ HT(n-1)까지의 n개 Bucket으로 나누며, 각 Bucket은 s개의 슬롯으로 구성된다.

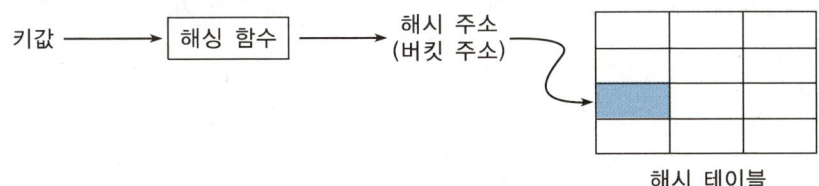

③ 검색속도는 빠르나 기억공간 낭비를 초래하며, collsion과 overflow가 발생한다.

④ 용어

㉠ 충돌(collsion) : 서로 다른 2개의 키가 같은 홈 주소를 갖는 것이다.

㉡ 동의어(synonym) : 같은 홈 주소를 갖는 레코드의 집합을 말한다 .

㉢ overflow : 버켓에 더 이상 레코드를 보관할 수 없는 상태를 말한다.

(2) 해싱 함수(hashing function)
① 중간 제곱(mid-square)법 : 키를 제곱하고, 이 값의 중간 부분의 값을 취하여 홈 주소로 삼는 방법을 말한다.
② 제산(division)법 : h(Key) = Key mod q
(단, q는 해시 테이블의 크기에 비례한 소수이다.)
③ 중첩(folding)법 : 키를 여러 부분으로 나누고, 각 부분의 값을 더하거나 EOR하여 홈 주소를 얻는 방법을 말한다.
㉠ Fold Shifting 방법 : 각 부분의 오른쪽 끝을 맞추어 더한 값을 홈 주소로 한다.
㉡ Fold Boundary 방법 : 각 부분의 경계선을 접어 정렬하여 더한다.

〈예제〉

177	361	409		177 361 +409 --- 947 〈Fold Shifting〉	177 163 +409 --- 749 〈Fold Boundary〉

④ 기수 변환(radix conversion)법 : 어떤 진법으로 표현된 키를 다른 진법으로 보고 키를 변환하여 홈주소를 얻는 방법을 말한다.
⑤ 계수 분석(digit analysis)법 : 키를 구성한 수들이 모든 키 내에서 각 자리별로 어떤 분포를 가지고 있는가를 파악하여 분포가 비교적 고른 자리부터 필요한 자리만큼 택하여 키의 홈 주소를 결정하는 방법을 말한다.
⑥ 대수적 코딩(algebraic coding)법 : 키를 이루고 있는 각 자리의 비트 수를 하나의 다항식의 계수로 간주하고 이 다항식을 해시표의 크기로부터 정한 다항식으로 나누며, 이 때 얻은 나머지 다항식의 계수를 홈 주소로 사용하는 방법을 말한다.
⑦ 무작위(pseudo random)법 : 난수 생성 프로그램을 이용하여 각 키의 홈 주소를 산출하는 방법을 말한다.

(3) 오버플로(overflow)처리법
  ① 재해싱(Rehashing)법 : 오버플로가 발생하면 오버플로가 발생하지 않을 때까지 계속해서 서로 다른 해싱 함수들을 적용해서 해시 주소를 계산해 내는 방법이다.
  ② 개방주소(Open addressing)법
    ㉠ 선형조사(linear probing)법 : 오버플로가 발생하면 해당 버켓 다음부터 버켓을 하나씩 순차적으로 조사해 나가면서 빈 슬롯이 있으면 저장한다.
       (해시주소 = (h(key) + i) % n , n: 버켓의 크기)
    ㉡ 2차조사(quadratic probing)법 : 선형 조사법의 clustering현상을 방지하기 위하여 오버플로가 발생하면 선형 조사법처럼 인접한 버켓에 저장하는 대신에 $((h(key) + i^2) \% n)$와 같은 2차 방정식의 해싱함수를 적용하여 증가치 만큼 떨어진 버켓에 저장하는 방식이다.
    ㉢ 이중 해싱(double hashing)법 : 충돌이 발생한 두 키에 대해 각기 다른 탐색 순서가 결정되는 군집 현상을 감소시키기 위해 쓰이는 해싱기법이다. (해시주소=(h(key) + h´(key)) % n)
  ③ 폐쇄주소(Close addressing)법
    ㉠ 독립 체이닝(separate chaining)법 : 오버플로가 발생하면 레코드를 독립된 기억공간에 저장하고 연결리스트로 연결하며, direct chainig이라 한다.
    ㉡ 통합 체이닝(coalesced chaining)법 : 오버플로가 발생하면 레코드를 해시테이블 자체에 저장하고 연결리스트로 연결하며, indirect chainig이라 한다.

예제 38

크기가 11인 해시 테이블이 있고, 해시함수로 h(k)=k mod 11을 사용한다. 여기서 mod는 모듈로(modulo) 함수를 의미한다. 하나의 해시 값에 대해 두 개씩의 슬롯이 할당되어 있고, 오버플로가 발생하면 다음의 빈 슬롯에 저장하는 선형 조사법(linear probe)을 사용한다고 하자. 데이터가 다음과 같은 순서로 입력된다고 할 때, 원래 계산된 슬롯에 저장되지 않는 데이터를 모두 쓰시오.

> 54, 27, 70, 55, 13, 2, 37, 23, 33, 44, 45, 77, 56, 6, 9

3 탐색 구조

(1) AVL 트리

① 정의 : T는 좌측과 우측 서브 트리인 Tl과 Tr을 가진 이진 트리라 할 때,
   |H(Tl)-H(Tr)|<=1을 만족하면 T는 AVL 트리이다.

② 균형인수(BF, Balance Factor)가 +1, 0, -1이 아니면, 회전(rotation)을 해야 한다.

③ 회전(rotation)

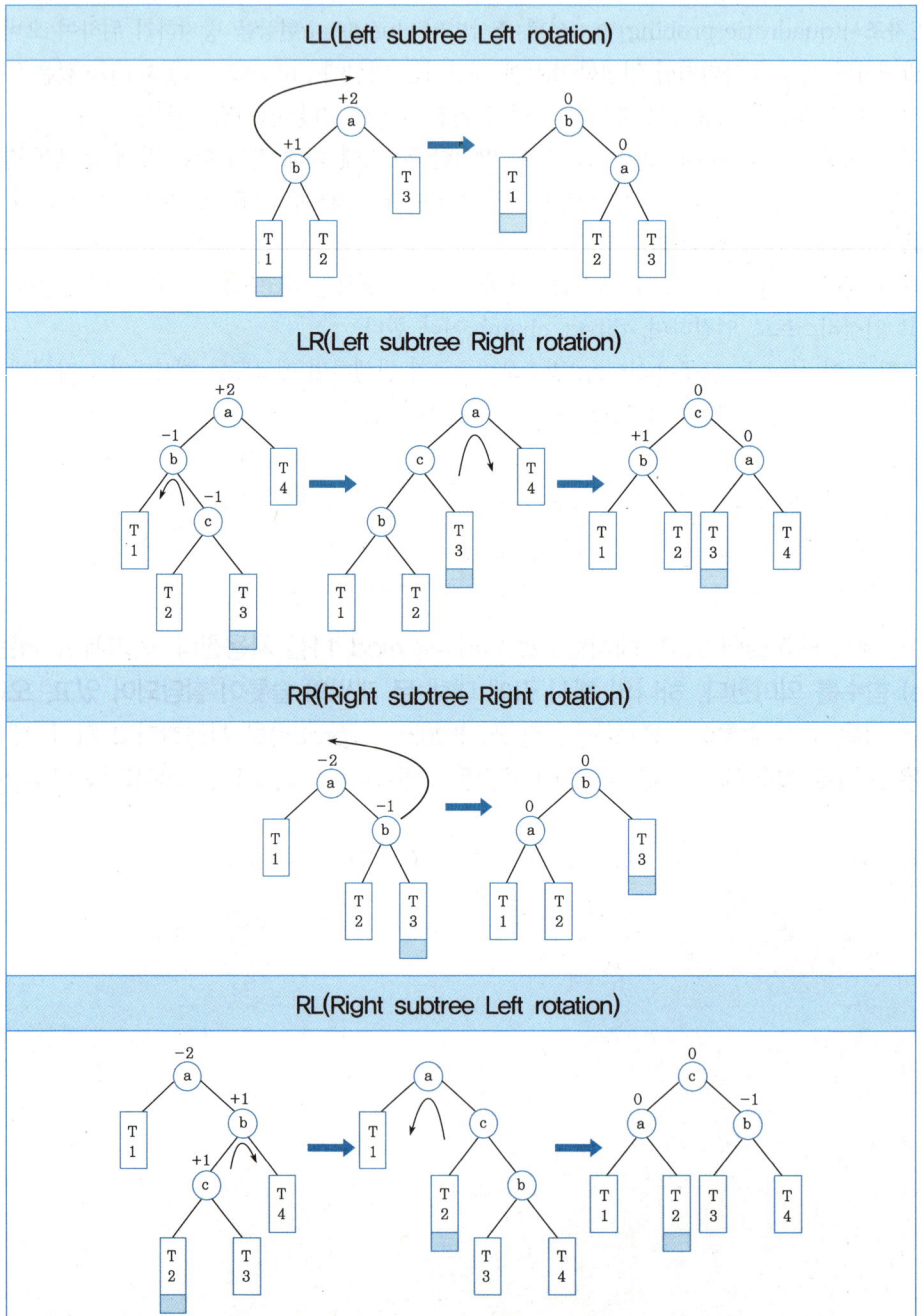

예제 39

키들이 1, 2, 3, 4, 10, 9, 8, 7의 순서로 입력될 때 AVL 트리를 구성하시오.

기출 2005 - 19 [그림 1]은 5개의 자료를 갖는 균형이진(AVL) 트리이다. [그림 1]에 자료 'A'를 삽입한 후의 트리를 [그림 2]에 나타내고, 균형 인수(balanced factor) 값을 쓰시오. 또한 [그림 2]의 트리를 균형이진 트리로 변경하여 [그림 3]에 나타내시오. (3점)

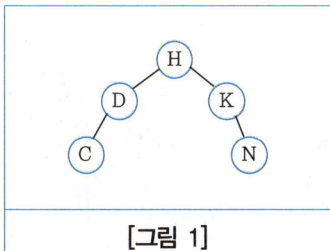

[그림 1]

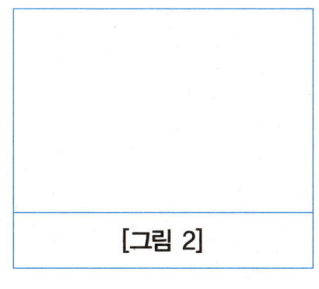

[그림 2]

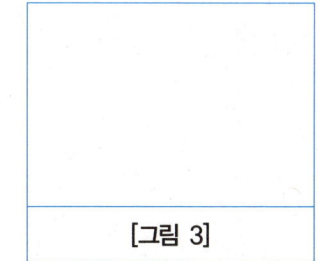

[그림 3]

5 검색(Search)

기출 2017-11 〈조건〉을 만족하는 AVL(Adelson-Velskii & Landis) 트리를 〈작성 방법〉에 따라 서술하시오. [4점]

조건
- AVL 트리는 이진탐색 트리이다.
- 노드의 균형인수(BF)는 다음과 같이 정의한다.

  $$BF = 왼쪽\ 서브트리의\ 높이\ -\ 오른쪽\ 서브트리의\ 높이$$

- 균형 상태가 된 AVL 트리의 노드 균형인수는 {-1, 0, 1} 중 하나이다.
- AVL 트리가 비균형 상태가 되면 노드를 재배치하여 균형 상태로 만든다.
- 공백 트리에 데이터 '2', '3'을 순서대로 삽입한 후의 AVL 트리는 (가)와 같다

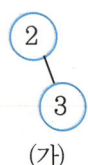

(가)

작업 방법
(1) 〈조건〉의 (가)에 데이터 '5'를 삽입한 후 비균형 상태의 트리를 그리고, 각 노드에 균형인수를 쓸 것.
(2) (1)에서 그린 트리를 균형 상태의 AVL 트리로 변환하여 그릴 것.
(3) (2)에서 그린 트리에 데이터 '9', '8'을 순서대로 삽입한 후, 균형 상태의 AVL 트리로 그릴 것.

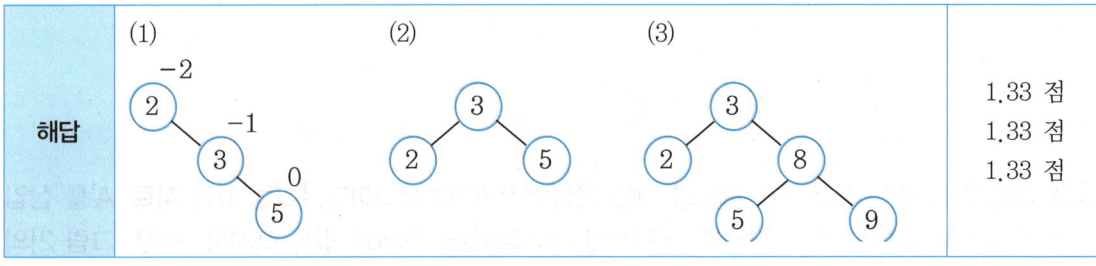

(2) B-트리

① 정의 : 인덱스를 조직하는 방법으로 가장 많이 사용되고, 균형 M-원 검색 트리로서 효율적인 균형 알고리즘을 제공한다.

② 특성

　㉠ 루트와 리프를 제외한 모든 노드는 최소 $\lceil m/2 \rceil$, 최대 m개의 서브 트리를 갖는다.
　㉡ 루트는 리프가 아닌 이상 적어도 두 개의 서브 트리를 갖는다.
　㉢ 모든 리프는 같은 레벨에 있다.
　㉣ 리프가 아닌 노드의 키 값의 수는 그 노드의 서브 트리 수보다 하나 적으며, 각 리프 노드는 최소 $\lceil m/2 \rceil -1$개, 최대 m-1개의 키 값을 갖는다.
　㉤ 한 노드 안에 있는 키 값들은 오름차순을 유지한다.

③ 삽입

예제 40

차수가 3인 공백인 B-트리에 1, 7, 6, 2, 5, 4, 8, 3을 차례로 삽입하시오.

④ 삭제
  ㉠ 재분배 : 단 노드가 최소 키 값의 개수(⌈m/2⌉-1)가 아닐 때
  ㉡ 합병 : 단 노드가 최소 키 값의 개수(⌈m/2⌉-1)일 때

예제 41

다음과 같은 차수가 3인 B-트리에서 4, 7, 1을 순서대로 삭제하시오.

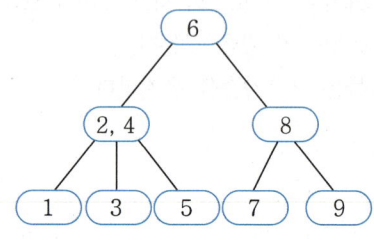

기출 2006 - 21 초기상태가 다음과 같으며 차수(degree)가 3인 B-트리에서 키(key) 값 45와 50이 순서대로 추가되고, 이어서 35가 삭제되었다. 45와 50이 추가된 후의 트리와 35가 삭제된 트리의 결과를 각각 그림으로 나타내시오. (4점)

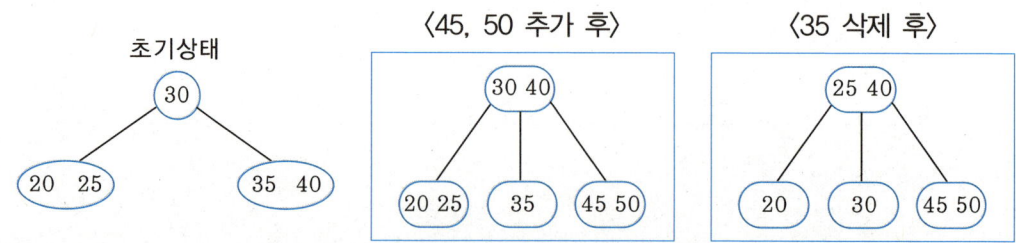

(3) 토너먼트 트리(tournament tree)
  ① 승자 트리(winner tree)
    자식 노드 2개를 비교하여 승자를 부모 노드로 올리며, 가장 작은 키 값인 루트 노드 값이 제거되고 그 노드가 속해 있던 런(run)으로부터 루트까지 경로 상에 있는 형제 노드들 사이에 토너먼트가 이루어진다.

예제 42

토너먼트 트리 중 하나인 승자트리(winner tree)는 완전 이진 트리로서 각 리프 노드는 각 런의 최소 키 값 원소를 나타내고 내부 노드는 그의 두 자식 중에서 가장 작은 키 값을 가진 원소를 나타낸다. 아래의 패자 트리에 대한 빈 노드 ㉠, ㉡, ㉢, ㉣에 들어갈 키 값을 순서대로 쓰시오.

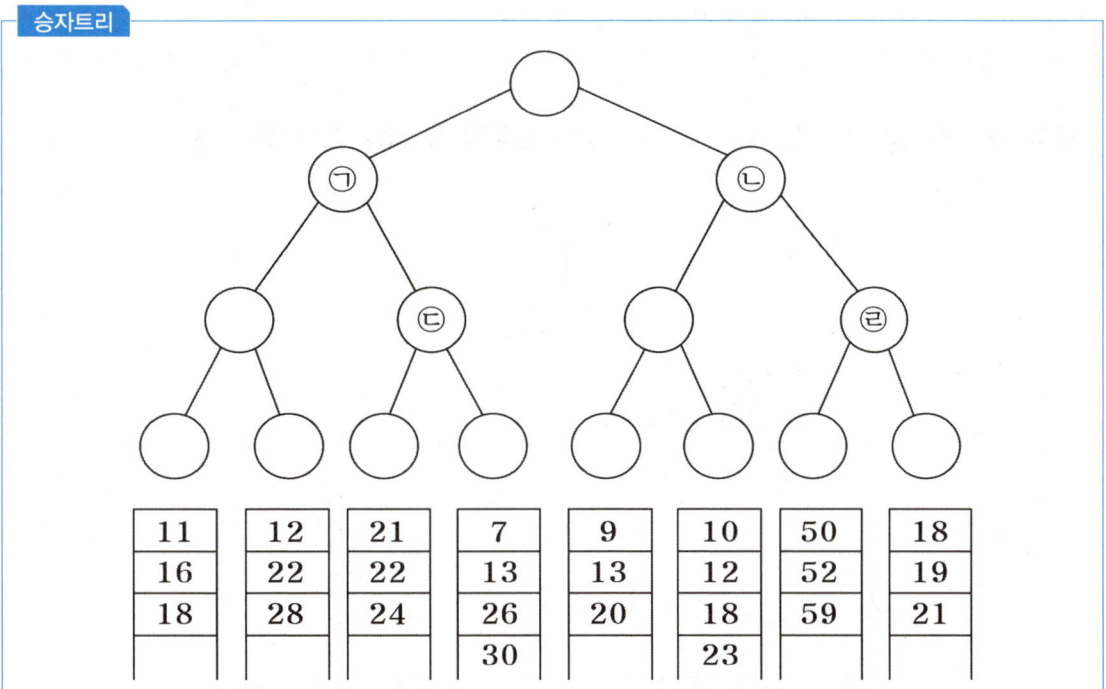

② 패자 트리(loser tree)
단말이 아닌 각각의 노드가 패자에 대한 포인터를 유지하는 토너먼트 트리 형태이다. 자식노드 2개를 비교하여 패자는 부모 노드로 올리고 승자들 중의 패자는 조부 노드로 올린다. 이때 조부 노드가 비어 있지 않으면 조부 노드에서 승자를 증조부 노드로 올리는 작업을 반복한다.

예제 43

패자 트리(loser tree)는 다음과 같은 성질을 가진다.

> **성질**
> • 리프 노드는 각 런의 최소 키 값을 가진 원소를 나타낸다.
> • 내부 노드는 토너먼트의 승자 대신 패자 원소를 나타낸다.
> • 루트(1번 노드)는 결승 토너먼트의 패자를 나타내고 전체 승자는 루트 위에 별도로 위치한 0번 노드가 나타낸다.

아래의 패자 트리에 대한 빈 노드 ㉠, ㉡, ㉢에 들어갈 키 값을 순서대로 쓰시오.

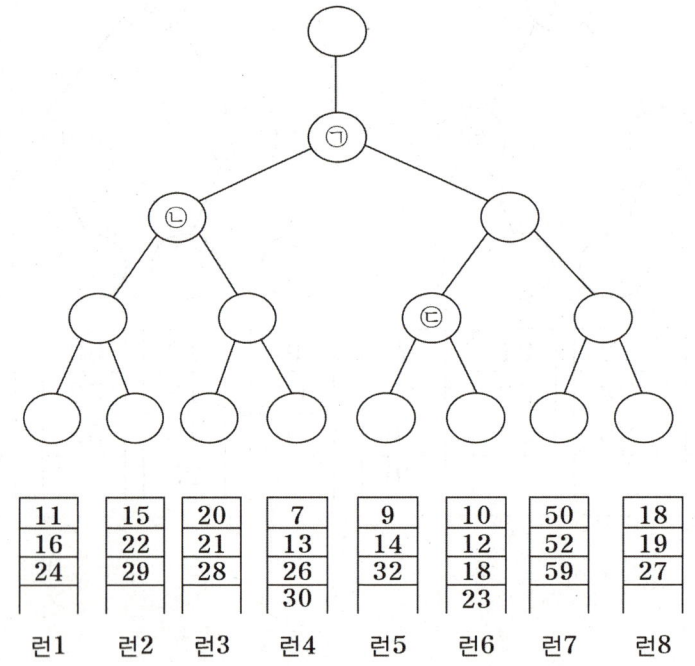

CHAPTER VI

컴퓨터 네트워크

데이터 전송 기술

1 데이터 통신 시스템의 구성

(1) 데이터 통신 시스템의 구성 요소

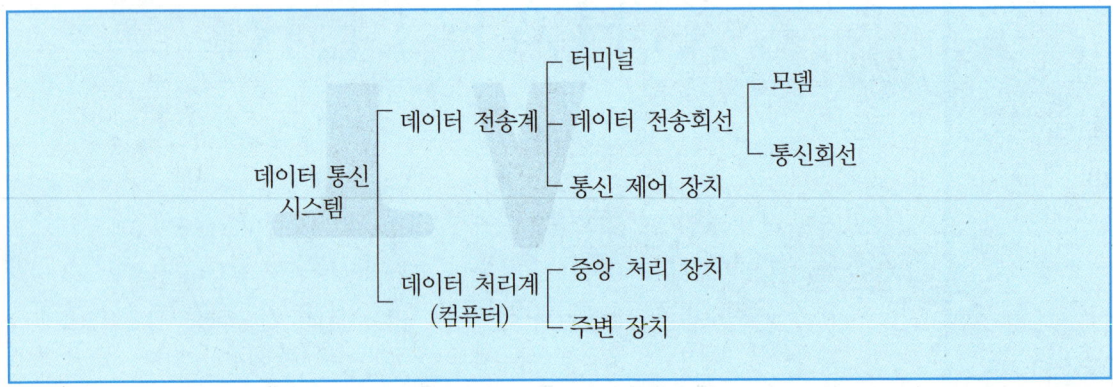

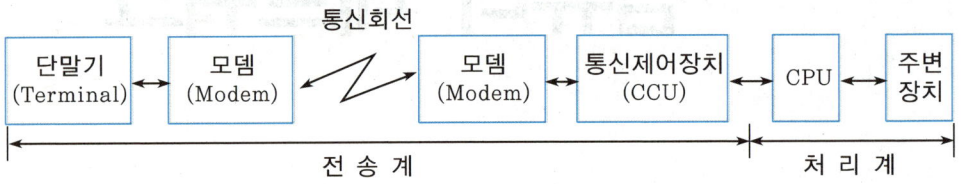

① 단말장치(DTE : Data Terminal Equipment)
  단말장치는 원거리에서 발생한 데이터를 통신 시스템에 입력시키거나 또는 처리 결과를 인쇄해 주는 장치이다.

② 변복조기(MODEM)

변복조기는 변조(MOdulation)와 복조(DEModulation)의 합성어로서 데이터 전송용으로 사용되는 변조장치와 복조장치를 총칭하는 말이다.

변조는 단말장치로 생성된 2진 신호(디지털 신호)를 통신회선에 싣기 위해 교류 신호(아날로그 신호)로 변환하는 것을 말하며, 복조는 통신 회선에 실려온 아날로그 신호를 디지털 신호로 변환하는 것을 말한다.

③ 통신 회선

통신 회선은 데이터 통신 시스템에 있어서 송신측과 수신측을 물리적으로 연결하여 실제로 데이터 전송이 이루어지도록 한다. 초기에는 통신 회선으로 가공나선이 주로 사용되었으나 현재는 도선쌍 케이블, 동축 케이블, 광섬유 케이블 등이 사용된다.

④ 통신 제어 장치(CCU, Communication Control Unit)

통신 제어 장치는 데이터 전송 회선과 컴퓨터 사이에 위치하며, 이들을 결합하기 위한 장치이다. 통신 제어 장치의 역할은 2진 신호와 문자코드 사이의 조립과 분해, 다수 개의 데이터 전송 회선 사이에서 데이터의 송수신을 수행한다.

(2) 전송 매체

① 유선(Hardwire)매체

전송매체	총 데이터 전송률	대역폭	중계기 설치 간격
도선쌍 케이블	4 Mbps	250 Khz	2~10 Km
동축 케이블	500 Mbps	350 Mhz	1~10 Km
광섬유	2 Gbps	2 Ghz	10~100 Km

② 무선(Softwire)매체 → 지상 마이크로파, 위성 마이크로파, 라디오파

무선 주파수	주파수 범위	용도
VLF(Very Low Frequency)	3~30 Khz	장거리 무선 항해, 해저 통신
LF(Low Frequency)	30~300 Khz	장거리 통신, 무선등대
MF(Medium Frequency)	300~3000 Khz	AM방송, 해상 라디오
HF(High Frequency)	3~30 Mhz	Ham, 군사통신, FAX
VHF(Very High Frequency)	30~300 Mhz	VHF TV, FM방송
UHF(Ultra High Frequency)	300~3000 Mhz	UHF TV, 이동전화
SHF(Super High Frequency)	3~30 Ghz	레이더 통신
EHF(Extra High Frequency)	30~300 Ghz	과학용

데이터 전송 기술

(3) 전송 손상
① 감쇠현상(attenuation) : 신호의 세기가 전송 매체를 통과하는 거리에 따라 점점 약해지는 것이다.
② 지연왜곡(delay distortion) : 주로 하드와이어 전송매체에서 발생하는 것으로, 수신되는 신호가 그 신호를 구성하는 주파수에 따라 서로 다른 속도를 가지게 되는 것이다.
③ 잡음(noise) : 전송과정에서 추가된 불필요한 신호로, 통신시스템의 효율성을 제한하는 주요한 요인이다.
  ㉠ 열잡음 : 전송 매체의 저항에 의한 열의 영향 때문에 발생한다.
  ㉡ 누화 : 인접선로의 상호간섭에 의해 발생한다.
  ㉢ 충격성 잡음 : 선로의 파괴나 손상에 의해 발생한다.

(4) 채널 용량
① 채널 용량 : 정보가 에러 없이 그 채널을 통해 보내어질 수 있는 최대 속도이며, 단위는 bps이다.
② 채널 용량의 공식
  ㉠ 샤논(shannon)의 공식

  $$C = B\log_2(1 + S/N)$$
  (단, B : 채널의 대역폭, S/N : 신호에 대한 잡음 비율)

예제 01

10,000Hz의 최대 대역폭을 이용하여 비트 전송률 60,000bps를 얻고자 한다. 최소한 허용할 수 있는 신호대 잡음비(S/N)를 구하시오.

_____

  ㉡ 나이퀴스트(nyquist)의 공식

  $$C = 2B\log_2 M$$
  (단, B : 채널의 대역폭, M : 서로 다른 신호의 수 또는 전압 레벨)

예제 02

어느 디지털 신호 시스템이 9600[bps]로 동작하여야 할 경우 한 신호 요소가 8비트로 인코드된다면 채널은 최소 얼마의 대역폭(Hz)을 가져야 하는가?

_____

전공기술 / 모의고사 다음과 같은 상황에서 나이퀴스트(Nyquist)의 공식을 이용하여 전송 영역(주파수 대역폭)을 구한 것은?

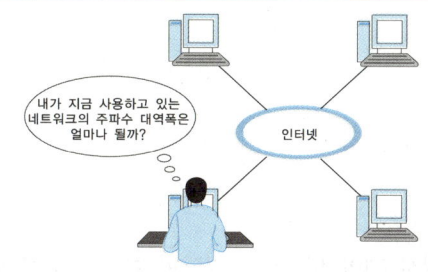

철수는 학교에서 실제 디지털 전송에서 여러 개의 신호 레벨(전압 수준)을 가지는 코드화 방식을 사용하기 때문에, 신호 레벨의 수를 늘리면 높은 비트 전송률을 얻을 수 있다고 배웠다.

그런데 학교의 인터넷에 연결되어 있는 네트워크 선이 기존에 4개의 신호 레벨을 사용하다가 8개의 신호 레벨을 사용할 수 있도록 기술을 향상시켰다는 사실을 알았다. 그래서 철수는 현재의 네트워크 선에서 잡음이 없는 이상적인 최대 데이터 전송 속도는 192 Mbps라고 들었는데 과연 전송 영역(주파수 대역폭)은 얼마나 될지 궁금한 생각이 들었다.

① 24MFz   ② 32MFz   ③ 48MFz   ④ 96MFz   ⑤ 192MFz

전공기술 2009 - 33 다음은 데이터 전송률과 관련된 내용을 나타낸 것이다. 필요한 신호 레벨의 개수를 구한 값은?

철수는 4MHz의 대역폭을 갖는 채널(channel)에서 잡음 전력에 대한 신호 전력의 통계적 비율을 나타내는 신호-대-잡음 비율(signal-to-noise ratio)가 15임을 발견하였다. 철수는 먼저 샤논(C. Shannon)의 공식을 사용하여 데이터 전송률을 계산하였다.

철수는 이 전송률이 이론적인 한계 값이기 때문에 실제로는 도달 불가능하다는 것을 알았다. 그렇지만, 만일 이 전송률을 얻을 수 있다고 가정하면, 나이퀴스트(H. Nyquist)의 공식에 의해 몇 개의 신호 레벨(signal level)이 필요한지 알고 싶어졌다.

① 2   ② 4   ③ 6   ④ 8   ⑤ 10

(5) 전송 속도
　① 데이터 신호 속도
　　부호를 구성하고 있는 비트가 1초간에 얼마나 전송되는가를 나타낸다. 단위는 BPS(Bit Per Second)이다.

　② 변조 속도
　　신호의 변조 과정에서 1초간에 몇 번의 변조가 수행되어졌는가를 표시하는 것이다. 단위로 보(Baud)가 사용된다.

　③ 베어러(bearer) 속도
　　데이터 신호 이외에 동기 신호, 상태 신호 등을 포함하는 전송 속도를 의미한다. 단위로 BPS가 사용된다.

2 정보 전송기술

(1) 통신 방식
　① 단방향(simplex)통신
　　㉠ 접속한 두 장치 사이에서 데이터의 흐름 방향이 한 방향으로 한정되어 있는 통신 방식이다.
　　㉡ 가정의 라디오와 TV가 이에 속한다.

　② 반이중(half duplex)통신
　　㉠ 양쪽 방향으로 신호의 전송이 가능하나, 어느 한 순간에는 반드시 한쪽 방향으로만 전송이 이루어지는 통신 방식이다.
　　㉡ 휴대용 무선 통신 기기가 여기에 속한다.
　　㉢ turn around time이 존재한다.

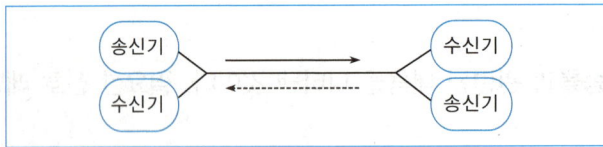

　③ 전이중(full duplex)통신
　　㉠ 접속된 두 장치 사이에서 동시에 양방향으로 데이터의 흐름이 가능한 통신방식이다.
　　㉡ 많은 양의 데이터를 전송하는 경우 효율적인 전송을 수행할 수 있다.
　　㉢ 전화기가 이에 속한다.

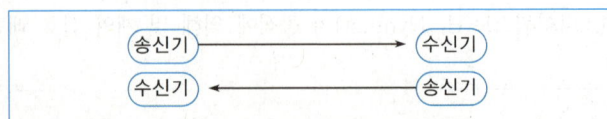

(2) 전송방식

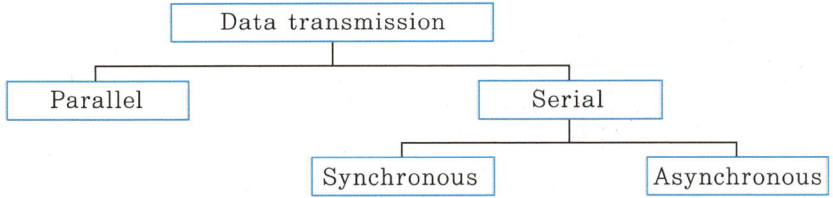

① 병렬(parallel) 전송
   ㉠ 하나의 데이터를 구성하는 다수 개의 Bit별로 각각 통신 회선을 따로 두어 한꺼번에 전송하는 방식이다.
   ㉡ 데이터를 구성하는 비트 수만큼 통신 회선이 필요하다.
   ㉢ 비교적 근거리의 데이터 전송에 유리하다.
   ㉣ 원거리 전송인 경우 다수 개의 통신 회선이 필요하므로 회선 비용이 많이 든다.

② 직렬(serial) 전송
   • 하나의 문자를 나타내는 데이터 비트를 직렬로 나열한 후 하나의 통신 회선을 사용하여 1 Bit씩 순차적으로 전송하는 방식이다.
   • 컴퓨터나 터미널은 병렬처리 하므로 직렬/병렬 변환 과정이 필요하다.
   • 병렬 전송에 비하여 데이터 전송 속도가 매우 느리다.
   • 원거리 전송인 경우 통신 회선이 1개만 필요하므로 경제적이다.

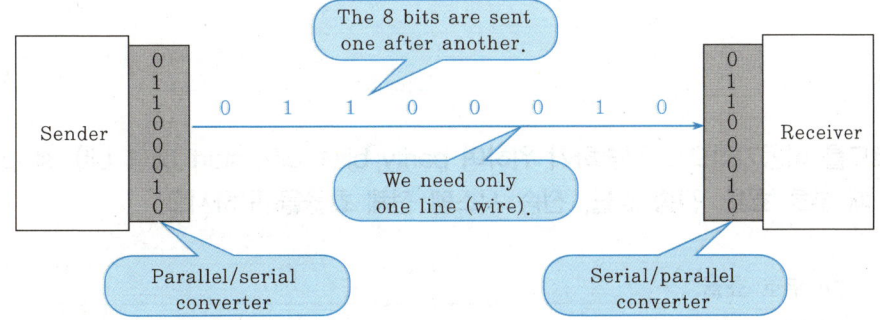

   ㉠ 비동기전송
      ⓐ 동기상태 없이 송신할 정보가 있을 때마다 한 문자의 앞과 뒤에 1개의 Start bit(0)와 하나 이상의 Stop bit(1)를 붙여 수신측에 알려 주는 방식이다.
      ⓑ 각 바이트 간에는 간격(gap)이 있을 수 있다
      ⓒ 2400bps 이하의 전송 속도에 주로 사용한다.(저속)

데이터 전송 기술

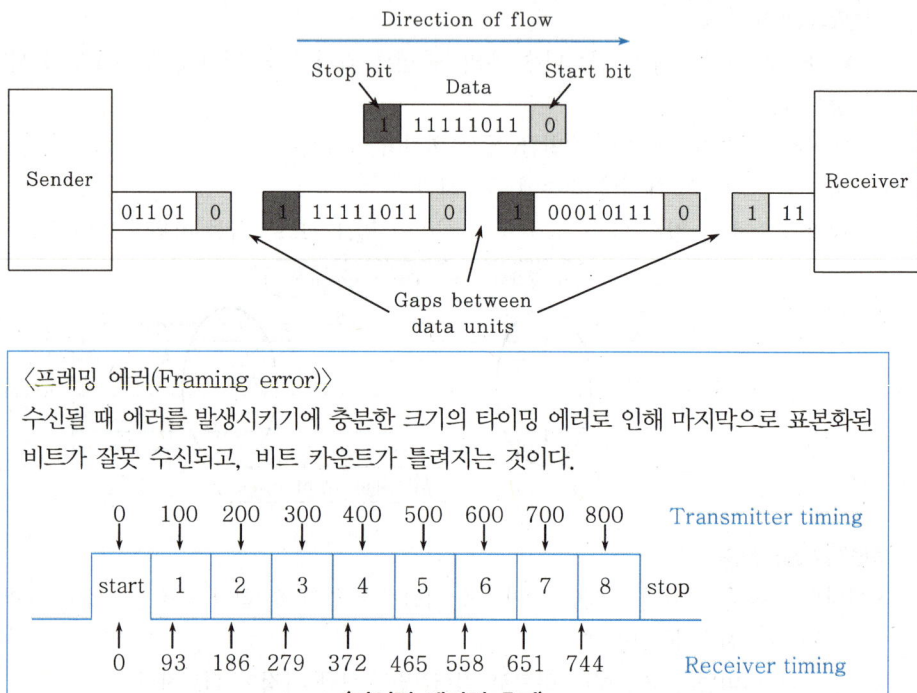

⟨부호 효율과 전송 효율⟩

① 부호 효율 = $\dfrac{\text{정보 비트의 수}}{\text{전체 비트의 수}}$

② 전송 효율 = $\dfrac{\text{정보 펄스의 수}}{\text{전체 펄스의 수}}$

③ 전송 시스템 전체 효율 = 부호 효율 × 전송 효율

⟨프레밍 에러(Framing error)⟩
수신될 때 에러를 발생시키기에 충분한 크기의 타이밍 에러로 인해 마지막으로 표본화된 비트가 잘못 수신되고, 비트 카운트가 틀려지는 것이다.

⟨타이밍 에러의 효과⟩

예제 03

ASCII코드를 비동기식으로 전송하기 위하여 parity bit(1 bit), start bit(1 bit), stop bit(2 bit)로 구성할 때 부호 효율, 전송 효율, 전송 시스템 전체 효율을 구하시오.

㉠ 부호 효율 : _____

㉡ 전송 효율 : _____

㉢ 전체 효율 : _____

ⓒ 동기전송
   ⓐ 송신측과 수신측이 항상 동기 상태에 있으면서 블록(block)이나 프레임(frame)단위로 전송한다.
   ⓑ 동기전송에서는 Start bit/Stop bit 및 Gap 없이 차례로 비트를 보내며, 비트를 그룹화하는 것은 수신자가 행한다.
   ⓒ 2400bps 이상의 전송 속도에 주로 사용한다.

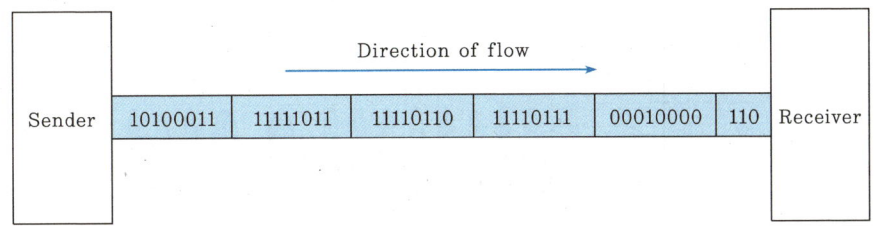

3 변조 방식

(1) 디지털 대 아날로그 변조

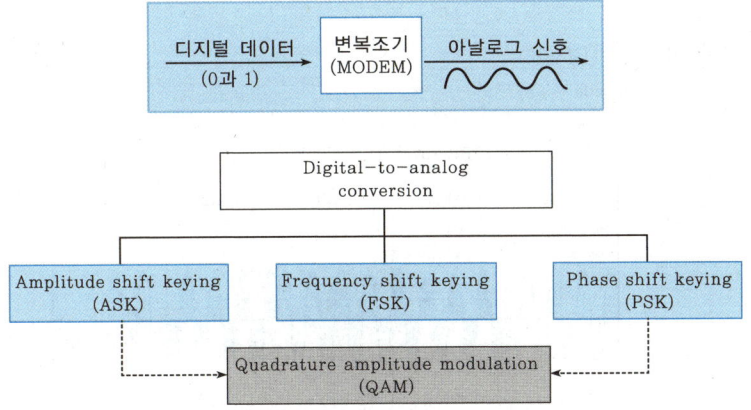

① 진폭 편이 변조(ASK, Amplitude Shift Keying)

2진수 1과 0을 표현하기 위해 신호의 강도를 변경한다. 주파수와 위상은 진폭이 변화하는 동안에도 일정하게 유지된다. 어느 전압이 1을 나타내고 어느 전압이 0을 나타내는지는 설계자가 임의로 정하게 된다.

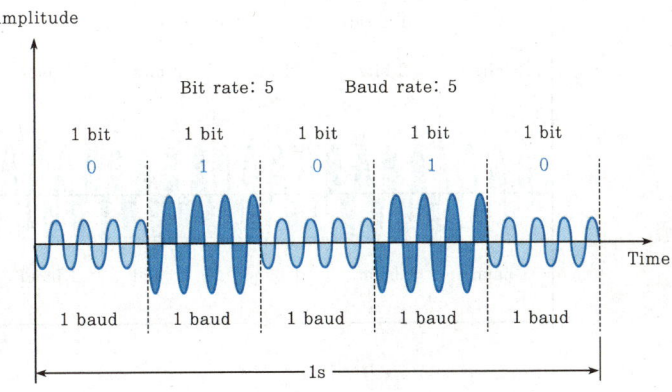

② 주파수 편이 변조(FSK, Frequency Shift Keying)

2진수 1과 0을 나타내기 위해 신호의 주파수가 바뀐다. 주파수는 변화하지만 최고진폭과 위상은 일정하게 유지된다.

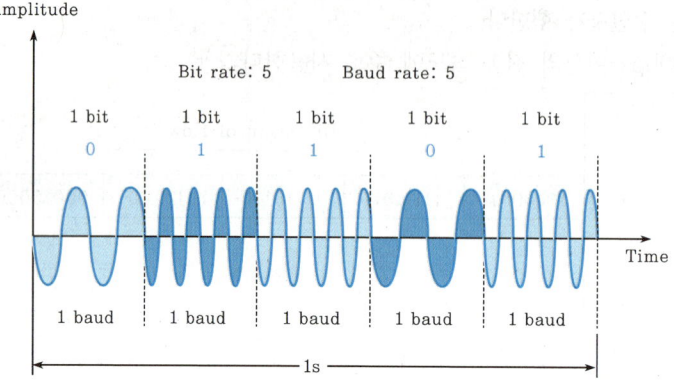

③ 위상 편이 변조(PSK, Phase Shift Keying)

2진수 1과 0을 나타내기 위해 신호의 위상이 바뀐다. 위상은 변화하지만 최고진폭과 주파수는 일정하게 유지된다.

㉠ 2위상 편이 변조방식(BPSK)

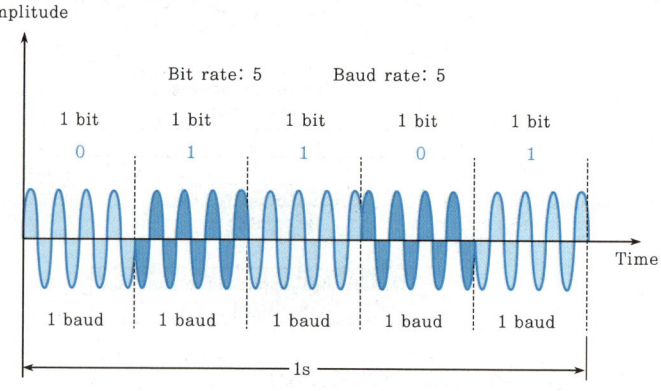

㉡ 4위상 편이 변조방식(QPSK)

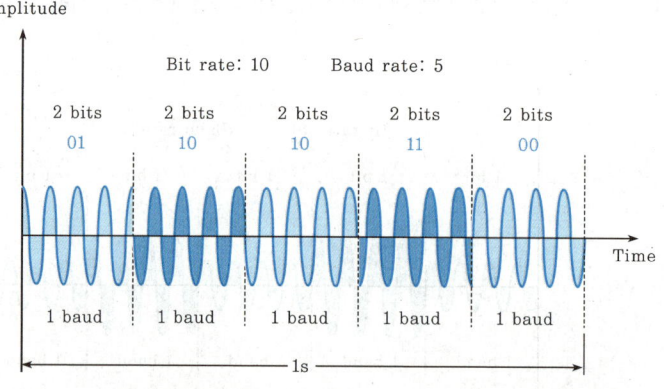

④ 진폭 위상 편이 변조방식(QAM, Quadrature Amplitude Modulation)
각각의 비트, 이중비트, 삼중비트, 사중비트 등의 사이에 최대한의 대비를 갖도록 ASK와 PSK를 조합한 것을 의미한다.

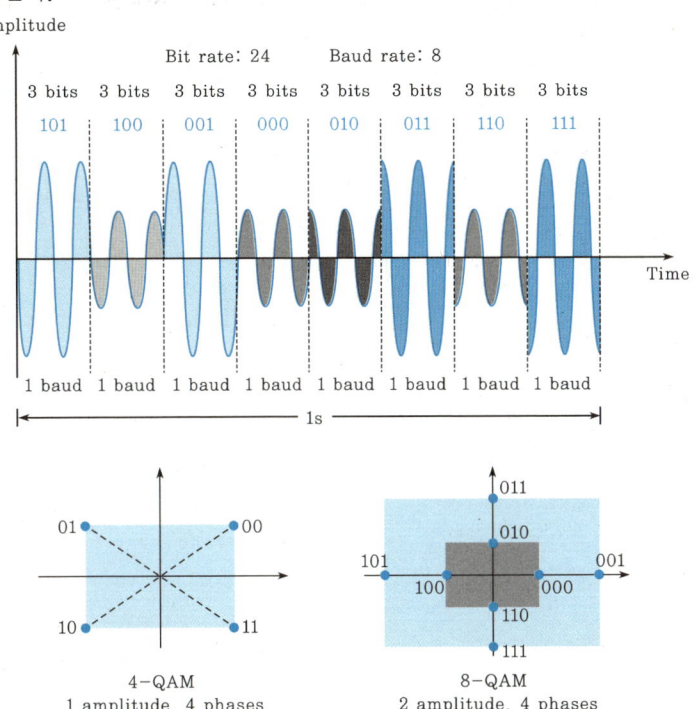

4-QAM
1 amplitude, 4 phases

8-QAM
2 amplitude, 4 phases

SECTION 1. 데이터 전송 기술

전기.전자.통신 2001 디지털 변조 방식 중에는 FSK와 BPSK가 있다. 아래 그림의 두 번째 디지털 신호('010…'의 '1'의 값)에서부터 FSK파형(1점) BPSK 파형(2점)을 완성하시오. (단, FSK의 주파수는 디지털 신호의 값이 '0'일 때 1[khz]이고 '1'일 때 2[khz]이다.)

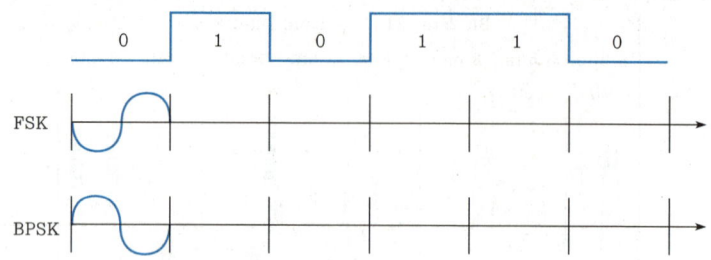

예제 04

다음의 전송 속도와 변조 속도를 구하시오.

1. 데이터 전송 회선의 baud rate가 4800이고, 4위상 변복조기(QPSK)를 사용할 경우 bit rate는 얼마인가?

   _____ [bps]

2. 8위상 변복조기를 사용하는 모뎀의 데이터 신호속도가 4800일 때, 변속 속도는 얼마인가?

   _____ [baud]

예제 05

디지털 변조 방식 중에는 ASK, FSK, PSK가 있다. 아래 그림의 두 번째 디지털 신호에서부터 파형을 완성하시오. (단, FSK의 주파수는 디지털 신호의 값이 '0'일 때 1[khz]이고 '1'일 때 2[khz]이다.)

1. 진폭 편이 변조(ASK)파형을 완성하시오.

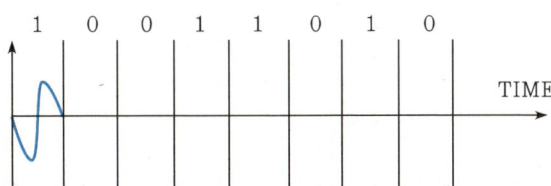

2. 주파수 편이 변조(FSK)파형을 완성하시오.

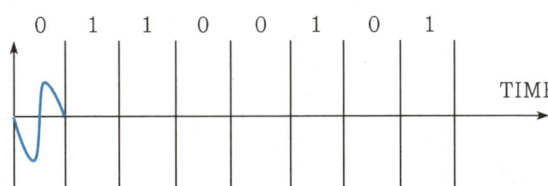

3. 4위상 편이 변조(4-PSK)파형을 완성하시오.

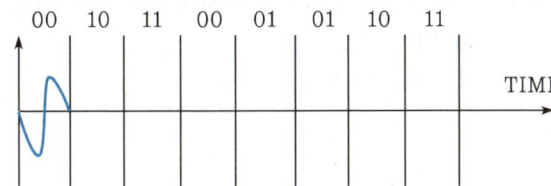

예제 06

다음의 디지털 데이터에 대한 8-QAM파형을 그리시오.

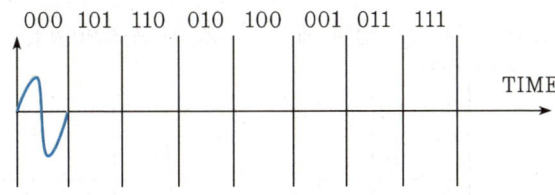

(2) 디지털 대 디지털 전환(베이스밴드 변조)

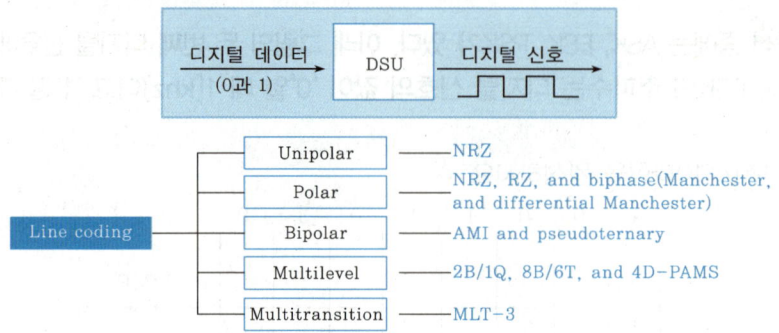

① 단극형(Unipolar) : 오직 한 전압준위의 값만 사용한다. 즉, 1은 양의 값으로 부호화되고 0은 제로값으로 부호화된다.

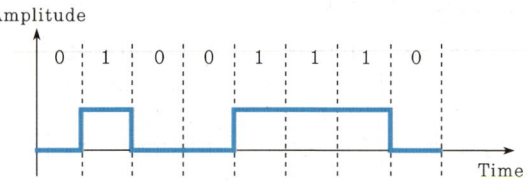

② 극형(Polar) : 양과 음의 두 가지 전압준위를 사용한다.
  ㉠ NRZ(NonReturn to Zero)
    ⓐ NRZ-L : 신호의 준위는 표현하는 비트의 타입에 따라 달라진다. 양전압은 비트 0을 의미하고, 음전압은 비트 1을 의미한다.
    ⓑ NRZ-I : 비트 1을 만나면 신호가 반전된다.

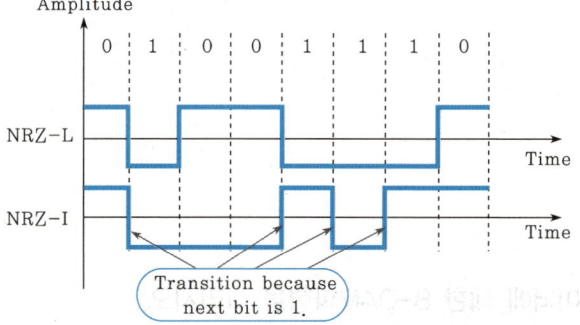

  ㉡ RZ(Return to Zero) : 양, 음, 영의 세 가지 값으로 부호화한다.

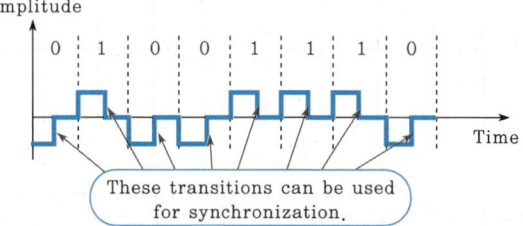

ⓒ 2상(biphase)
  ⓐ 맨체스터(Manchester) : 동기화와 비트 표현을 위해 비트 중간지점에서 신호을 반전시킨다. 음 대 양 전이는 비트 1을 나타내고, 양 대 음 전이는 0비트을 나타낸다.

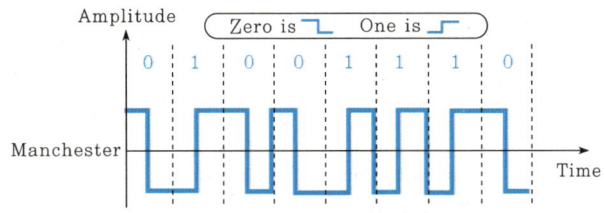

  ⓑ 차분 맨체스터(Difference manchester) : 비트 간격 중간지점에서 반전은 동기화를 위해 사용된다. 또한 비트 표현은 비트의 시작점에서의 반전유무를 나타낸다.

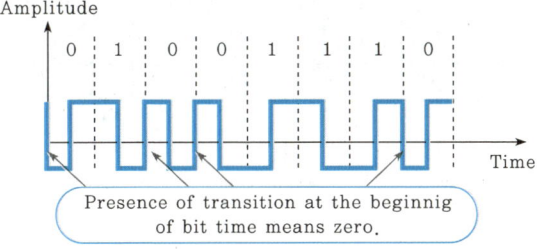

③ 양극형(Bipolar) : 양, 음, 영의 세 가지 전압준위를 사용하지만, 준위 0은 비트 0을 표현하는 데 사용한다.
  ㉠ 양극형 AMI

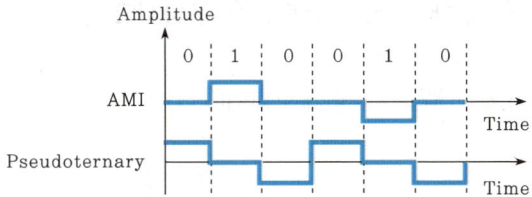

  ㉡ 양극형 8영대입(B8ZS) : 연이어 8개의 0이 오면, 이전 1의 극에 근거해 2가지 중 하나의 패턴으로 변경시킨다.

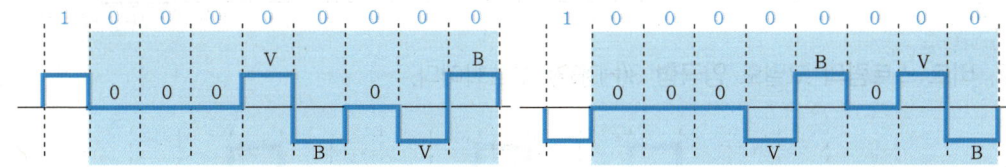

ⓒ 고밀도 양극형 3(HDB3) : 연이어서 4개의 0이 오는 경우, 이전 1의 극성과 마지막 대체 이후에 생긴 1의 개수에 근거해 4가지 방법 중 한 가지로 패턴을 변경시킨다.

Polarity of Preceding Pulse	Odd	Even
−	000−	+00+
+	000+	−00−

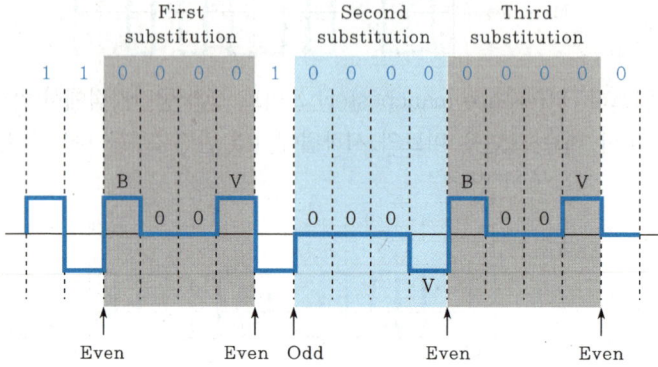

예제 07

다음의 디지털 신호 파형에 대한 비트 스트림을 구하시오.

1. 비트 스트림의 양극형 8영대입(B8ZS) 부호화이다.

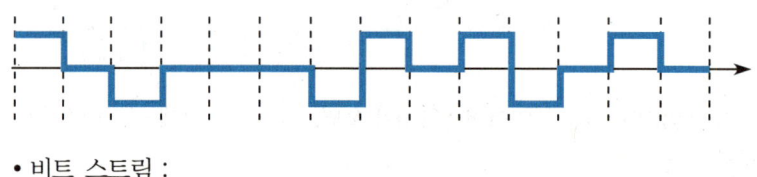

• 비트 스트림 : _____

2. 비트 스트림의 고밀도 양극형 3(HDB3) 부호화이다.

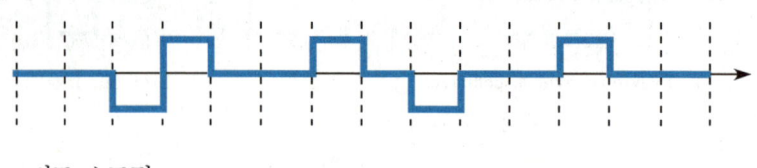

• 비트 스트림 : _____

④ 기타 다른 방식
   ㉠ 2B1Q : 네 개의 전압 준위를 사용한다. 각 펄스는 두 비트를 나타내어 각 펄스를 보다 효율적으로 사용한다.

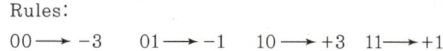

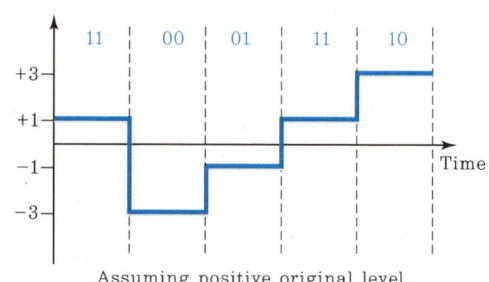

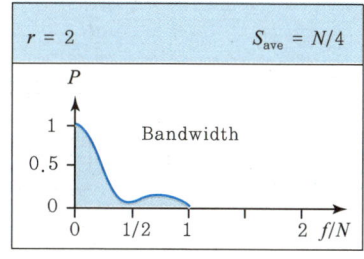

   ㉡ MLT-3 : 세 준위의 신호(+V, 0 −V)를 사용한다.
   ⓐ 다음 입력비트가 0이라면, 다음 출력값은 이전 값과 동일하다.
   ⓑ 다음 입력값이 1이라면, 다음 출력값은 전이를 뜻한다.
     • 이전 출력값이 +V이거나 −V라면, 다음 출력값은 0이다.
     • 이전 출력값이 0이라면, 다음 출력값은 0이 아니며 최근 0이 아닌 출력값의 반대부호를 갖는다.

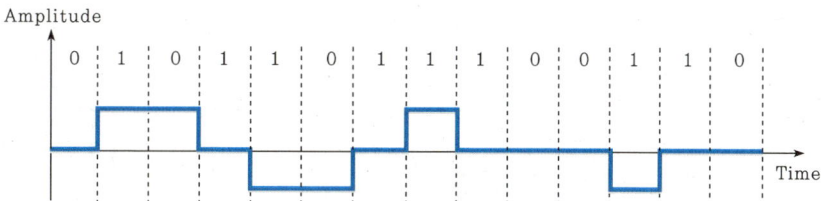

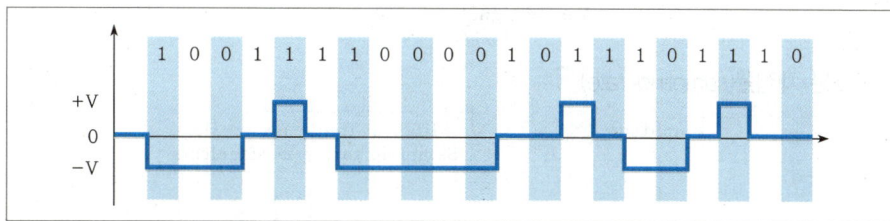

(3) 펄스 부호 변조(PCM, Pulse Code Modulation)

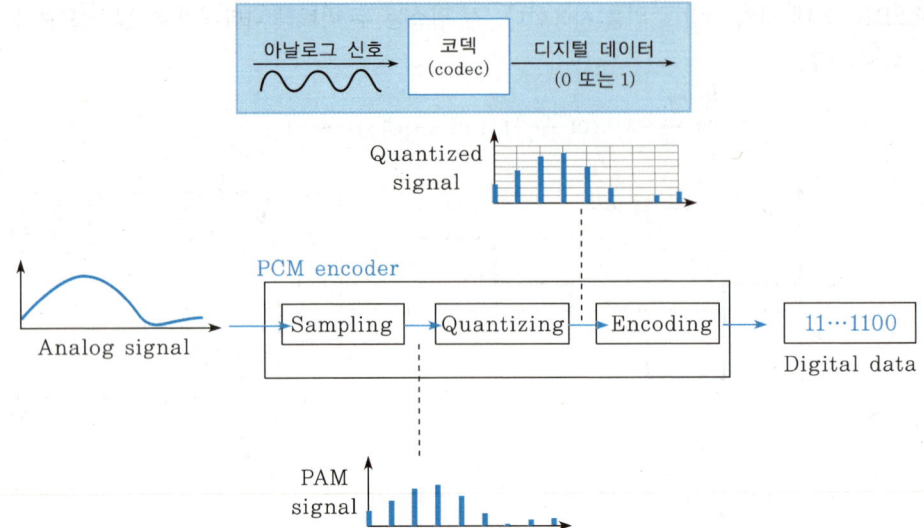

① 펄스 진폭 변조(PAM)

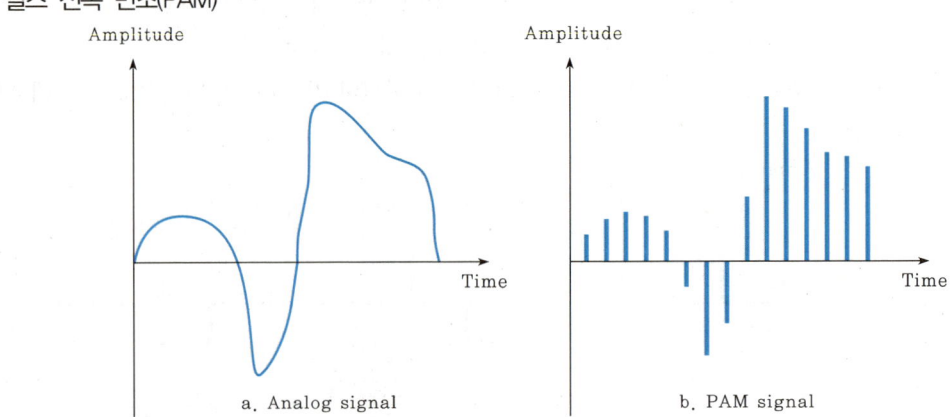

a. Analog signal b. PAM signal

② 표본 채집률(sampling rate)

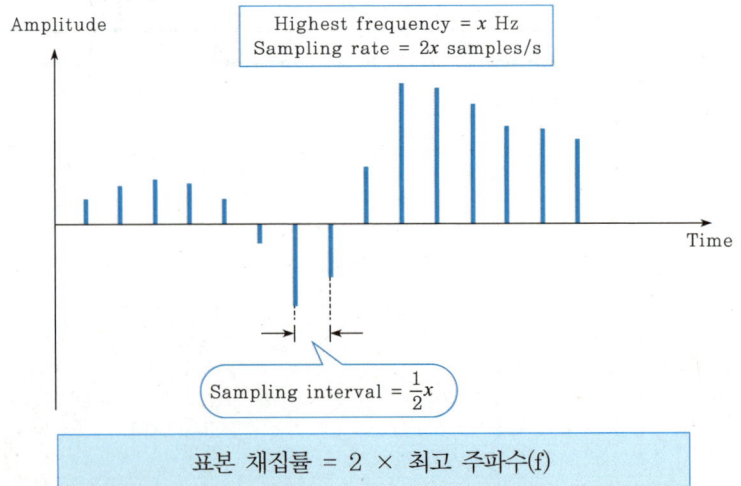

③ 펄스 코드 변조(PCM)
  ㉠ 정량화된 PAM 신호

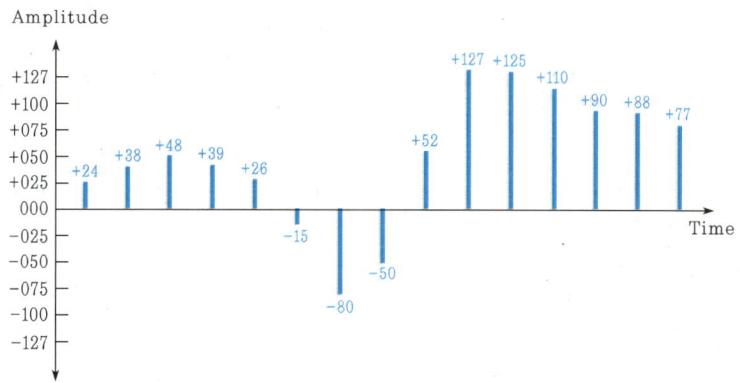

  ㉡ 부호와 크기를 이용한 정량화

+024	00011000	−015	10001111	+125	01111101
+038	00100110	−080	11010000	+110	01101110
+048	00110000	−050	10110010	+090	01011010
+039	00100111	+052	00110110	+088	01011000
+026	00011010	+127	01111111	+077	01001101

Sign bit
+ is 0   − is 1

④ 비트율(bit rate)

비트율 = 표본 채집률 × 표본당 비트 수

예제 08

〈보기〉는 아날로그 신호를 디지털 신호로 변환하는 과정이다. 〈조건〉에 따라 아날로그 신호가 디지털 신호로 변환된 경우 만들어진 파일의 크기를 쓰시오.

보기

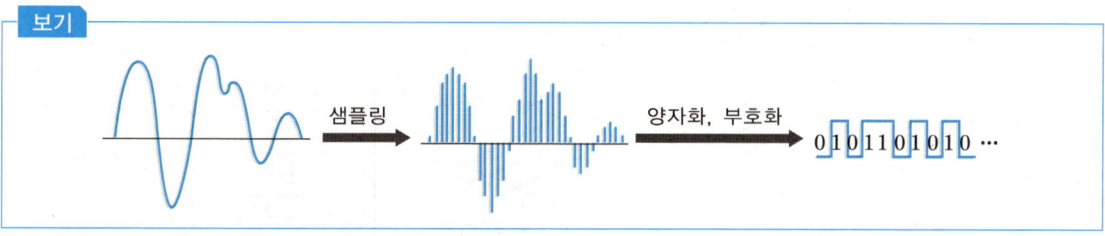

조건
- 샘플링 단계에서 입력되는 아날로그 신호는 1초에 20회 추출된다.
- 매회 추출된 신호는 양자화, 부호화 단계를 거쳐 16비트 디지털 신호로 만들어진다.
- 입력되는 아날로그 신호의 길이는 총 1분 분량이다.

1 데이터 전송 기술

전기.전자.통신 2004 - 1 다음은 아날로그 정보 신호를 디지털 정보 신호로 변환하는 과정을 나타낸 블록도이다. 물음에 답하시오. [총 5점]

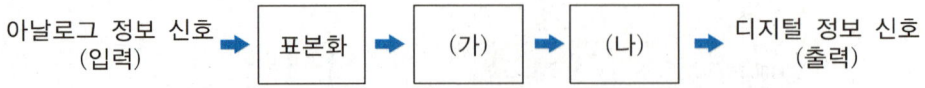

15-1. 이 그림에서 (가), (나)의 명칭을 쓰고, 각각을 간단히 설명하시오. (4점)

- (가) • 명칭 : 양자화(quantization)
  - 설명 : PAM펄스 진폭의 크기를 반올림하여 이산적 형태인 PCM펄스를 만드는 과정이다.

- (나) • 명칭 : 부호화(encoding)
  - 설명 : 양자화된 PCM펄스를 디지털 신호로 나타내기 위한 과정이다.

15-2. 음성신호의 최고 주파수가 4[kHz]일 때, 이 신호를 표본화 정리에 따라 원래의 음성신호로 복원하려고 한다. 이 때 최소 초당 몇 번의 표본화를 해야 하는지 구하시오. (1점)

- 풀이 과정 : _____
- 답 : 표본화 횟수 = (   ) [회/초]

4 다중화 방식(multiplexing)

(1) 주파수 분할 다중화(FDM, frequency-division multiplexing)
  ① 서로 다른 주파수의 반송파를 통해 각 채널의 신호를 변조하여 스펙트럼이 넓은 하나의 전송로에 동시에 전송하는 방식이다.
  ② 보호대역(guard bands)은 변조된 신호들이 서로 중복되어 간섭을 일으키지 않도록 지켜준다.

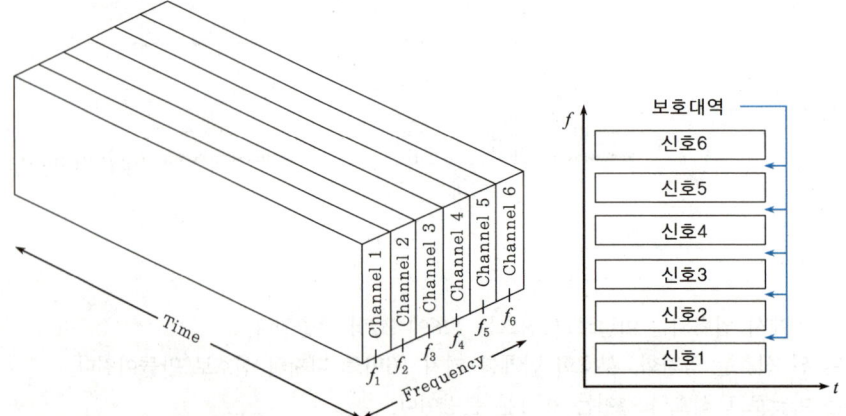

예제 09

다음의 FDM에 대한 물음에 답하시오.

1. 다음에 주어진 정보를 사용하여 전송경로에 필요한 최소 대역폭을 구하시오.

   ① FDM 다중화
   ② 각각 4000Hz가 요구되는 5개의 장치
   ③ 각 장치당 200Hz의 보호대역

   _____

2. 다음에 주어진 정보를 사용하여 각 신호원의 최대 대역폭을 구하시오.

   ① FDM 다중화
   ② 총 가용 대역폭 = 7900Hz
   ③ 3개의 신호출처
   ④ 각 장치당 200Hz의 보호대역

   _____

(2) **시분할 다중화**(TDM, time-division multiplexing)
   ① 각 이용자는 각 채널에 할당된 타임 슬롯에 디지털 펄스를 전송하는 방식으로 각 채널이 같은 주파수 스펙트럼을 사용한다.
   ② n개의 장치로부터 나온 디지털 신호들이 번갈아가며 끼워 넣어져서 데이터 프레임을 형성한다.

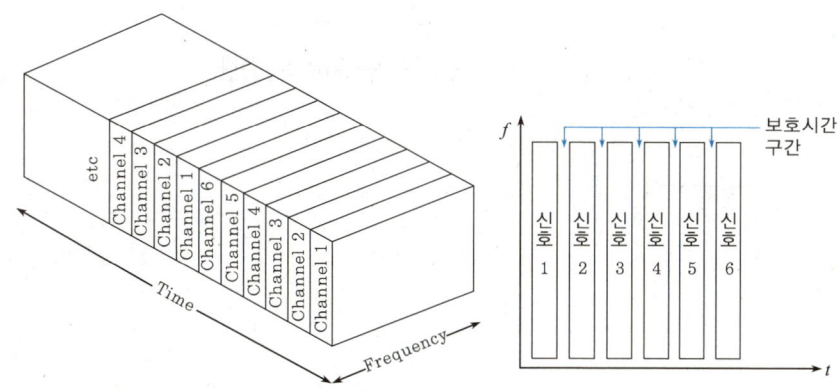

1 데이터 전송 기술

③ 동기 TDM : 타임 슬롯이 채널에 미리 할당되어 고정되기 때문에 각 채널이 타임 슬롯에 데이터를 보내는 것과 상관없이 전송된다.

a. Synchronous TDM

④ 통계적 TDM : 채널의 요구에 따라서 타임 슬롯을 동적으로 할당하여 데이터를 전송한다.

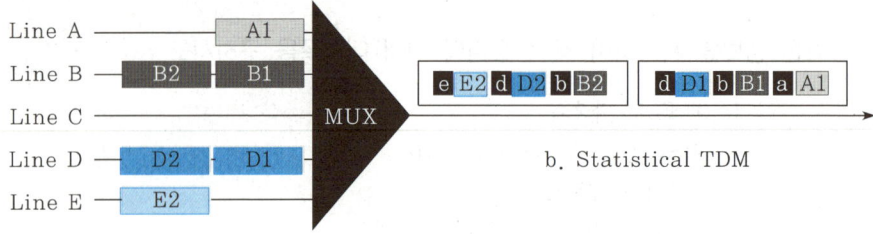

b. Statistical TDM

예제 10

동기 TDM(Time-Division Multiplexing) 방식으로 디지털 데이터를 16개의 입력링크에서 1개의 출력링크로 〈조건〉에 따라 다중화를 수행한다고 가정한다. 〈작성 방법〉에 따라 쓰시오.

조건
- 각 입력링크는 매초 300개의 문자(8bit)를 전송한다.
- 끼워넣기(interleaving)는 하나의 문자 단위로 수행된다.
- 동기비트는 '000', '001', '010', '011', '100', '101', '110', '111'의 순서로 변한다.

작성 방법
(1) 입력링크별 데이터 전송률을 구하여 쓸 것.(단, 단위는 kbps로 쓴다.)
(2) 개별 출력 프레임의 크기를 쓸 것.
(3) 출력 프레임의 기간을 구하여 쓸 것.(단, 단위는 ms로 쓴다.)
(4) 출력링크의 전송률을 구하여 쓸 것.(단, 단위는 kbps로 쓴다.)

SECTION 2 전송 제어 절차

1 전송 제어

(1) 전송 제어 절차의 5단계

① 제1단계 : 데이터 통신 회선의 접속 : 교환 회선에 접속되어 있을 때 필요하며, 다이얼 또는 수신측 주소를 전송하여 데이터 전송이 가능하도록 통신 회선을 접속시켜 주는 단계이다.
② 제2단계 : 데이터 링크의 설정 : 접속된 통신 회선 상에서 송신측과 수신측간의 확실한 데이터 전송을 수행하기 위한 논리적 경로를 구성하는 단계이다.
③ 제3단계 : 정보 메시지의 전송 : 설정된 데이터 링크를 이용하여 데이터를 수신측에 전송하며, 잡음에 의한 데이터의 오류 제어와 순서 제어에 의한 메시지의 중복과 손실이 발생할 경우 정확한 수신을 위하여 오류 제어를 수행하는 단계이다.
④ 제4단계 : 데이터 링크의 종결 : 데이터 전송이 종결되면 수신 측과의 확인에 의하여 데이터 링크를 절단하고 초기 상태로 복귀하는 단계이다.
⑤ 제5단계 : 데이터 통신 회선의 절단 : 교환 회선에 접속의 되어 있는 경우는 연결된 통신 회선을 절단하는 단계이다.

전기.전자.통신 2001 데이터를 전송하기 위한 5단계의 회선제어 과정을 순서대로 열거하시오.

(1) _____

(2) _____

(3) _____

(4) _____

(5) _____

(2) 회선 구성에 따른 전송방식

① Point-To-Point방식

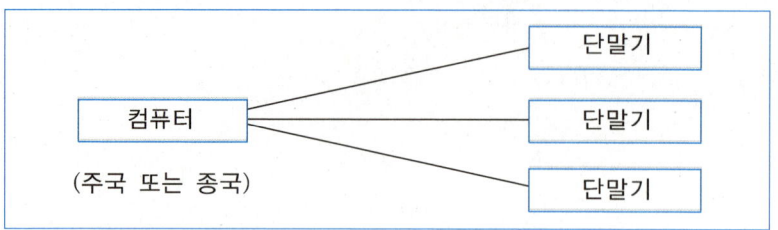

㉠ 중앙의 컴퓨터와 여러 대의 단말이 1 : 1로 연결되는 가장 단순한 연결방식이다.
㉡ 통신회선은 전용회선과 교환회선이 사용된다.
㉢ 링크설정은 contention에 의해 수행된다.
㉣ 전송되는 정보량이 많은 경우에 유리하고 고장 발생시 보수가 쉽다.

② Multi-Point방식

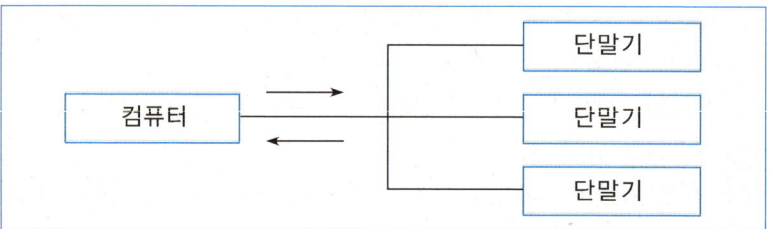

㉠ 다수 개의 단말이 하나의 통신회선에 연결되어 정보를 송수신한다.
㉡ 주로 전용회선이 사용된다.
㉢ 링크의 설정은 polling과 selection에 의해 수행된다.
㉣ 비교적 소량의 데이터가 분산되어 있거나 동일방향으로 회선 사용률이 낮은 경우에 효과적이다.

〈데이터 링크의 설정 방식〉

① Contention : 2개의 국이 대등한 관계에 있을 때는 정보 메시지의 송신 요구가 발생한 국이 주국이 되어 상대국(종국)에 selecting sequence를 송신하여 상대국의 수신가능 상태를 확인한 후에 주국으로서 정보 메시지를 송신하는 방식이다.
② Polling : 서로 주국이 되려는 경합을 방지하기 위하여 제어국이 종속국을 하나씩 선택하여 메시지 송신 요구의 유무를 확인하는 방식이다.
③ Selection : 주국이 종국에 대하여 정보 메시지를 수신하도록 권유하는 방식이다.

(3) BSC 전송방식 ☞ 문자위주 프로토콜 방식

① 전송방식
일정한 전송제어 문자(SOH, STX, ETX, EOT)를 사용해 정보 메시지의 처음과 끝을 나타내도록 하여 전송하는 방식이다.

② 전송 블록의 구성

| SYN | SYN | SOH | Heading | STX | TEXT | ETX or ETB | BCC |

| SYN | SYN | STX | TEXT | ETX or ETB | BCC |

| SYN | SYN | SOH | Heading | ETB | BCC |

③ 특징
㉠ 반이중 전송 방식만 가능하다.
㉡ point-to-point방식과 multi-point방식만 가능하다.
㉢ 동일한 통신 회선상의 터미널은 동일한 코드를 사용해야 한다.
㉣ 투명 모드인 경우 비효율적이다.
㉤ stop-and-wait ARQ방식이기 때문에 전달 지연 시간이 긴 통신 회선에서는 비효율적이다.
㉥ 전송기기 제어기능과 데이터링크 제어기능이 명확하게 구분되지 않는다.
㉦ 제어 및 메시지 정보 전송에 대한 완전한 오류 검사가 어렵다.

④ 데이터 투명성(data transparency)
프레임 시작 식별자로 DLE.STX를 사용하고, 프레임 끝으로 DLE.ETX 또는 DLE.ETB를 사용한다. 또한 2개의 BCC가 계속되며, DLE.SOH는 사용하지 않는다.

⑤ 전송 제어 문자

기호	명칭	코드	내용
SOH	start of heading	01	정보 메시지 헤딩의 시작을 표시
STX	start of text	02	본문의 시작 및 헤딩의 종료를 표시
ETX	end of text	03	본문의 종료를 표시
ETB	end of transmission block	17	전송 블록의 종료를 표시
EOT	end of transmission	04	전송의 종료 및 데이터 링크의 초기화(해제)
ENQ	enquiry	05	상대국에 데이터 링크의 설정 및 응답을 요구
DLE	data link escape	10	다른 전송 제어 문자와 조합하여 의미를 변화
SYN	synchronous idle	16	문자 동기의 유지
ACK	acknowledge	06	수신된 정보 메시지에 대한 긍정 응답
NAK	negative acknowledge	15	수신된 정보 메시지에 대한 부정 응답

(4) HDLC 전송방식 ☞ 비트 위주 프로토콜 방식

① 전송방식

특정한 플래그(01111110)를 정보 메시지의 처음과 끝에 추가시켜 비트 메시지를 구성하여 전송하는 방식이다.

② 프레임의 형식

시작플래그 (8 BIT)	주소부 (8 BIT)	제어부 (8 BIT)	정보부 (N BIT)	FCS (16 또는 32)	종료플래그 (8 BIT)

㉠ 주소부
  ⓐ no-station 주소 : 주소부 8비트가 00000000인 경우, 시험용
  ⓑ global-station 주소 : 주소부 8비트가 11111111인 경우

㉡ 제어부
  ⓐ 정보 전송형식(I-Frame) : 정보전달에서 사용되는 형식으로 현재 송신 중인 프레임의 순서번호와 수신 대기 중인 프레임의 순서번호가 들어간다.

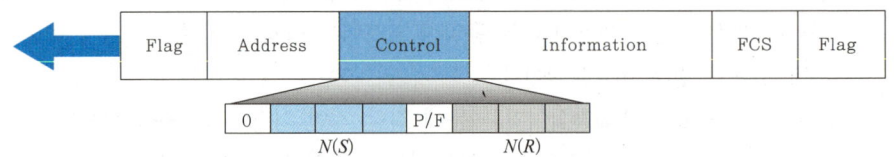

  ⓑ 감시 형식(S-Frame) : 송수신 두 장치간 전송의 확인과 상태 점검을 하기 위해 사용하는 프레임이다. (오류제어, 흐름제어)

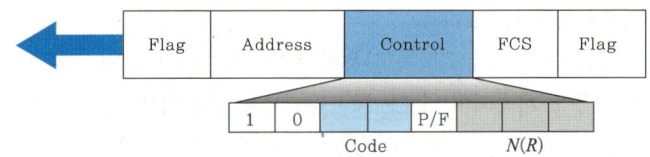

  ⓒ 비번호제 형식(U-Frame) : 정보전달 전에 두 장치 사이에 데이터링크를 확립하거나 2차국 또는 복합국의 동작모드 설정과 응답에 사용하는 프레임이다.

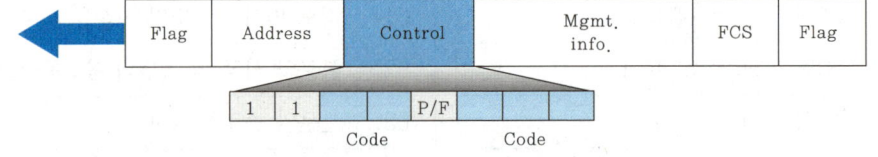

(N(S) : 송신 순서 번호, N(R) : 수신 순서 번호, P/F : poll/final 비트)

㉢ FCS(Frame Check Sequence)
  ⓐ CRC-12 : $X^{12}+X^{11}+X^3+X+1$
  ⓑ CRC-16 : $X^{16}+X^{15}+X^2+1$
  ⓒ CRC-ITU-T : $X^{16}+X^{12}+X^5+1$

③ 데이터 동작모드
  ㉠ 정규 응답모드(NRM) : 1차국과 2차국이 교대로 통신하며, 1차국에서 허가를 얻을 때만 2차국이 응답을 송신할 수 있다.
  ㉡ 비동기 응답모드(ARM) : 양방향 동시 전송이 가능한 모드로서, 2차국은 1차국에서의 허가가 없어도 응답을 송신할 수 있다.
  ㉢ 비동기 평형모드(ABM) : 복합국끼리 상대방 복합국의 허가가 없어도 명령과 응답을 송신할 수 있다.

④ 특징
  ㉠ 전송 효율 향상 : 단방향 통신 방식, 반이중 통신 방식, 전이중 통신방식 등이 사용되며, 수신 응답이 없이도 어느 범위까지는 정보 메시지를 연속으로 전송 할 수 있으므로 회선을 효율적으로 사용할 수 있다.
  ㉡ 신뢰성 향상 : 통신을 위한 명령과 응답의 모든 정보에 대하여 오류 조사를 수행하므로 신뢰성을 높일 수 있다.
  ㉢ 비트의 투명성 : 전송 제어상의 제한을 받지 않고 자유로이 비트 정보를 전송할 수 있다.
  ㉣ 데이터링크 형태의 다양성 : point-to-point방식, multi-point 방식, 루프방식이 가능하다.

⑤ 데이터 투명성(data transparency)
  플래그를 제외한 부분에서 "1"이 5개 이상 연속되어 있으면 송신측에서는 5개 다음에 "0"을 삽입하고, 수신측에서는 5개 연속된 "1" 다음의 "0"을 제거하여 수신한다.

〈BSC와 HDLC 프로토콜의 비교〉

구분	BSC 프로토콜	HDLC 프로토콜
프로토콜 방식	문자 방식	비트 방식
링크 형태	Point-to-Point, Multi-point	Point-to-Point, Multi-point, Loop
통신 방식	반이중	단방향, 반이중, 전이중
에러 제어	Stop-and-Wait ARQ	Go-back-N ARQ, Selective-repeat ARQ
흐름 제어	정지-대기 방식	슬라이딩 윈도우 방식

예제 11

HDLC에서 전송하려는 비트 패턴이 000111111100111110100과 같은 경우 비트 채움을 하면 비트 패턴이 어떻게 되는가?

SECTION 2 전송 제어 절차

예제 12

아래의 HDLC 프레임이 주국에서 종국으로 보내진다. 다음 물음에 답하시오.

> 01111110 00000111 00101011 0011111001101011111101011 FCS 01111110

1. 종국의 주소 : __00000111 (7번지)__
2. 프레임의 종류 : __정보 프레임(I-프레임)__
3. 송신 순서번호 : __010 (2)__
4. 수신 순서번호 : __011 (3)__
5. 송신측의 전송하고자 하는 데이터값 : __0011111011010111111011__

기출 2001-10 데이터 통신에서 데이터의 전송은 프레임(frame)형식으로 이루어지며, 프레임의 시작점과 끝점을 찾는 것을 프레이밍(framing)이라 한다. 이와 관련하여 다음 질문에 답하시오. [총 6점]

10-1. 문자기반(character-oriented/byte-oriented) 프레이밍 방식과 비트기반(bit-oriented) 프레이밍 방식을 설명하시오. (3점)

① 문자기반 프레이밍 방식 : 일정한 전송제어 문자(SOH, STX, ETX, EOT)를 사용해 정보메시지의 처음과 끝을 나타내도록 하여 전송하는 방식이다.

② 비트기반 프레이밍 방식 : 특정한 플래그(01111110)를 정보 메시지의 처음과 끝에 추가시켜 비트 메시지를 구성하여 전송하는 방식이다.

10-2. 각 방식에서 데이터 투명성(data transparency)을 보장하기 위하여 사용하는 방법을 설명하시오. (3점)

① 문자기반 프레이밍 방식 : 프레임 시작 식별자로 DLE,STX를 사용하고, 프레임 끝으로 DLE,ETX 또는 DLE,ETB를 사용한다. 또한 2개의 BCC가 계속되며, DLE,SOH는 사용하지 않는다.

② 비트기반 프레이밍 방식 : 플래그를 제외한 부분에서 "1"이 5개 이상 연속되어 있으면 송신측에서는 5개 다음에 "0"을 삽입하고, 수신측에서는 5개 연속된 "1" 다음의 "0"을 제거하여 수신한다.

2 프로토콜과 OSI 참조 모델

(1) **프로토콜(protocol)**

　① 프로토콜의 기본요소

　　㉠ 구문(syntax) : 데이터가 어떤 순서로 표현되는지를 의미하는 데이터의 구조나 형식을 가리키는 것이다.

　　㉡ 의미(semantics) : 특정 패턴은 어떻게 해석되며, 그 해석에 기초하여 어떤 동작을 취할 것인가에 해당하는 비트에서 각 부분의 뜻을 가리키는 것이다.

　　㉢ 타이밍(timing) : 언제 데이터를 전송해야 할 것인가와 얼마나 빨리 전송할 것인가의 두 가지 특성을 가리키는 것이다.

　② 프로토콜의 기능

　　㉠ 정보의 분할 및 조립

　　　정보 전송시 오류를 줄이거나 전송효율을 증가시키기 위해 사용된다. 이 과정은 패킷 교환망에서 사용한다.

　　㉡ 정보의 캡슐화

　　　송신기에서 발생된 정보의 정확한 전송을 위하여 전송할 데이터의 앞부분과 뒷부분에 헤더(header)와 트레일러(trailer)를 첨가하는 과정이다.

　　㉢ 연결제어

　　　데이터를 전송하기 위한 과정으로 노드간의 연결 확립, 데이터 전송, 연결 해제의 과정을 거친다.

　　㉣ 흐름제어

　　　통신망에 흐르는 패킷의 수를 조절하는 기능이다.

　　㉤ 오류제어

　　　전송 도중에 발생 가능한 오류들을 검출하여 정정하는 기능이다.

　　㉥ 동기화

　　　정보를 전송하기 위하여 송·수신기 사이에 같은 상태를 유지하도록 하는 것이다.

　　㉦ 순서지정

　　　패킷 교환망에서 사용되는 방식으로 패킷단위로 분할·전송할 때에 패킷에 순서를 지정하는 것을 말한다.

　　㉧ 주소지정

　　　네트워크에서 통신을 하기 위해 송·수신측 간에 인식이 가능하도록 하는 역할을 한다.

　　㉨ 다중화

　　　한정된 통신 링크를 다수의 사용자가 공유할 수 있도록 하는 전송방식이다.

(2) OSI 참조 모델

① 목적
- ㉠ 시스템 상호간을 접속하기 위한 개념을 규정한다.
- ㉡ OSI규격을 개발하기 위한 범위를 정한다.
- ㉢ 관련 규격의 적합성을 조정하기 위한 공동적인 기반을 제공한다.

② 기본 요소
- ㉠ 개방형 시스템(open system)
  컴퓨터, 통신 제어 장치, 터미널 등과 같이 응용 프로세스간에 통신을 수행할 수 있도록 통신 기능을 제공한다.
- ㉡ 응용 개체(application entity)
  각각의 물리적 시스템 상에서 동작하는 업무 프로그램과 시스템과 시스템 운영관리 프로그램, 터미널 운용자 등의 응용 프로세스를 개방형 시스템 상의 요소로서 모델화 한 것이다.
- ㉢ 접속(connection)
  응용 개체간을 연결하는 논리적인 통신 회선이다.
- ㉣ 물리 매체(physical media)
  통신회선, 채널 등과 같이 시스템간에 정보를 교환할 수 있도록 해주는 전기적 통신 매체이다.

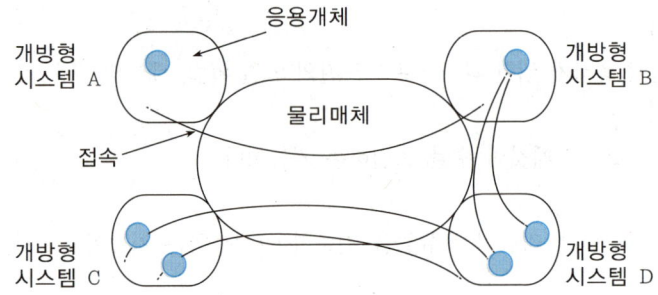

③ OSI 7계층

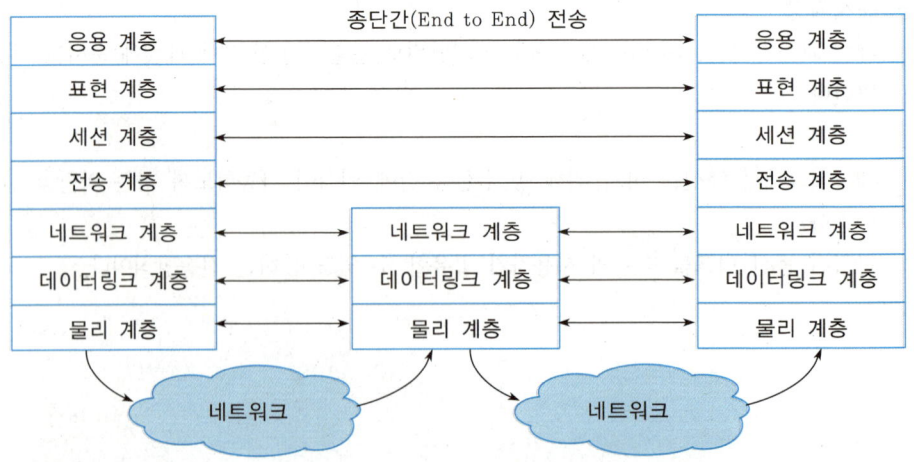

계층	역할
물리 계층	정보 전송을 위한 데이터 회선의 설정/유지/해제의 기능을 수행하기 위해 물리적, 전기적, 기능적, 절차적 특성 제공하는 계층
데이터 링크 계층	인접 개방시스템 간의 투명한 정보 전송 및 전송오류 제어를 수행하는 계층
네트워크 계층	정보 교환 및 중계기능, 경로설정, 흐름제어 등을 수행하는 계층
트랜스포트 계층	송수신 시스템(end-to-end)간의 투과적이고 균일한 전송서비스를 하는 계층
세션 계층	응용프로세서간의 대화 제어를 위해 송신권 및 동기 제어 등을 수행하는 계층
표현 계층	정보의 추상 구문에서 전송 구문으로의 형식 변환과 부호변환, 암호화 및 해독 등을 수행하는 계층
응용 계층	응용 프로세서 간의 정보교환, 전자 사서함, 파일 전송 등의 응용 프로그램을 실행하는 계층

④ 물리 계층의 4대 특성

기계적 특성	• DTE와 DCE 사이의 물리적 접속을 위한 특성 규정 • RS-232C
전기적 특성	• DTE와 DCE 사이를 접속하는 회로의 전기적 특성 규정 • V.28
기능적 특성	• DTE와 DCE 상호 접속 회로의 명칭 및 기능 규정 • V.24
절차적 특성	• 데이터 전송을 위한 DTE/DCE 상호 접속 회로의 동작 순서 규정 • X.21

⑤ X.25 계층(접속형 네트워크 프로토콜)

OSI 계층	X.25 계층
Network layer	Packet layer(PLP)
Data link layer	Frame layer(LAPB)
Physical layer	Physical layer(X.21)

SECTION 2 전송 제어 절차

전기.전자.통신 2005 - 19 다음 그림은 OSI 참조 모델의 네트워크 계층에서 데이터 전송과정과 패킷(packet)의 헤더 내용을 나타내고 있다. 1번 시스템에서 6번 시스템으로 데이터를 보내려고 할 때, 중간단계 패킷의 ㉮, ㉯, ㉰, ㉱에 알맞은 주소를 쓰시오. (단, 번호 1 ~ 6은 시스템의 네트워크 주소(IP address)이고, A ~ H는 시스템의 물리주소이다.) (3점)

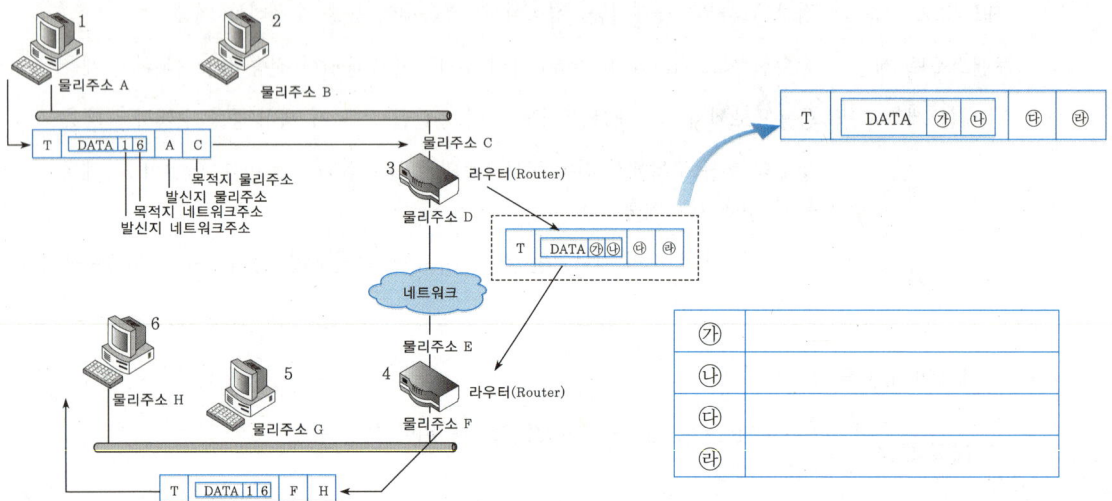

㉮	
㉯	
㉰	
㉱	

3 오류 검출(error detection)

(1) **수직중복검사**(VRC, vertical redundancy check)

수직 방향에 '1'의 비트 수가 짝수(또는 홀수)가 될 수 있도록 부가 비트를 추가시켜 한 문자를 구성하고, 검출의 경우 '1'의 비트 수가 짝수(또는 홀수)인지를 검사해서 오류의 발생 여부를 판단하는 방식이다.

〈예제〉 1110111 1101111 1110010 1101100 1100100에 대한 VRC는 다음과 같다.
         11101110 11011110 11100100 11011000 11001001

(2) **세로중복검사**(LRC, longitudinal redundancy check)

일정한 수의 문자 블록에 대하여 각 문자 단위로 수평으로 패리티를 계산하여 하나의 비트를 추가하고, 또한 문자 블록의 각 비트 단위로 수직으로 패리티를 검사하여 하나의 비트를 추가한 방식이다.

〈예제〉

(3) **순환 중복 검사**(CRC, cyclice redundancy check)

k비트의 프레임이나 메시지에 대하여 송신측에서는 프레임 검사 순서(FCS)라는 n개의 검사 비트를 생성하며, k+n개의 비트로 구성되어진 전체의 전송 프레임이 미리 정해져 있는 생성 다항식으로 나누어질 수 있도록 n을 정한다. 수신측에서는 수신된 프레임을 같은 다항식으로 나누어 나머지가 없으면 오류가 없는 것으로 간주한다.

SECTION 2 전송 제어 절차

예제 13

순환 중복 검사(CRC)에서 메시지 M = 1010001101이고, 생성 다항식이 $x^5+x^4+x^2+1$인 경우 FCS와 전송 프레임을 구하시오.

1. FCS : _____
2. 전송 프레임 : _____

(4) 검사합(checksum)

① 검사합 송신기
  ㉠ 데이터 단위는 각각 n비트인 k개의 세그먼트로 나뉜다.
  ㉡ 모든 세그먼트는 합을 만들기 위해 '1의 보수'를 사용하여 서로 더해진다.
  ㉢ 합은 보수화되고 검사합으로 된다.
  ㉣ 검사합은 데이터와 함께 보내진다.

② 검사합 수신기
  ㉠ 데이터 단위는 각각 n비트인 k개의 세그먼트로 나뉜다.
  ㉡ 모든 세그먼트는 합을 만들기 위해 '1의 보수'를 사용하여 서로 더해진다.
  ㉢ 합은 보수화된다.
  ㉣ 결과가 0이면 데이터는 받아들여지고, 그렇지 않으면 거부된다.

예제 14

비트열이 아래와 같을 때, 검사합(Checksum)을 구하시오.

> 10101001   00111001

- Checksum : _____

예제 15

아래의 비트열에 대해 검사합 검사를 했을 때 오류가 발생하는가?

> 10101001   00111001   00011101

_____

기출 2004 - 11 14비트의 문자열 "C3"을 ASCII코드로 전송하고, 전송하는 데이터에는 오류검출기능을 포함시키려고 한다. 문자 'C', '3'의 ASCII코드 값은 각각 67, 51이다. 다음 물음에 답하시오. [총 4점]

11 - 1. 세그먼트 단위가 7비트일 때 문자열 "C3"에 대한 검사합(checksum)을 쓰시오. (2점)

<u>0001001</u>

11 - 2. CRC(Cyclic Redundancy Check) 생성 다항식이 $x^3 + 1$일 때 문자열 "C3"에 대한 3비트의 CRC를 쓰시오. (2점)

<u>001</u>

SECTION 2. 전송 제어 절차

전공기술 2010 다음은 순환 중복 검사(cyclice redundancy check)에 대한 내용이다. (가), (나)에 알맞은 것은?

> 우리는 흔히 압축된 데이터를 해제하거나 수신된 데이터를 검사할 때 순환 중복 검사를 사용하여 수신된 데이터의 손상 여부를 판별한다.
> 수신된 데이터가 110101110이고, 제수(divisor)의 생성 다항식이 $g(x) = x^3 + x + 1$일 때, CRC를 사용하여 수신된 데이터를 검사하면 오류가 ((가)). 그 이유는 나머지가 10진수로 ((나))이기 때문이다.

	(가)	(나)
①	없다	0
②	있다	1
③	없다	2
④	있다	3
⑤	없다	4

기출 2020 - 06 전송 데이터의 오류 검출을 위해 순환 중복 검사(CRC : Cyclic Redundancy Code)를 이용하는 프레임이 있다. 〈조건〉을 고려하여 〈작성 방법〉에 따라 서술하시오. [4점]

조건
- 송신단과 수신단에서 사용하는 CRC 생성 다항식은 $x3 + x2 + 1$이다.
- 송신단은 데이터 필드(field)와 FCS(Frame Check Sequence) 필드로 구성된 8 비트 길이의 프레임을 수신단으로 전송한다.
- 프레임을 비트열로 표시하면, 데이터 필드는 왼쪽에 위치하고 FCS 필드는 오른쪽에 위치한다.
- 프레임을 비트열로 표시하면, 왼쪽 첫 번째 비트가 MSB(Most Significant Bit)이다.
- FCS 필드의 길이는 최소로 한다.
- 수신단에서는 수신 프레임을 생성 다항식으로 나누어 나머지가 0이면 전송 오류가 검출되지 않는 것으로 판단한다.

작성 방법
- 오류가 검출되지 않은 경우, 수신 프레임에 포함된 데이터 필드의 길이를 쓸 것.
- 비트열 10101111로 표시되는 프레임 A와 비트열 10100111로 표시되는 프레임 B가 수신되었다. 이때, 각 프레임의 오류 검출 여부를 쓰고, 오류가 검출되지 않은 프레임에 대해서는 FCS를 제외한 데이터 필드를 쓸 것.

4 흐름 제어와 오류 제어

(1) 흐름 제어(flow control)
① 정지-대기(stop-and-wait)방식
송신기는 각 프레임을 보낸 후에 확인응답을 기다린다. 확인응답을 받았을 때에만 다음 프레임을 보낼 수 있다. 보내고 기다리기를 번갈아 하는 이 과정은 송신기가 전송종료(EOT) 프레임을 보낼 때까지 반복된다.

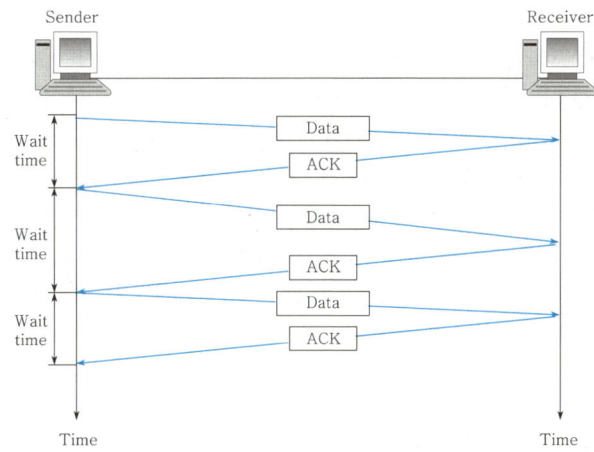

② 슬라이딩 윈도우(sliding-window)방식
㉠ 수신기로부터 응답 메시지가 없더라도 미리 약속한 윈도우 크기 만큼의 데이터 프레임을 연속적으로 전송할 수 있는 방식이다.
㉡ 송신측 윈도우는 응답 프레임을 수신하지 않아도 전송이 가능한 데이터 프레임의 범위를 나타낸다.
㉢ 수신측 윈도우는 응답 프레임을 전송하지 않아도 정상적으로 수신이 가능한 데이터 프레임의 범위를 나타낸다.

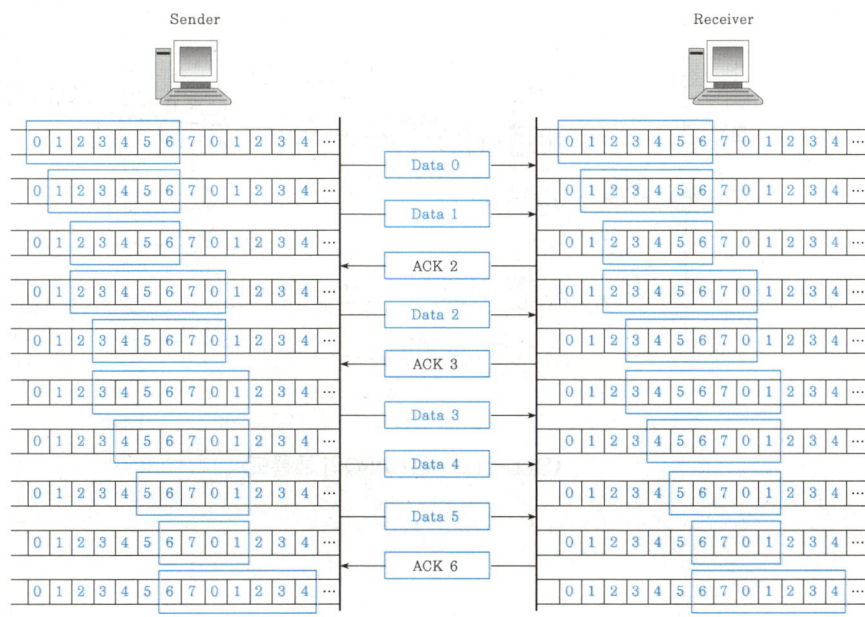

(2) 오류 제어(error control)
① 자동요청 반복(ARQ, Automatic Request for Repeat)방식
전송하는 오류 검출 부호는 수신측에서 오류를 검출하는 데에만 사용될 뿐이며, 만일 오류가 검출되면 송신측에 대하여 재전송을 요구하는 방식이다.

㉠ Stop-and-wait ARQ

> ⓐ 송신장치는 최근에 전송된 패킷의 복사본을 그 패킷에 대한 확인 응답을 받을 때까지 유지한다.
> ⓑ 패킷을 식별하기 위해 데이터 패킷과 ACK 패킷에는 교대로 0과 1의 번호가 매겨진다. 데이터-1 패킷은 수신기가 데이터-1은 받았고 이제 데이터-0을 기대하고 있음을 가리키는 ACK1 패킷에 의해 확인 응답된다.
> ⓒ 손상되거나 손실된 패킷은 수신자에 의해 같은 것으로 취급된다.
> ⓓ 송신자는 S라는 제어변수를 가지며, 수신자는 R이라는 변수를 가진다.
> ⓔ 송신자는 송신과 동시에 타이머를 동작시킨다.
> ⓕ 수신자는 오직 안전하고 온전히 수신한 패킷에 대해서만 ACK을 보내고, 손상 및 손실된 패킷에 대해서는 무응답한다.

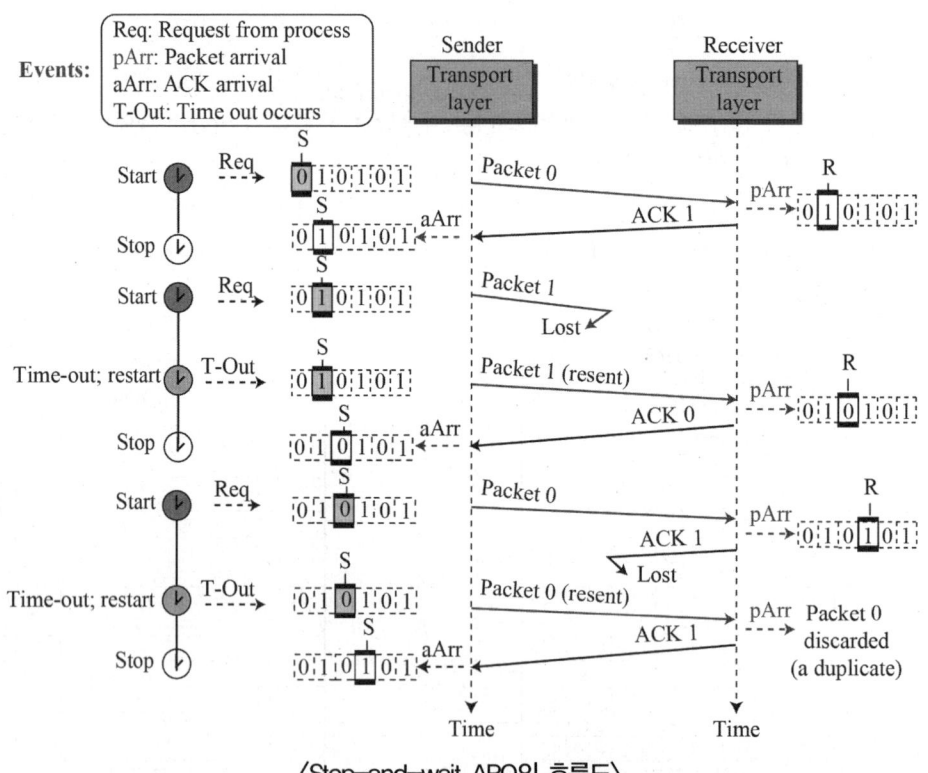

〈Stop-and-wait ARQ의 흐름도〉

ⓛ Go-back-N ARQ : 송신 측에서 패킷을 연속으로 전송하고, 재전송 요구 응답이 있는 시점에서 오류가 있었던 패킷까지 되돌아가 그곳으로부터 N 블록을 순서가 바뀌지 않게 재전송하는 방식이다.
  ⓐ 패킷의 순차번호(m 비트) : $0 \sim 2^m-1$, 3비트 일때 0, 1, 2, 3, 4, 5, 6, 7이다.
  ⓑ 송신자 윈도우의 제어변수는 S_f과 S_n이고, 송신자 윈도우 크기는 2^m-1이다.
  ⓒ 수신자 윈도우의 제어변수는 R_n이고, 수신자 윈도우 크기는 1이다.

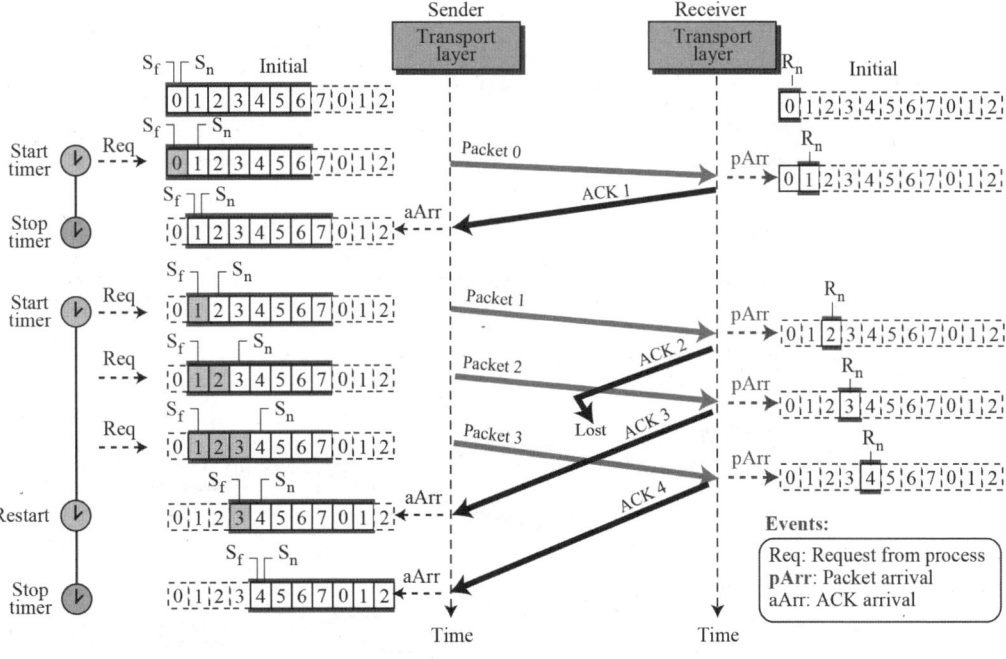

〈Go-back-N ARQ의 흐름도〉

ⓒ Selective-repeat ARQ : Go-back-N ARQ방식과 유사하지만 실제로 손실된 패킷만을 선택적으로 재전송하는 방식이다.
  ⓐ 패킷의 순차번호(m 비트) : 0 ~ 2^m-1, 3비트 일때 0, 1, 2, 3, 4, 5, 6, 7이다.
  ⓑ 송신자 윈도우의 제어변수는 S_f과 S_n이고, 송신자 윈도우 크기는 2^{m-1}이다.
  ⓒ 수신자 윈도우의 제어변수는 R_n이고, 수신자 윈도우 크기는 2^{m-1}이다.

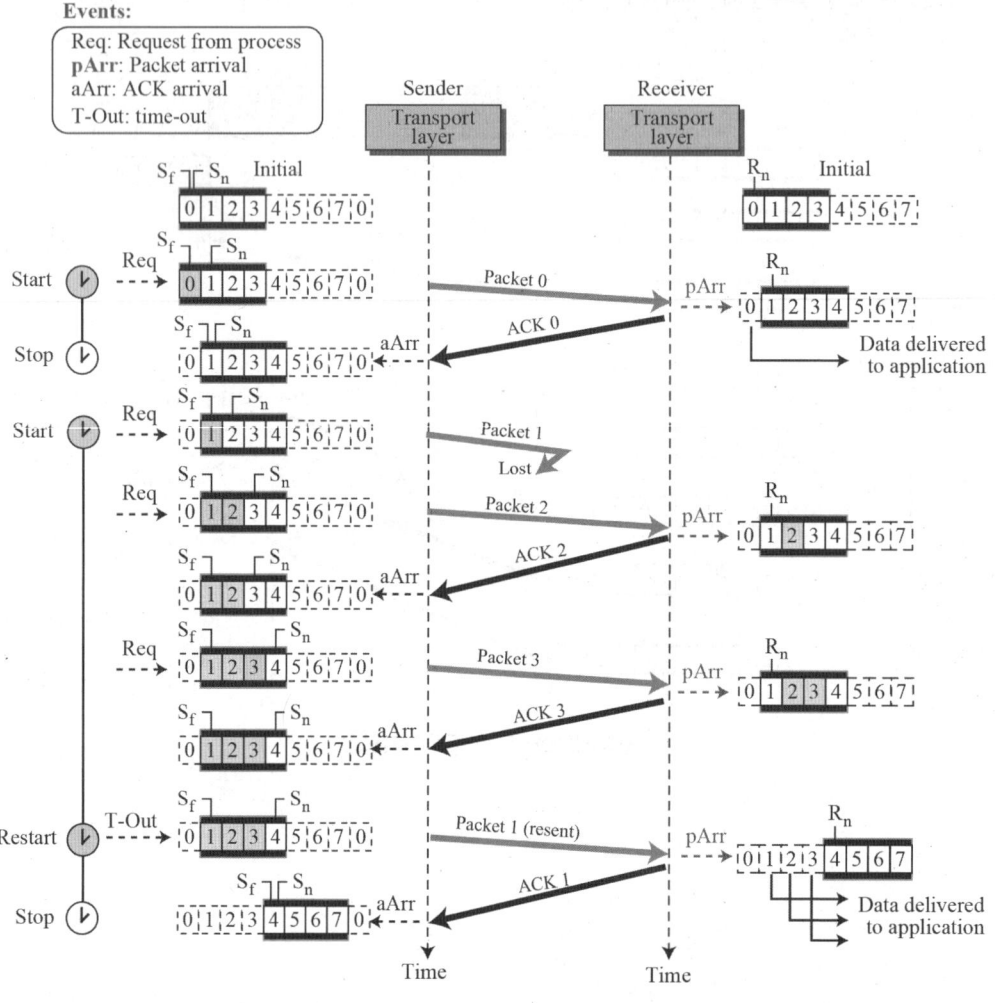

〈Selective-repeat ARQ 의 흐름도〉

② 전진 오류 정정(FEC, forward error correction)방식
전송할 정보에 오류 정정을 위한 여분의 비트를 추가하여 전송하므로 수신 측에서 이를 수신하여 오류를 검출하여 정정하는 방식으로, 자기 정정 방식이라고도 한다.

SECTION 3 컴퓨터 통신망

1 데이터 회선망

(1) 교환 방식

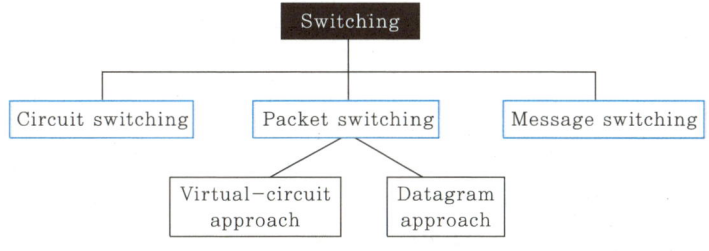

① 회선 교환
　㉠ 정의 : 전화 또는 컴퓨터와 같은 장치 간에 직접적인 물리적 연결을 한 것으로, 각 물리적 링크마다 연결을 위해 한 개의 논리적 채널이 전용되어 지정된 경로를 통해서만 통신한다.
　㉡ 단계 : 회선 설정 → 데이터 전송 → 회선 해제
　㉢ 종류 : 공간 분할 교환, 시분할 교환

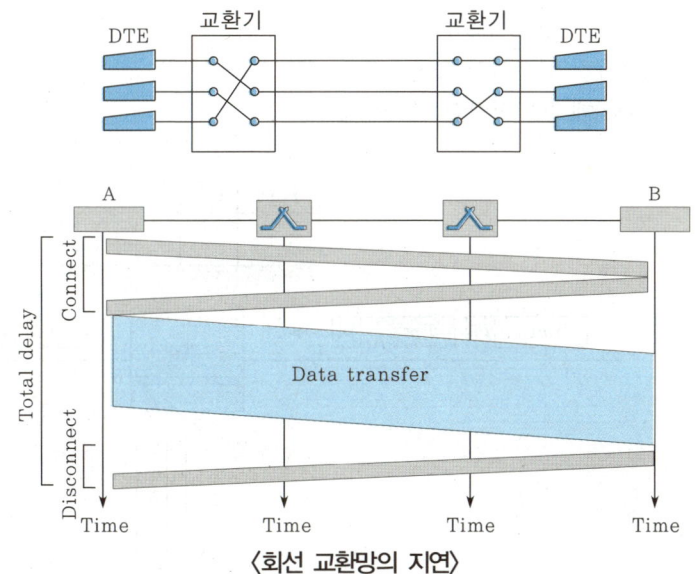

〈회선 교환망의 지연〉

② **메시지 교환** : 두 노드 사이에 미리 어떤 경로 구성을 하지 않고 어느 노드에서 전송하고자 하는 메시지가 있다면 목적지 주소를 메시지에 첨부한다. 또한 각 노드에서는 메시지를 받아 적절한 회선이 빌 때까지 저장하였다가 메시지의 길이 그대로 다음 노드로 전송하는 방식이다.

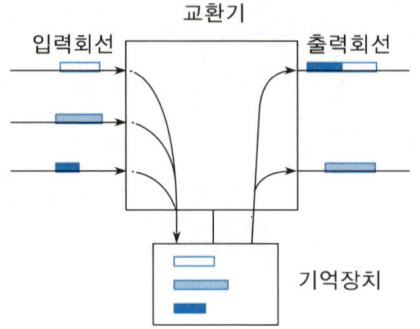

③ **패킷 교환** : 메시지를 일정한 크기로 분할한 후 제어정보를 가진 헤더를 부가하여 전송하는 방식이다.

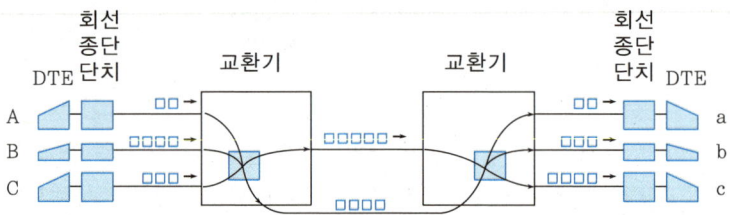

㉠ 가상회선(virtual circuit) 방식
    ⓐ 패킷이 전송되기 전에 송신자와 수신자 간에 논리적인 경로가 미리 설정된다.
    ⓑ 패킷이 사전 설정된 경로를 따라 순서대로 전송된다.
    ⓒ 전송되는 패킷의 순서가 송신측과 수신측이 동일하다.
    ⓓ 수신측에서 패킷을 정렬할 필요가 없다.

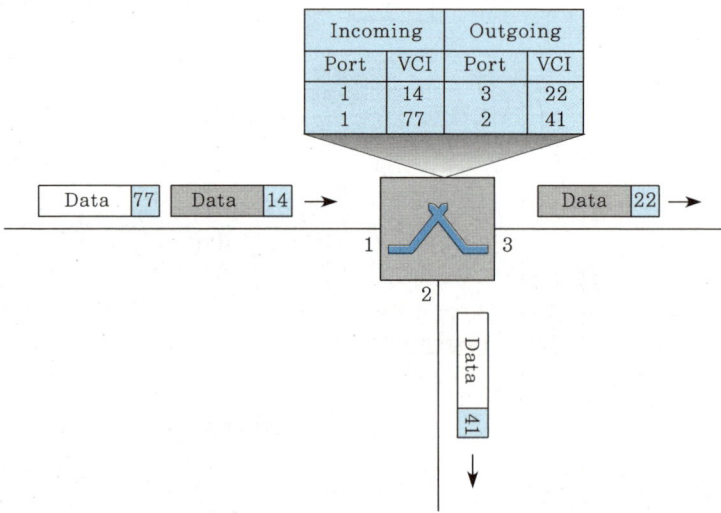

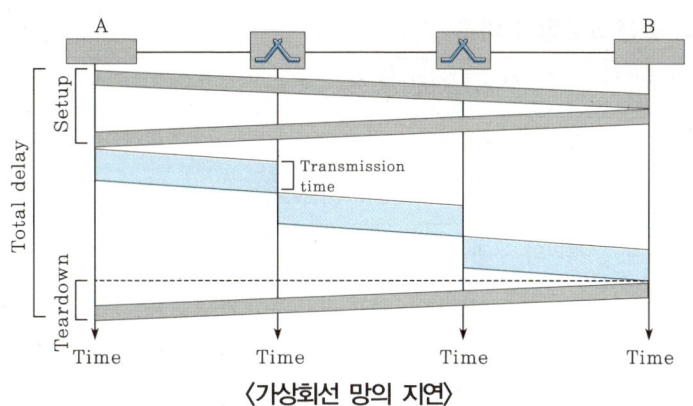

⟨가상회선 망의 지연⟩

ⓛ 데이터그램(datagram) 방식
  ⓐ 사전에 연결 경로를 설정하지 않고 패킷마다 개별적으로 경로가 정해진다.
  ⓑ 수신자가 같은 패킷이라도 다른 경로를 통하여 전송될 수 있다.
  ⓒ 패킷마다 전송 경로가 다를 수 있으므로, 전송되는 패킷의 순서가 송신측과 수신측에서 다를 수 있다.
  ⓓ 수신측에서 패킷을 정렬할 필요가 있다.

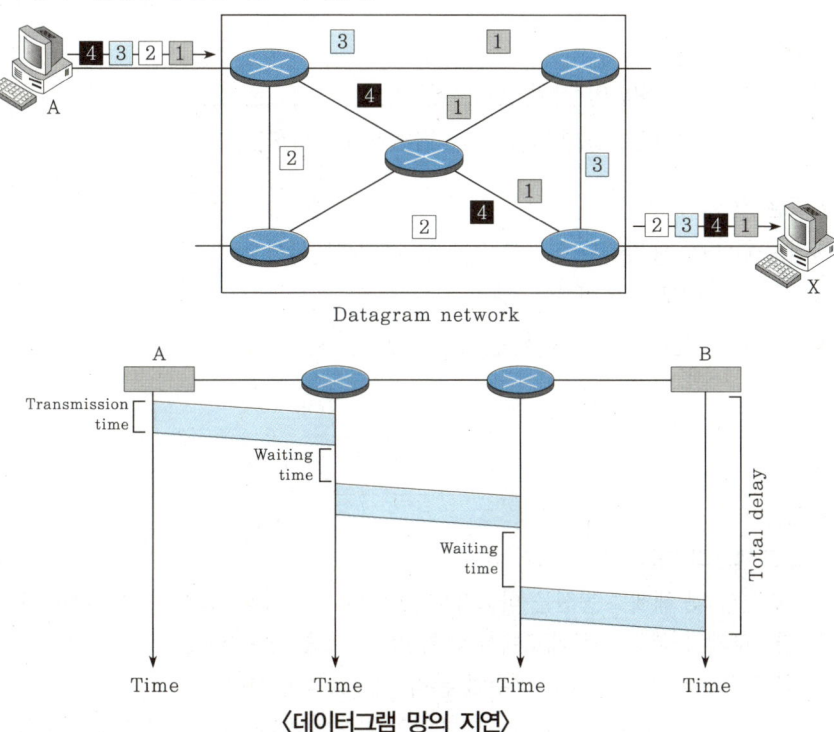

⟨데이터그램 망의 지연⟩

(2) 패킷 교환망과 회선 교환망의 비교

항목	패킷 교환망	회선 교환망
요금 구조	전송된 데이량에 비례	회선 접속시간에 비례
사용 속도	300~9600bps	9600~5600bps
거리와 요금 관계	거리와 무관	거리와 비례
속도와 프로토콜	속도 및 프로토콜이 다르더라도 통신 가능	동일 속도, 동일 프로토콜일 때만 통신 가능
전송의 즉시성	저장 후 전송	즉시 전송
용도	메시지 전송(대화형)	파일 전송(일괄)

기출 2002 - 14 교환 방식 중에서 회선교환(circuit switching)과 패킷 교환(packet switching) 방식의 장점과 단점을 각각 1가지만 쓰시오. (4점)

① 회선 교환 방식
　㉠ 장점(1점) : 전송지연이 거의 없다.
　㉡ 단점(1점) : 데이터 전송속도나 코드 변환이 불가능하다.

② 패킷 교환 방식
　㉠ 장점(1점) : 각 패킷마다 경로를 선택하기 때문에 회선 장애가 발생하더라도 우회 경로를 선택하기 때문에 신뢰성이 높다.
　㉡ 단점(1점) : 대량 데이터 전송시 전송지연이 발생한다.

(3) 패킷 교환망
　① 패킷 교환망의 기능
　　㉠ 호 설정 및 해제 : 통신을 하고자 하는 단말기 사이에 가상회선을 설정하고 해제하는 기능이다.
　　㉡ 경로배정 : 다수의 중계로에서의 최적의 경로를 선택한다.
　　㉢ 다중화 : 하나의 링크를 다수의 논리 채널로 다중화한다.
　　㉣ 오류 제어 : 망 내에서의 데이터 패킷의 비트 오류나 손실 등의 오류 발생을 감지하고 복구한다.
　　㉤ 흐름 제어 : 패킷의 전송량을 제어하여 수신 버퍼의 범람을 방지한다.
　　㉥ 폭주 제어 : 패킷망 내에 전달되는 패킷 수를 적절히 제어함으로써 과도한 패킷 지연을 방지한다.

② 패킷망의 경로배정(Routing)
　㉠ 고정 경로배정(Fixed routing) 방식
　　네트워크의 위상을 고려하여 네트워크 상의 모든 출발지-목적지 노드 쌍에 대해서 하나의 경로씩을 미리 결정해 두는 방식이다.

예제 16

다음의 네트워크에 대해 경로배정 매트릭스를 작성하시오. 단, 동시에 두 개 이상의 최소 비용 경로가 존재할 경우는 적은 수의 노드들이 포함된 경로를 택하고, 같은 경우에는 임의의 경로를 선택한다.

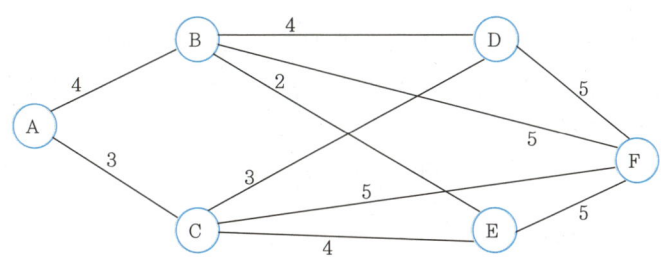

〈경로배정 행렬〉

목적지 출발지	A	B	C	D	E	F
A	–					
B		–				
C			–			
D				–		
E					–	
F						–

- ⓒ 플러딩(Floodig) 방식
    - ⓐ 각 노드에 들어오는 패킷을 도착된 링크를 제외한 다른 모든 링크로 복사하여 전송하는 방식이다.
    - ⓑ 출발지-목적지 노드 사이의 모든 경로가 시도되어 가장 먼저 목적지 노드에 도착하는 패킷이 거쳐온 경로를 선택한다.
    - ⓒ 하나의 패킷이 계속 복사되어 네트워크 내의 패킷의 수가 무한히 불어나게 되어 이를 방지하기 위해 홉 카운트(Hop count)를 이용한다.
- ⓒ 랜덤 경로배정(random routing) 방식
    들어오는 패킷에 대해 노드가 한 개의 나가는 경로를 무작위로 선택하는 방식이다.
- ⓔ 적응 경로배정(Adaptive routing) 방식
    네트워크의 변화하는 상태 정보를 이용하여 최적의 경로를 결정하는 방식으로, 반드시 네트워크 정보를 이용해야 한다.
    - ⓐ 출발지 노드 경로배정 : 출발지 노드가 목적지 노드까지 거쳐가는 경로를 결정하는 것이다.
    - ⓑ 분산 경로배정 : 각 노드들이 네트워크의 상태 정보를 이용하여 목적지 노드로 가기 위한 다음 노드를 결정하는 것이다.
    - ⓒ 집중 경로배정 : 망 관리 센터와 같은 중앙 노드에서 경로를 결정하는 것이다.

③ 트래픽 제어(traffic control)
- ⓐ 흐름 제어(flow control) : 두 노드 사이에서의 데이터의 양이나 속도를 제어하는 메커니즘으로, 수신노드로 하여금 받은 데이터를 초과하지 않도록 수신율을 조절하는 것이다.
- ⓒ 폭주 제어(congestion control) : 흐름제어가 제대로 수행하더라도 통신망 내 한 지점 또는 한 부분에 데이터가 몰리는 혼잡이 발생한다. 이러한 현상이 생기면 자연히 교환기 내에서 일정시간 머물렀다 전송되는 대기지연이 발생해 그 만큼 전송 지연이 심해진다. 폭주 제어는 망 전체 또는 망의 한 지역에서 패킷의 대기지연을 어느 한계점 이하로 규제하는 것이다.
- ⓒ 교착상태 회피(deadlock avoidance) : 교착상태란 교환기에 더 이상의 여분 버퍼가 없어 노드들이 서로 패킷을 전송할 수 없는 상태를 말한다. 이러한 교착상태를 회피하고자 하는데 목적이 있다.

2 인터네트워킹(Internetworking)

응용 계층	Gateway	응용 계층
표현 계층		표현 계층
세션 계층		세션 계층
전송 계층		전송 계층
네트워크 계층	Router	네트워크 계층
데이터링크 계층	Bridge	데이터링크 계층
물리계층	Repeater	물리계층

(1) 리피터(repeater)
① 신호가 너무 약해지거나 잡음에 의하여 손상되기 전에 수신하여 원래대로 재생하여 목적지에 보다 가까운 지점에서 다시 전송하는 장치이다.
② 네트워크의 물리적 길이는 확장할 수 있는 것으로, 네트워크의 기능은 변경시키지 않는다.

(2) 브리지(bridge)
① 같은 종류의 패킷형 LAN을 연결하는 장치이다.
② 거리가 떨어져 있는 네트워크의 물리계층 및 데이터링크 계층 간을 연결하는 장치이다.
③ 브리지를 가진 고정 경로배정

경로는 인터넷에서 LAN의 각 출발지-목적지 쌍을 위해서 선택된다. 두 LAN 사이에서 다른 경로가 유용하다면, 홉(hop)의 수가 최소인 경로가 선택되며, 중앙 경로배정 행렬은 LAN의 각 출발지-목적지 쌍에 대한 경로상의 첫 번째 브리지를 나타낸다.
(홉은 한 노드와 노드 사이의 링크의 횡단 거리)

기출 2001 - 11 다음 그림과 같이 브리지(bridge)로 연결된 LAN 들에서 고정 경로 배정(fixed routing) 방식을 사용했을 때, central routing matrix를 다음 표에 작성 하시오. (6점)

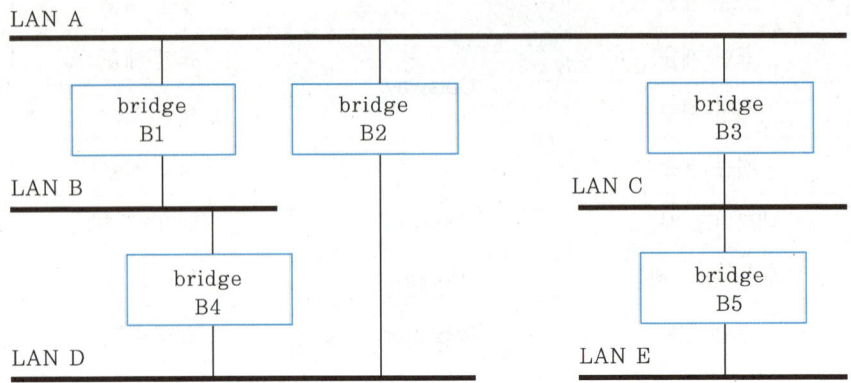

목적지 LAN 출발지 LAN	A	B	C	D	E
A	–	B1	B3	B2	B3
B	B1	–	B1	B4	B1
C	B3	B3	–	B3	B5
D	B2	B4	B2	–	B2
E	B5	B5	B5	B5	–

예제 17

다음의 B1, B5 브리지에 대한 경로 배정표를 작성하시오.

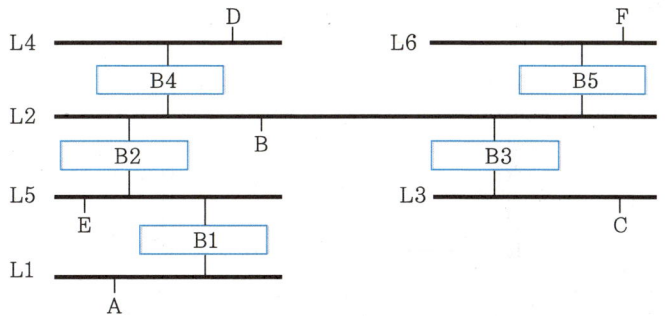

1. 브리지 B1

출발지 L1		출발지 L5	
목적지	다음	목적지	다음

2. 브리지 B5

출발지 L2		출발지 L6	
목적지	다음	목적지	다음

(3) 라우터(router)
  ① 유사한 구조를 가진 여러 개의 네트워크(상위 계층은 같고 하위 계층은 다른 네트워크)를 연결하는 장치이다.
  ② 동일한 트랜스포트 프로토콜을 가진 다른 구조의 네트워크 계층을 연결하는 장치이다.
  ③ 기능으로는 주소지정(address)과 경로 선택(routing)이 있다.
  ④ 라우팅 알고리즘
    ㉠ 거리 벡터(distance vector routing) 라우팅
      ⓐ 최단 경로를 구하는 Bellman-Ford 알고리즘에 기반을 두고 있다.
      ⓑ 각 라우터는 자신으로부터 다른 모든 라우터에 이르는 거리정보(Hop 수)를 주기적으로 인접 라우터와 서로 교환하여 목적지에 이르는 가장 짧은 거리를 구한다.
      ⓒ 라우팅 프로토콜 : RIP(Routing Information Protocol)

예제 18

다음의 네트워크 그래프에서 거리벡터 라우팅 알고리즘을 이용하여 각 라우터가 가지는 라우팅 테이블을 완성하시오.

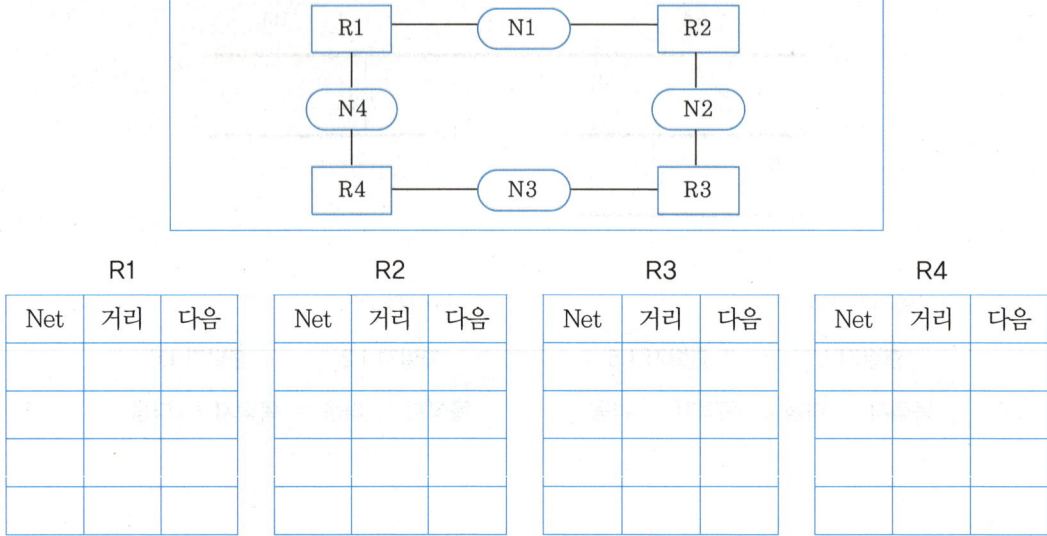

[갱신 알고리즘]
1. 라우터가 먼저 한 홉을 각 라우터들이 통지한 홉수에 더할 것을 요구한다.
2. 만약 통지된 목적지가 라우터 표 안에 없다면 라우터는 표에 통지된 정보를 추가한다.
3. 만약 통지된 목적지가 라우터 표 안에 있다면,
   ① 만약 다음 홉-필드가 같다면, 라우터는 표 안의 항목을 통지된 값으로 대체한다. 만약 통지된 홉수가 더 크다면 새로운 정보가 예전의 것을 무효화시키기 때문에 통지된 홉수가 표 안의 항목값을 대체한다.
   ② 만약 다음 홉-필드가 같지 않다면,
      ㉠ 만약 통지된 홉수가 표안에 있는 값보다 작다면 라우터는 표 안의 값을 새로운 값으로 대체한다.
      ㉡ 만약 통지된 홉수가 표안의 값보다 같거나 크다면 라우터는 아무 작업도 하지 않는다.

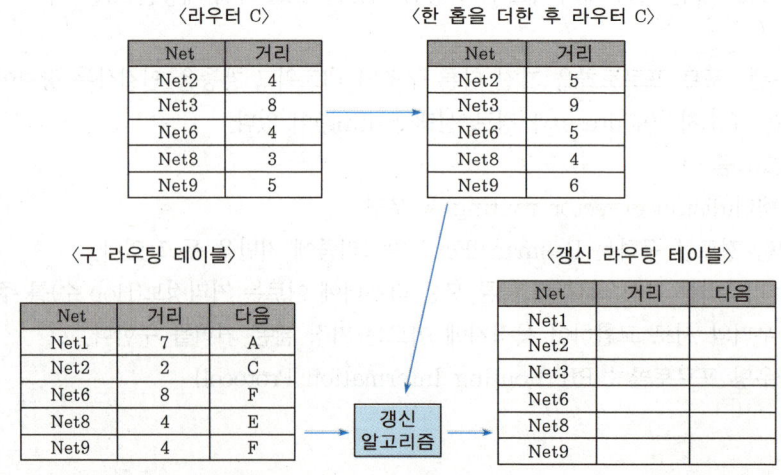

기출 2014-10 다음은 RIP(Routing Information Protocol)프로토콜을 사용하는 라우터 A가 라우터 B로부터 수신한 RIP광고(advertisement)를 토대로 자신의 라우팅 테이블 정보를 갱신해 가는 과정이다. 괄호 안의 ㉠, ㉡에 해당하는 값을 순서대로 쓰시오. (단, A, B, C, D, E는 라우터를 의미하며, w, x, y, z는 서브넷을 의미한다.)

라우터 B로부터 RIP 광고를 수신하기 직전, 라우터 A의 라우팅 테이블의 주요 정보는 다음과 같다.

목적지 서브넷	다음 라우터	목적지까지의 홉(hop) 수
w	B	2
y	D	4
z	E	5
x	없음	1

이후, 라우터 A가 라우터 B로부터 수신한 RIP광고의 주요 정보는 다음과 같다.

목적지 서브넷	다음 라우터	목적지까지의 홉(hop) 수
Z	C	2
W	없음	1
X	없음	1

라우터 B로부터 RIP광고를 수신한 후, 라우터 A의 갱신된 라우팅 테이블 정보는 다음과 같다.

목적지 서브넷	다음 라우터	목적지까지의 홉(hop) 수
w	B	2
y	D	4
z	(㉠)	(㉡)
x	없음	1

[정답]
㉠ B   ㉡ 3

㉡ 링크 상태(link state) 라우팅
ⓐ 최소 비용 경로를 구하는 Dijkstra 알고리즘에 기반을 두고 있다.
ⓑ 자신을 정점(root)으로 하여 각 목적지에 이르는 최단 경로 트리(SPT)를 이용하여 라우팅 테이블을 구한다.
ⓒ 라우팅 프로토콜 : OSPF(Open Shortest Path First)

예제 19

다음의 네트워크 그래프에서 링크상태 라우팅 알고리즘을 이용하여 각 라우터가 가지는 라우팅 테이블을 완성하시오.

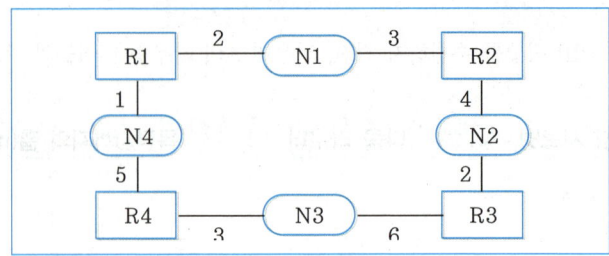

R1		
Net	비용	다음

R2		
Net	비용	다음

R3		
Net	비용	다음

R4		
Net	비용	다음

(4) 게이트웨이(gateway)
① 전 계층의 프로토콜이 다른 여러 개의 네트워크를 연결하는 장치이다.
② 전 계층의 프로토콜 변환이 실행되는 것으로, 프로토콜 변환기라 한다.

전기.전자.통신 2001 통신망간 상호접속(Internetworking)에 사용되는 장비를 기능에 따라 OSI계층 별로 분류할 때, 각 계층의 기능을 수행하는 장비를 쓰시오.

OSI계층	장비
1계층	(1)
2계층	브리지(Bridge)
3계층	(2)
4~7계층	(3)

기출 2017 - 05 다음은 4개의 네트워크를 2개의 라우터로 연결한 상태를 나타낸 것이다. 〈조건〉을 고려하여 라우팅 테이블의 ㉠, ㉡에 해당하는 값을 순서대로 쓰시오. [2점]

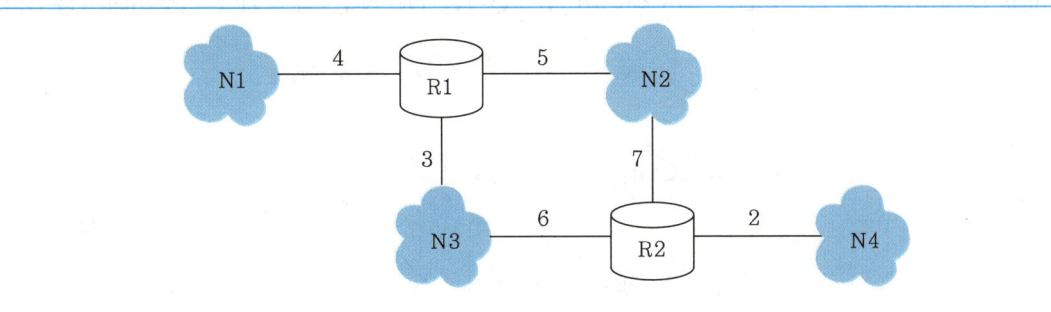

- N1, N2, N3, N4 : 네트워크 주소
- R1, R2 : 라우터

조건

- 각 라우터에서 라우팅 테이블을 구성하기 위해 OSPF(Open Shortest Path First) 라우팅 프로토콜을 사용한다.
- 네트워크와 라우터를 연결하는 링크 위의 값은 비용(cost)이다. 링크의 비용은 라우터에서 네트워크로 패킷을 전송하는 경우에만 적용된다. 예를 들어, R1에서 N1으로의 비용은 4이지만, N1에서 R1으로의 비용은 0이다.

R1의 라우팅 테이블			R2의 라우팅 테이블		
목적지 네트워크	다음 라우터	비용	목적지 네트워크	다음 라우터	비용
N1	–	4	N1	R1	㉡
N2	–	5	N2	–	7
N3	–	3	N3	–	6
N4	R2	㉠	N4	–	2

해답	㉠ 5 ㉡ 10		각 1점

기출 2003-14 다음 네트워크에서 링크 상태 라우팅(link state routing) 알고리즘을 사용하여 최소 비용(minimum cost) 라우팅 테이블을 작성하려고 한다. 화살표 상의 수치는 해당 방향의 링크 비용(link cost)이다. A, B, C, D는 라우터이며 N_1, N_2, N_3, N_4, N_5는 네트워크 번호이다. [총 6점]

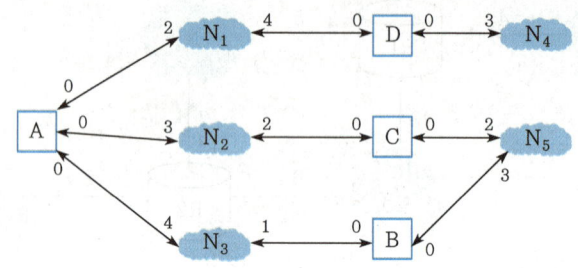

14-1. 딕스트라(Dijkstra) 알고리즘을 사용하여 라우터 A의 최소 비용 경로트리(minimum cost path tree)를 구하시오. (3점)

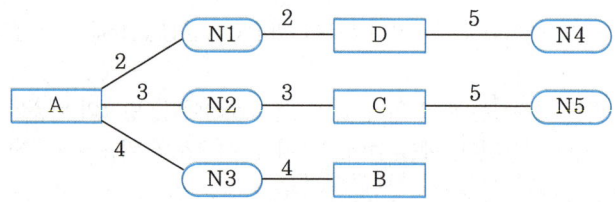

14-2. 라우터 A에 대한 라우팅 테이블을 작성하시오. (단, 다음 라우터(next router)는 현재 라우터로부터 목적지 네트워크로 가기 위하여 방문하는 첫 번째 라우터를 의미한다. 다음 라우터가 없을 경우 '-'로 표시하시오.) (3점)

네트워크번호	비용(cost)	다음 라우터(next router)
N_1	2	-
N_2	3	-
N_3	4	-
N_4	5	D
N_5	5	C

3 근거리 통신망(LAN)

(1) LAN의 위상

구분	성형	버스형	링형
구성	중앙제어장치로부터 모든 기기는 점 대 점 방식으로 연결	1개의 통신회선에 여러 대의 단말을 접속	직접 또는 중계기를 통해 컴퓨터와 이웃하는 것들끼리만 연결
전송로의 총길이	길다	짧다	짧다
액세스 방식	• CSMA/CD	• CSMA/CD • 토큰패싱	• 토큰패싱
전송매체	• 동축 케이블 • 꼬임선	• 동축 케이블	• 동축 케이블 • 광 케이블
장점	• 한 노드에 문제가 생기면 그 노드만 연결이 안되므로 고장 진단이 쉽다. • 노드의 증설 및 이전, 변경이 쉽다.	• 저렴하게 네트워크 구성 가능 • 각 노드의 고장이 다른 노드에 영향을 끼치지 않음	• 모든 노드에 동일한 접근 권한 부여 • 사용자가 많아도 안정된 성능을 제공 • 분산 제어 기능
단점	• 중앙제어장치가 고장이 나면 전체 LAN이 중단	• 거리에 민감하여 거리제한을 넘어서면 리피터를 연결해야함	• 노드의 변경이나 추가의 어려움 • 고장진단, 수리의 어려움 • 한 노드의 고장이 다른 전체 노드에 영향 끼침

(2) OSI 참조모델과 LAN 참조모델

〈OSI 참조모델〉	〈LAN 참조모델〉
응용 계층	상위 계층
표현 계층	
세션 계층	
전송 계층	
네트워크 계층	
데이터링크 계층	LLC 서브 계층
	MAC 서브 계층
물리 계층	물리 계층

① 매체 액세스 제어(MAC) 서브 계층 : 여러 개의 노드가 공통의 전송로로 데이터를 송신할 때의 경쟁을 제어하고, 또한 전송로의 이상 유무를 검출한다.

② 논리 링크 제어(LLC)서브 계층 : 노드와 노드가 확실하게 시작과 끝의 구획이 붙은 데이터(프레임)를 보내고 받는 제어를 실행한다. 이 제어에는 논리적인 링크의 설정과 해제, 프레임의 재전송 제어, 프레임의 흐름도 포함된다.

(3) 매체 액세스 제어(MAC)

구분	CSMA/CD	토큰패싱(Toke Passing)
위상	버스형, 성형	버스형, 링형
알고리즘	간단	복잡
경제성	하드웨어 간단, 비용 적음	하드웨어 복잡, 비용 많음
노드 증설	간단	복잡
전송방식	경쟁방식	비경쟁방식
장점	• 장애 발생시 처리 쉽다. • 트래픽량이 적을 때는 채널 이용률이 높다.	• 충돌이 일어나지 않으므로 지연시간 줄일 수 있다. • 트래픽량이 많을 때도 안정되게 동작한다.
단점	• 사용자가 많을수록 더 많은 충돌과 긴 대기 시간이 발생한다. • 모든 컴퓨터가 균등한 송수신의 기회를 갖기 어렵다.	• 링형의 경우 일부의 노드나 통신회선의 장애가 전체적 장애로 연결된다. • CSMA/CD방식에 비해 복잡하고 장치의 가격이 비싸다.

(4) IEEE 802 표준

응용 계층	상위 계층			
표현 계층				
세션 계층				
전송 계층				
네트워크 계층	IEEE 802.1 Internetworking			
데이터링크 계층	IEEE 802.2 LLC			
물리 계층	IEEE 802.3 CSMA/CD	IEEE 802.4 토큰버스	IEEE 802.5 토큰링	IEEE 802.6 DQDB

(5) B-ISDN
① ATM 참조모델

상위 계층	
ATM 적응 계층(AAL)	상위 계층의 정보를 송신시에는 셀로 분할하고, 수신시에는 셀을 조합하여 상위 계층에게 전달하는 역할을 수행한다.
ATM 계층	ATM 셀의 헤더정보를 참조하여 ATM망을 통해 연결을 확립하고 전송하는데 필요한 기능을 수행한다.
ATM 물리 계층	전송매체를 통한 정보의 송신과 수신을 제어하는 부분으로서 송.수신 동기를 유지하기 위한 시간정보 등을 포함한다.

② ATM 셀 구조

HEADER(5바이트)	PAYLOAD(48바이트)

③ B-ISDN의 전송 구조

전송 구조	전송 방향	전송률
대칭 구조	가입자 ↔ 망	155.52Mbps
비대칭 구조	가입자 → 망	155.52Mbps
	가입자 ← 망	622.08Mbps
대칭 구조	가입자 ↔ 망	622.08Mbps

[전기.전자.통신 2001] 광대역 종합정보 통신망(B-ISDN)에서는 다양한 정보서비스를 위해 가입자와 망간에 3가지 형태의 전송 구조가 제공된다. 각각의 전송 구조에서 사용되는 데이터 전송률을 아래에 적으시오. (3점)

전송 구조	전송 방향	데이터 전송률[Mbps]
1	가입자 ↔ 망	(1)
2	가입자 → 망	(2-1)
	가입자 ← 망	(2-2)
3	가입자 ↔ 망	(3)

SECTION 4 TCP/IP

1 TCP/IP의 개요

(1) OSI 모델와 TCP/IP의 비교

OSI 모델	TCP/IP	
Application Layer	Application process Layer (SMTP, FTP, TELENET, DNS, SNMP, TFTP, NFS)	
Presentation Layer		
Session Layer		
Transport Layer	TCP	UDP
Network Layer	IP (ARP/RARP, ICMP, IGMP)	
Data Link Layer	Network Access Layer (이더넷, 토큰 링, X.25)	
Physical Layer		

① TCP : 응용 계층의 FTP, TELENET, SMTP, HTTP 등 서비스
② UDP : 응용 계층의 TFTP, SNMP, NFS 등 서비스

기출 2000 - 05 OSI 7계층의 프로토콜과 이에 대응하는 TCP/IP 계층의 프로토콜을 연관지어 그림으로 그리시오. (6점)

OSI 7계층	TCP/IP
Application Layer	Application Layer
Presentation Layer	
Session Layer	
Transport Layer	TCP
Network Layer	IP
Data Link Layer	Network Access Layer
Physical Layer	

(2) TCP/IP 4계층

① 응용 프로세스 계층 : 인터넷 사용자들이 접하게 되는 네트워크 응용프로그램에 해당하며, 클라이언트/서버 체계로 지원된다.
② 전달 계층(TCP/UDP) : 호스트간의 메시지 단위의 정보 교환 및 관리를 담당한다.
③ IP 계층 : OSI모델의 네트워크계층의 기능 중에서 라우팅에 해당하는 기능만 담당하는 것으로, 전달계층으로부터 내려온 세그먼트를 패킷망에서 다룰 수 있는 크기의 패킷으로 분할하여 데이터그램 방식으로 전달한다.
④ 네트워크 접속 계층 : 단위 네트워크 내에서의 패킷 전송을 담당한다.

(3) 응용계층 프로토콜

① FTP(File Transfer Protocol) : 하나의 호스트로부터 다른 호스트로 파일을 복사하기 위한 프로토콜이다.
② TFTP(Trivial File Transfer Protocol) : FTP가 갖는 복잡함과 정교함이 없는 간단한 파일 복사 프로토콜이다.
③ Gopher : 모든 정보들을 제목으로 만들어 조직화하여 보다 빠르고 간편하게 정보를 검색할 수 있는 프로토콜이다.
④ Telnet : 원격지 컴퓨터 시스템을 현재 자신이 이용하고 있는 로컬 컴퓨터처럼 사용할 수 있도록 해주는 프로토콜이다.
⑤ Usenet : 개인적인 주장이나 자료들을 전 세계적으로 분배하는 토론 그룹이다.
⑥ SMTP(Simple Mail Transfer Protocol) : 전자우편프로토콜, ASCII형식으로 메시지를 전송한다.
⑦ MIME(Multipurpose Internet Mail Extension) : 비ASCII데이터를 SMTP를 통해 보낼 수 있도록 하는 보조적 프로토콜이다.
⑧ SNMP(Simple Network Management Protocol) : TCP/IP프로토콜 그룹을 이용하여 인터넷상에서 장치를 관리하기 위한 망 관리 프로토콜이다.

(4) 전달계층 프로토콜

① TCP : 연결형 서비스에 제공되며, 호스트들 사이에 신뢰성 있는 경로를 확립하고 메시지 전송을 감독한다.
② UDP : TCP보다 헤더구조가 훨씬 간단하며, 신뢰도를 요구하지 않고 산발적이며 개별적인 적은 용량의 메시지 전송을 위한 비연결형 서비스이다.

(5) IP계층 프로토콜

① ICMP : IP프로토콜에서 발생하는 문제를 처리하기 위한 프로토콜이다.
② IGMP : 로컬 네트워크에 접속된 멀티캐스트 라우터가 특정 멀티캐스트 서비스를 받고자 하는 로컬 네트워크 내부의 호스트들의 확인과 관리를 위한 프로토콜이다.
③ ARP : 주소 변환 프로토콜, 호스트의 IP 주소를 호스트와 연결된 네트워크 접속장치의 물리적 주소로 번역해 주는 프로토콜이다.
④ RARP : 역주소 변환 프로토콜, 호스트와 연결된 네트워크 접속장치의 물리적 주소를 호스트의 IP주소로 번역해 주는 프로토콜이다.

인터넷(Internet)

전기.전자.통신 2007 인터넷에서 사용되는 TCP/IP 프로토콜(protocol)모델을 그림과 같이 4개의 계층(layer)으로 구분할 때, 3계층 (가)의 명칭과 2계층(인터넷 계층)을 대표하는 프로토콜 종류 3가지만 쓰시오. (4점)

개방형 시스템

4계층	응용 계층
3계층	(가)
2계층	인터넷 계층
1계층	네트워크 접근 계층

[그림] TCP/IP 프로토콜(protocol)모델

- (가) 계층 명칭 : _____

- 2계층 프로토콜 종류 : (1) _____
  - (2) _____
  - (3) _____

2 IP(Internet Protocol) 주소

(1) 클래스형 주소 지정

① 2진 표기법에서 클래스의 구별

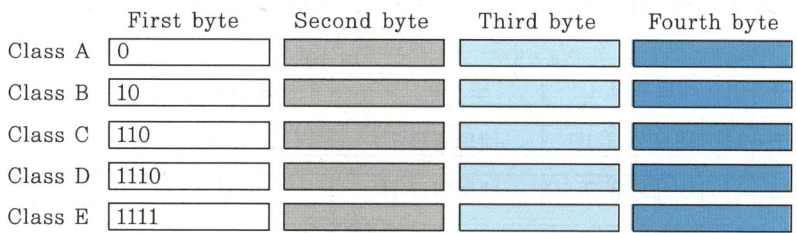

② 주소 클래스 찾기

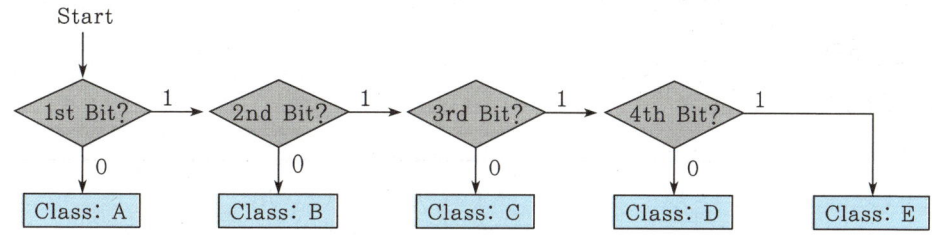

③ 점-10진 표기법에서 클래스의 구별

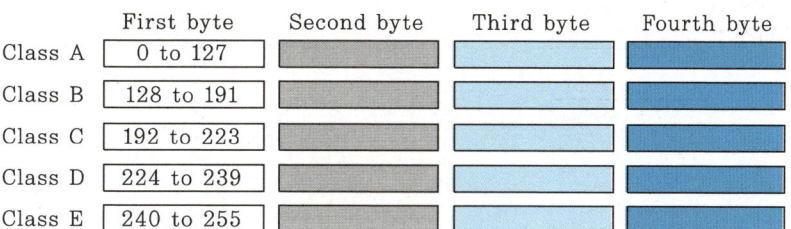

④ netid와 hostid

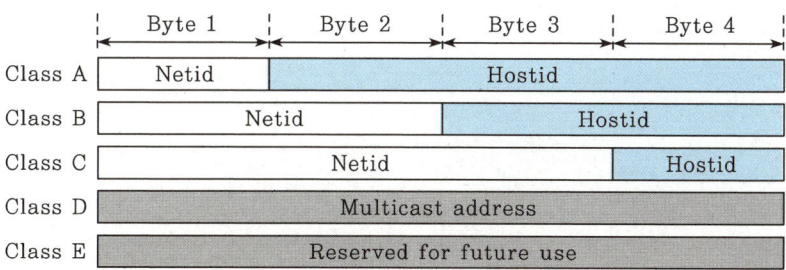

인터넷(Internet)

전기.전자.통신 2005 다음 그림은 IPv4의 인터넷 주소 체계를 보인 것이다. IPv4의 IP 주소는 네트워크 부분과 호스트 부분으로 구별되는데, 네트워크 부분의 값에 따라 A, B, C, D, E 클래스로 나눈다. 그림에서 C 클래스의 IP 주소 범위를 구하고, C 클래스에 속하는 1개의 네트워크 주소 ID에 이론상 연결 가능한 최대 호스트 ID의 개수를 구하시오. (2점)

	31	24 23	16 15	8 7	0
A 클래스	0	네트워크 ID	호스트 ID	호스트 ID	호스트 ID
B 클래스	1 0	네트워크 ID	네트워크 ID	호스트 ID	호스트 ID
C 클래스	1 1 0	네트워크 ID	네트워크 ID	네트워크 ID	호스트 ID
D 클래스	1 1 1 0	멀티캐스트 그룹 ID			
E 클래스	1 1 1 1	예약된 주소			

① IP 주소 범위
 • 풀이 과정 : _____
   _____
 • 답 :   (   ).(   ).(   ).(   ) ~ (   ).(   ).(   ).(   )

② 최대 호스트 개수
 • 풀이 과정 : _____
 • 답 : _____

(2) 서브넷 지정

① 2단계 계층의 네트워크

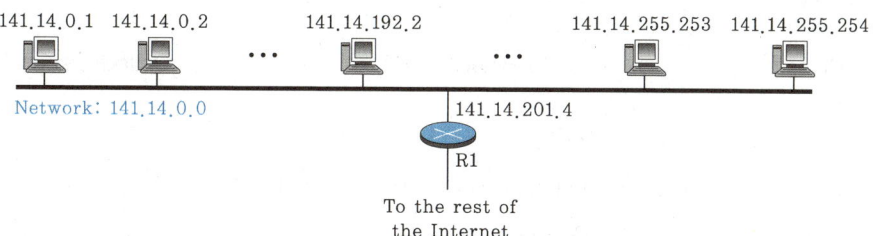

② 3단계 계층의 네트워크(서브넷 지정)

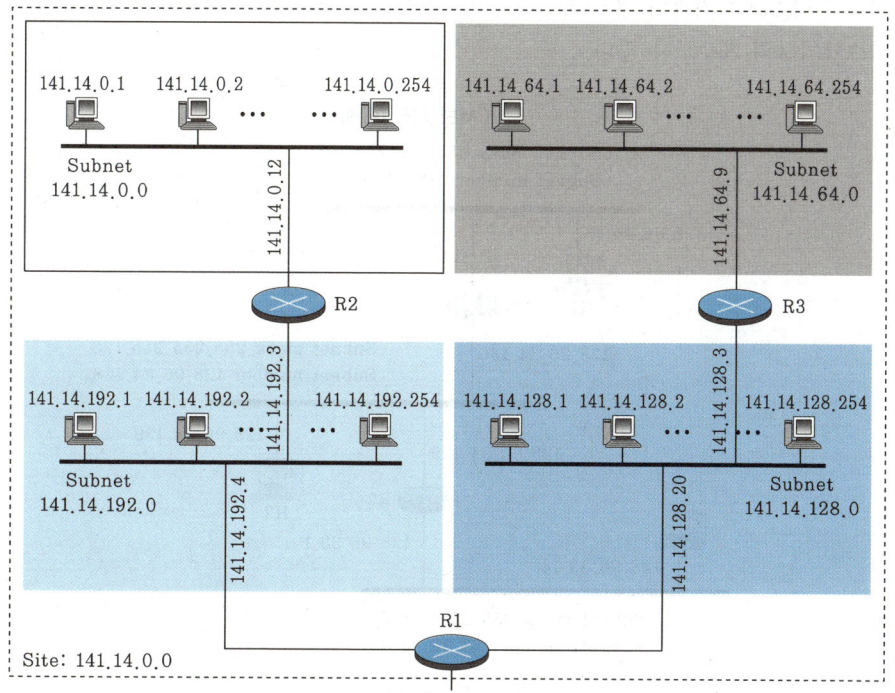

③ 서브넷 지정

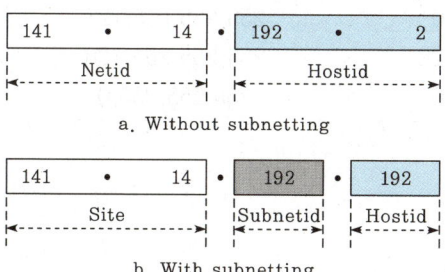

④ 마스크
  ㉠ 기본 마스크 : 기관의 외부 라우터가 사용

Class	In Binary	In Dotted-Decimal	Using Slash
A	11111111 00000000 00000000 00000000	255.0.0.0	/8
B	11111111 11111111 00000000 00000000	255.255.0.0	/16
C	11111111 11111111 11111111 00000000	255.255.255.0	/24

  ㉡ 서브넷 마스크 : 기관의 내부 라우터가 사용하며, 서브넷 마스크에서 1의 개수는 대응되는 기본 마스크의 1의 개수보다 많다.

〈서브넷의 예제〉

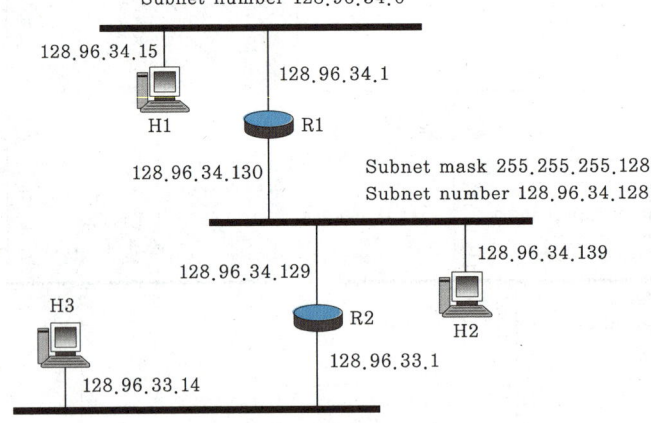

〈R1의 라우팅 테이블〉

Subnet Number	Subnet Mask	Next Hop
128.96.34.0	255.255.255.128	interface 0
128.96.34.128	255.255.255.128	interface 1
128.96.33.0	255.255.255.0	R2

예제 20

다음은 어떤 네트워크에 연결된 호스트의 IP주소를 나타낸 것이다. 서브넷 마스크(subnet)가 255.255.255.224인 경우 물음에 답하시오.

호스트	IP주소
H1	203.215.40.66
H2	203.215.40.94
H3	203.215.41.78
H4	203.215.40.97
H5	203.215.41.67

1. 위의 4개 호스트에 대한 서브넷 주소를 구하시오.

호스트	서브넷 주소
H1	
H2	
H3	
H4	
H5	

2. H1이 라우터를 통하지 않고 통신 가능한 호스트는 어느 것인가?

_____

예제 21

다음의 IP주소에 대한 address aggregation을 적용할 경우 ㉠, ㉡, ㉢의 IP주소를 CIDR 표기법으로 순서대로 구하시오. [2점]

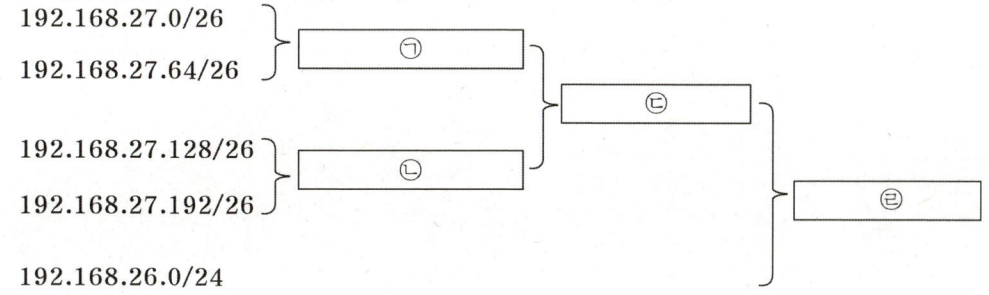

SECTION 4 인터넷(Internet)

전공기술 2009 - 37 다음은 하나의 네트워크를 여러 개의 서브넷으로 나누는 서브네팅(subneting)에 관한 내용이다. (가), (나)에 알맞은 것은?

> ○○중학교는 네트워크 주소가 192.8.7.0인 1개의 네트워크를 6개의 서브넷으로 나누고, 각 서브넷마다 30대의 호스트(host)를 두기로 하였다. 새롭게 구성된 네트워크의 서브넷 마스크(subnet mask)는 ((가))이다. IP 주소가 192.8.7.72인 호스트가 소속된 서브넷 주소(subnet address)는 ((나))이다.

	(가)	(나)
①	255.255.255.0	192.8.7.0
②	255.255.255.128	192.8.7.64
③	255.255.255.128	192.8.7.128
④	255.255.255.224	192.8.7.64
⑤	255.255.255.224	192.8.7.128

예제 22

14.24.74.0/24의 시작 주소를 갖는 하나의 주소 블록이 기관에게 할당되었다. 기관은 다음과 같은 개수의 주소를 갖는 3개의 블록을 구성하고자 한다. 〈작성 방법〉에 따라 서술하시오.

조건
- A 그룹은 120개의 주소를 갖는 하나의 서브-블록이다.
- B 그룹은 60개의 주소를 갖는 하나의 서브-블록이다.
- C 그룹은 10개의 주소를 갖는 하나의 서브-블록이다.

작성 방법
(1) A 그룹의 시작 주소와 마지막 주소를 CIDR 표기법으로 순서대로 쓸 것.
(2) B 그룹의 시작 주소와 마지막 주소를 CIDR 표기법으로 순서대로 쓸 것.
(3) C 그룹의 시작 주소와 마지막 주소를 CIDR 표기법으로 순서대로 쓸 것.

3 IPv4

(1) 특징
① 인터넷을 위한 네트워크층의 호스트간 전달 프로토콜이다.
② 신뢰성이 없는 비연결성의 데이터그램 프로토콜이다.
③ 최선 노력 전달(best-effort delivery) 서비스를 제공한다.
  → 오류 제어나 흐름 제어는 제공하지 않고, 오류검출 방법만 사용한다.

(2) IP 데이터그램

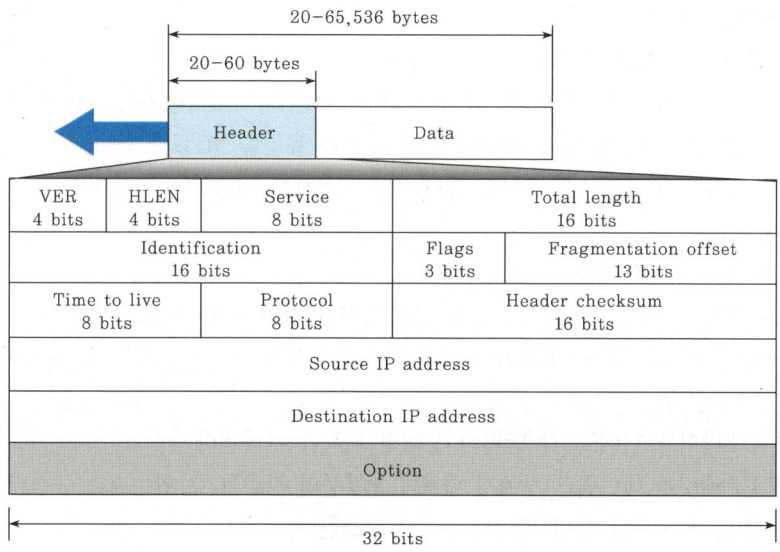

① 버전번호(VER) : 데이터그램을 만들때 쓰여진 인터넷 프로토콜 버전이다.(4)
② 헤더 길이(HLEN) : 32비트를 기본 단위로 한 IP헤더의 길이를 규정한다. 어떤 특별한 옵션들이 없는 경우, IP헤더는 항상 20바이트 크기이다. 그래서 이 필드의 가장 작은 값은 5이다.
③ 차등 서비스(DS) : IP패킷을 위한 우선권을 정의한다.

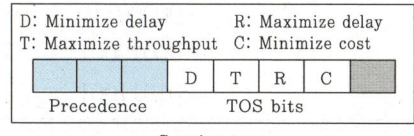
Service type

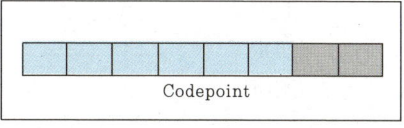
Differentiated services

㉠ 서비스 유형(TOS)

TOS Bits	Description
0000	Normal (default)
0001	Minimize cost
0010	Maximize reliability
0100	Maximize throughput
1000	Minimize delay

ⓒ 차별 서비스
  ⓐ 오른쪽 세 비트가 0이면 왼쪽 세 비트는 서비스 유형에서의 우선 순위와 같은 의미로 해석한다.
  ⓑ 오른쪽 세 비트가 모두 0이 아니면 아래 표와 같다.

Category	Codepoint	Assigning Authority
1	XXXXX0	Internet
2	XXXX11	Local
3	XXXX01	Temporary or experimental

④ 패킷 길이(Total length)
  ㉠ IP헤더를 포함한 전체 IP패킷 길이를 정의한다.
  ㉡ 패킷의 길이가 16비트이므로 IP 데이터그램의 이론적 최대치는 65,535바이트이다.
  ㉢ 데이터그램을 전송하기 위해 분할되는 최대 전송 유닛을 MTU라 한다.
⑤ 식별자(Identifier) : 송신 호스트로부터 발생되는 식별자를 저장하는 필드이다.
⑥ 플래그(Flags)
  ㉠ 첫 번째 비트는 예비이다.
  ㉡ 두 번째 비트는 DF(Do not Fragment)로 1이면 단편화 하지 않고, 0이면 단편화 한다.
  ㉢ 세 번째 비트는 MF(More Fragment)로 마지막 단편만 0으로 설정되고, 나머지는 모두 1로 설정된다.
⑦ 단편 옵셋 : 8바이트 단위로 각 단편의 상대적 위치를 나타낸다.
⑧ 라이프(TTL) : 패킷이 네트워크 상에서 얼마나 오랫동안 잔존할 수 있는지를 규정한다. 해당 패킷이 네트워크 상의 각 노드를 지날 때마다 1초씩 감소한다.
⑨ 프로토콜 : 어떤 상위 계층 프로토콜을 통하여 패킷 속으로 데이터를 캡슐화 하였는가를 나타낸다.

프로토콜	10진수	이진수
ICMP	1	00000001
IGMP	2	00000010
TCP	6	00000110
UDP	17	00010001
OSPF	89	01011001

⑩ 헤더 체크섬(header checksum) : 헤더 부분에 에러가 발생되는 경우를 감지하기 위해 checksum을 수행한다.
⑪ 발신지 주소 : 발신지의 IP주소를 나타낸다.
⑫ 목적지 주소 : 목적지의 IP주소를 나타낸다.
⑬ 선택 사항 : 시험이나 오류 제거를 위해 사용한다.

(3) 단편화
① 단편화가 발생하는 경우
   ㉠ 상위 계층의 패킷의 크기가 하위 계층의 네트워크 인터페이스의 MTU보다 클 경우
   ㉡ 송신자의 LAN에 있는 MTU보다 작은 라우터의 MTU를 통해 패킷을 전송하는 경우
② 단편화 제어는 플래드 필드의 DF와 MF 비트로 제어한다.
③ 단편 옵셋

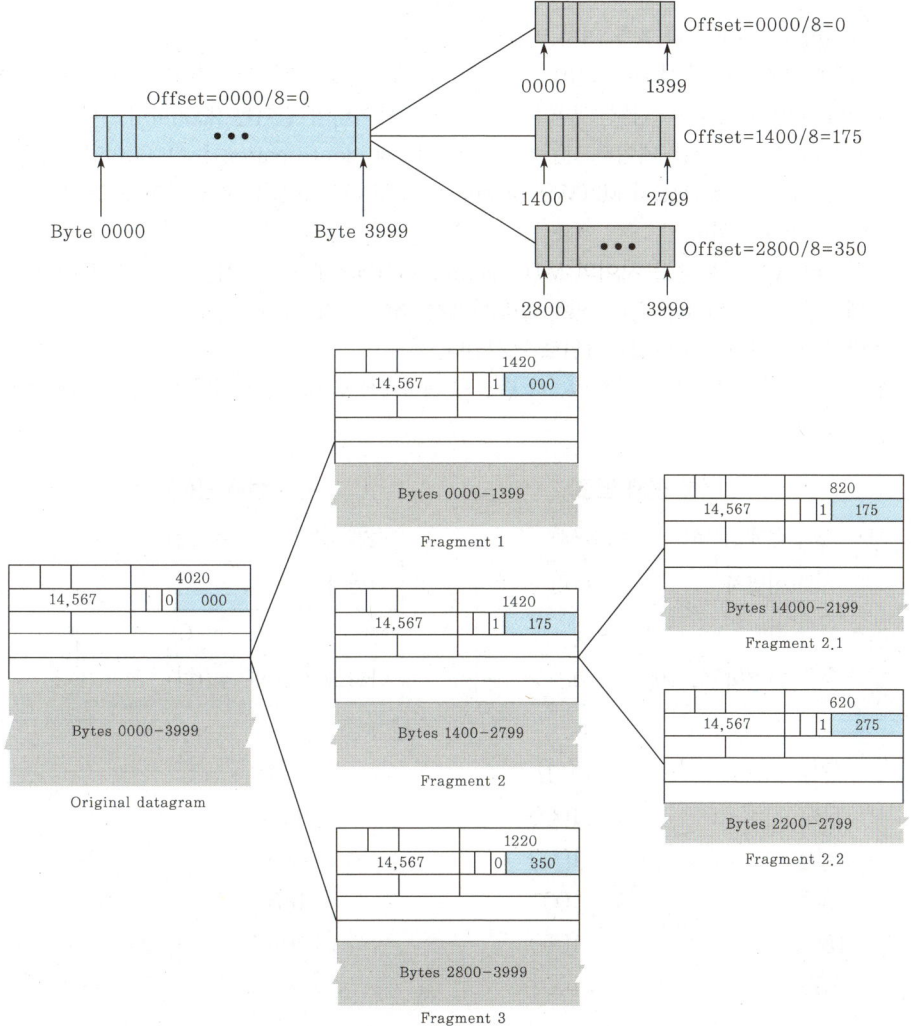

인터넷(Internet)

전공기술 2010 - 35 다음은 IPv4 데이터그램의 단편화(fragmentation)에 대한 설명이다. (가) ~ (다)에 알맞은 것은? (2.5점)

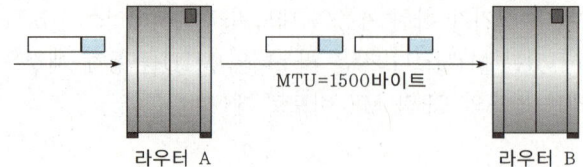

- 데이터그램은 라우터 A를 거쳐 라우터 B로 전송된다.
- 라우터 A가 수신한 데이터그램의 전체 길이(total length)는 2020바이트이다. 이중에서 헤더의 길이는 20바이트(옵션 필드는 없음)이고, 데이터의 길이는 2000바이트이다.
- 라우터 A가 수신한 데이터그램 헤더에서 식별자(identification)는 1000이고, 플래그의 DF(DonotFragment)와 MF(More Fragments)의 값은 모두 0이다. 단편화 오프셋(offset)의 값 또한 0이다.
- 라우터 A와 라우터 B 사이의 MTU(Maximum Transfer Unit)는 1500바이트이다.
- 데이터그램은 MTU를 넘지 않는 범위내에서 최대 크기로 분할된다.
- 단편화 오프셋은 8바이트 단위로 표시된다.
- 라우터 A가 단편화를 수행한 후, 각 단편의 헤더에서 단편화와 관련된 부분을 표시하면 다음과 같다.

<첫 번째 단편>

전체 길이	= 1500
식별자	= 1000
MF	= 1
단편화 오프셋	= 0

<두 번째 단편>

전체 길이	= (가)
식별자	= (나)
MF	= 0
단편화 오프셋	= (다)

	(가)	(나)	(다)
①	520	1000	65
②	540	1000	185
③	540	1001	185
④	1500	1000	190
⑤	150	1001	190

전공기술 2017 - 14 다음은 IPv4 하에서 장비 A가 장비 B에 데이터를 보내고 있는 그림으로 데이터 그램의 단편화(fragmentation) 과정을 보여준다. ㉠, ㉡, ㉢에 알맞은 값을 〈조건〉에 따라 풀이 과정과 함께 각각 구하시오. [4점]

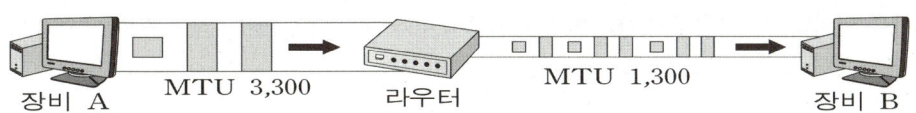

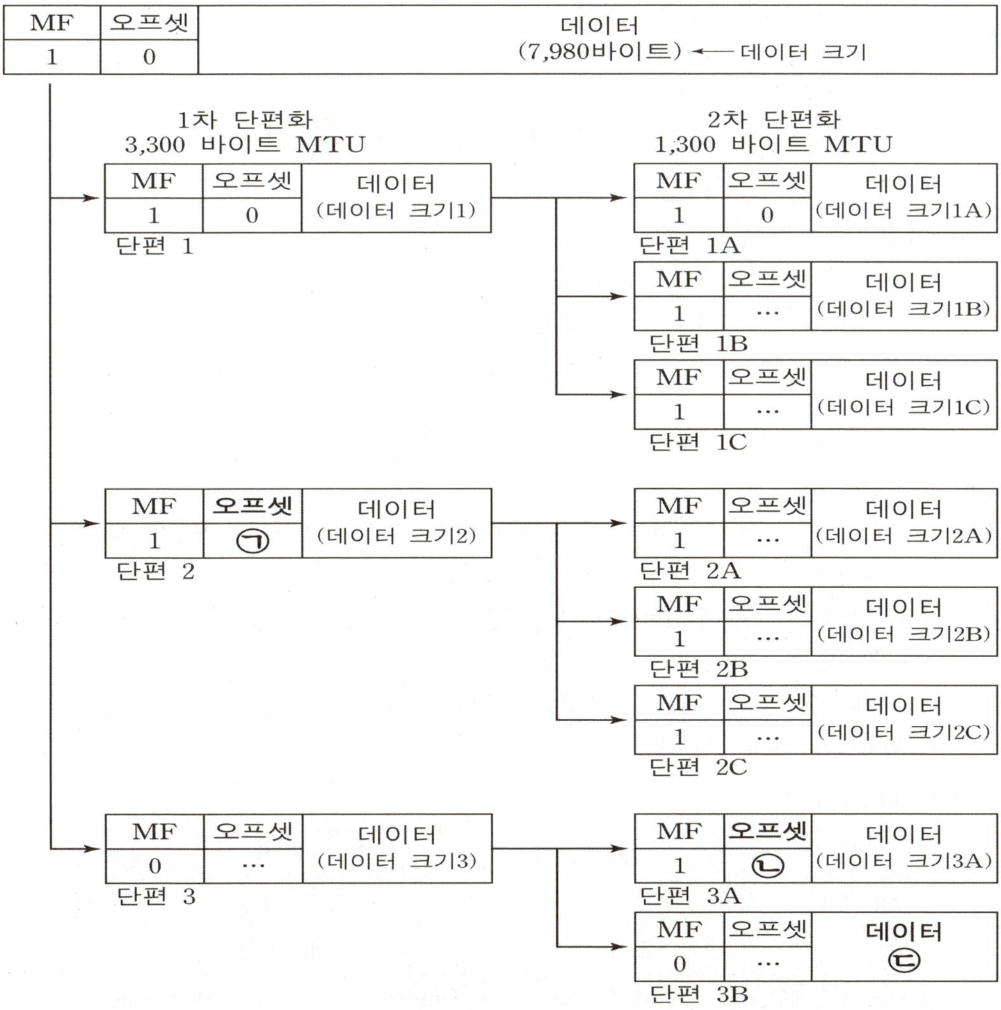

MF	오프셋	데이터
1	0	(7,980바이트) ← 데이터 크기

1차 단편화 3,300 바이트 MTU

단편 1: MF=1, 오프셋=0, 데이터(데이터 크기1)
단편 2: MF=1, 오프셋=㉠, 데이터(데이터 크기2)
단편 3: MF=0, 오프셋=…, 데이터(데이터 크기3)

2차 단편화 1,300 바이트 MTU

단편 1A: MF=1, 오프셋=0, 데이터(데이터 크기1A)
단편 1B: MF=1, 오프셋=…, 데이터(데이터 크기1B)
단편 1C: MF=1, 오프셋=…, 데이터(데이터 크기1C)
단편 2A: MF=1, 오프셋=…, 데이터(데이터 크기2A)
단편 2B: MF=1, 오프셋=…, 데이터(데이터 크기2B)
단편 2C: MF=1, 오프셋=…, 데이터(데이터 크기2C)
단편 3A: MF=1, 오프셋=㉡, 데이터(데이터 크기3A)
단편 3B: MF=0, 오프셋=…, 데이터 ㉢

조건

- 장비 A에서 보내는 데이터그램의 전체 크기는 8,000바이트 이다. 이 중에서 IP 헤더의 길이는 20바이트(옵션 필드는 없음)이고, 데이터의 크기는 7,980바이트이다.
- 1차 단편화가 이루어지는 장비 A와 라우터 사이의 MTU(Maximum Transfer Unit)는 3,300바이트이다.
- 2차 단편화가 이루어지는 라우터와 장비 B 사이의 MTU는 1,300바이트이다.
- 오프셋(단편화 오프셋)은 8바이트 단위로 표시된다.

4 IPv6

① IPv6 주소의 배경

기존의 IP 체계인 IPv4의 단점을 해결하기 위해 지난 94년부터 IETF에서 표준화 작업을 거쳐 만든 차세대 인터넷 프로토콜로써, 128비트 체계로 3.4e38개라는 천문학적인 숫자의 주소 할당이 가능해 IPv4의 주소 고갈 문제에 대한 근본적인 해결이 가능하다.

② IPv6 주소의 특징
  ㉠ IP address 규모의 대폭적인 확장
  ㉡ real-time multimedia 처리 기능
  ㉢ 프로토콜의 확장 허용
  ㉣ 헤더형식의 개선으로 라우팅 과정을 단순화하고 더 빠르게 한다.
  ㉤ IP 자체의 보안성 확대

③ IPv6의 헤더

버전(4bit)	트래픽 클래스(8bit)	흐름 레이블(20)	
Payload길이(16bit)		다음 헤더(8bit)	홉 제한(8bit)
송신지 주소(128bit)			
목적지 주소(128bit)			

④ IPv6 주소의 유형
  ㉠ Unicast 주소 : 단일 인터페이스를 지정하며, unicast 주소로 보내진 패킷은 해당 인터페이스로만 전달된다.
  ㉡ Anycast 주소 : 복수의 인터페이스에 배정되나 주로 서로 다른 링크에 속한 인터페이스들의 집합을 지정한다.
  ㉢ Multicast 주소 : 인터페이스의 집합을 지정하며, multicast주소로 보내진 패킷은 해당되는 모든 인터페이스들에 전달된다.

⑤ IPv4와 IPv6의 비교

구분		IPv4	IPv6
bit 체계		32 bit	128 bit
헤더 크기		20 byte	40 byte
Address 할당체계		A, B, C class	Uni-cast, Any-cast, Multi-cast
Header field 수		12 개	8 개
필드 비교	프로토콜	다음 헤더	
	TTL	홉 제한	
	옵션	확장 헤더	
	총길이	Payload 길이	
	Checksum, 단편화	없음	

[전기.전자.통신 2007] 유비쿼터스(Ubiquitous)란 "현실 세계에서 모든 사물에 컴퓨터를 보이지 않게 내재시켜 언제 어디서나 자연스럽고 편리하게 컴퓨팅 환경을 이용할 수 있게 하는 것"이다. 이러한 유비쿼터스 컴퓨팅을 구현하기 위해서는 현재의 주소 체계인 IPv4로는 IP주소 수가 부족하다. 이를 해결하기 위해 새롭게 등장한 IP 주소 체계인 IPv6의 주소 비트 수와 주소 유형(할당 방식) 3가지를 쓰시오. (4점)

- 주소 비트 수 : _____ 비트(bits)
- 주소 유형(할당 방식) : (1) _____
  (2) _____
  (3) _____

⑥ 주소의 표기
  ㉠ 16진수 콜론 표기법을 사용한다.
  ㉡ 128비트를 16비트씩 8개 필드로 나누어 콜론으로 구분한다.

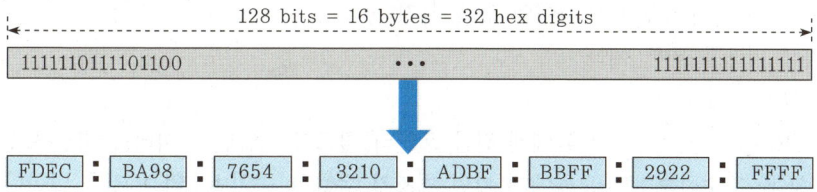

⑦ 주소 생략법
  ㉠ 각 필드에서 선행하는 0은 생략할 수 있다.

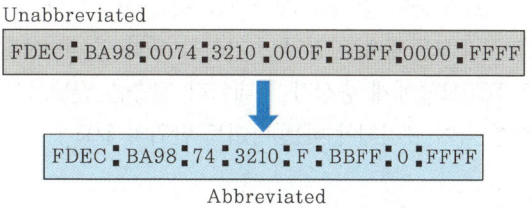

  ㉡ 0으로만 나타난 연속된 필드는 0을 모두 삭제하고 2개의 콜론(::)만으로 나타낸다. 하지만 '::'은 주소당 한 번 사용한다.

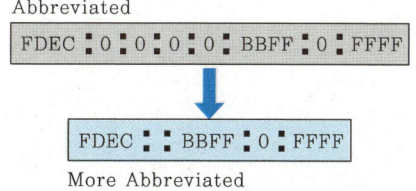

5 TCP(Transfer Control Protocol)

(1) 세그먼트(Segment)

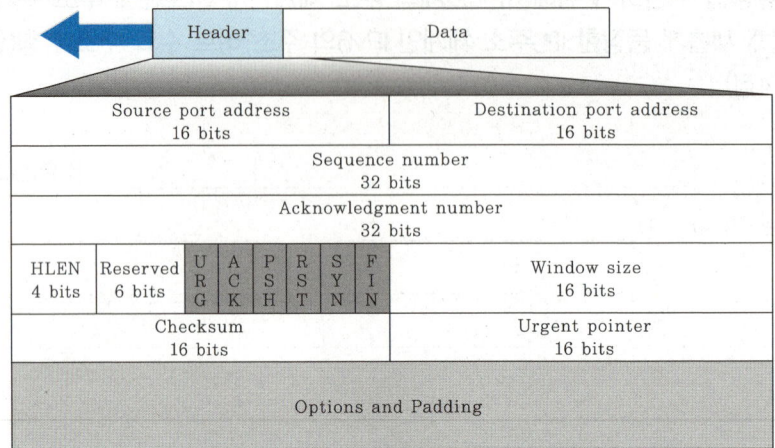

① 순서번호 : 첫 번째 데이터 바이트에 할당된 번호 정의
② 확인번호 : 세그먼트의 송신자가 다른 쪽으로부터 받기를 기대하는 바이트 번호 정의
③ 헤더 길이 : TCP 헤더를 4바이트 단위의 개수로 나타낸다. 헤더 길이는 20에서 60 바이트가 될 수 있으며, 따라서 5에서 15사이의 값을 가진다.
④ 예약 : 미래를 위해 예약
⑤ 플래그
  ㉠ URG : 수신측 TCP모듈에게 긴급 포인터 필드가 긴급한 데이터를 지정하고 있음을 나타낸다.
  ㉡ ACK : 수신측 TCP모듈에게 확인 번호가 유효한 승인번호라는 것을 말한다.
  ㉢ PSH : 수신측 TCP모듈에게 수신한 세그먼트 데이터를 애플리케이션으로 즉각적으로 송신하도록 요구한다.
  ㉣ RST : 수신측 TCP모듈이 연결을 재설정할 것을 요구한다.
  ㉤ SYN : 수신측 TCP모듈에게 연결의 초기화를 위해 순서번호를 동기화시키라는 것
  ㉥ FIN : 수신측 TCP모듈에게 송신자가 데이터 전송을 끝냈음을 말해 준다.
⑥ 윈도우 크기 : 상대방 쪽이 유지해야 하는 바이트 단위의 윈도우 크기이다.(최대 크기는 65,535 바이트이다.)
⑦ 체크섬 : TCP를 위한 검사합 계산을 한다.
⑧ 긴급 포인터 : 긴급 플래그 값이 설정되었을 때만 유효하며, 세그먼트가 긴급 데이터를 포함하고 있을 때 사용한다.

(2) TCP 연결

① 연결설정 : 3-단계 핸드셰이크 사용

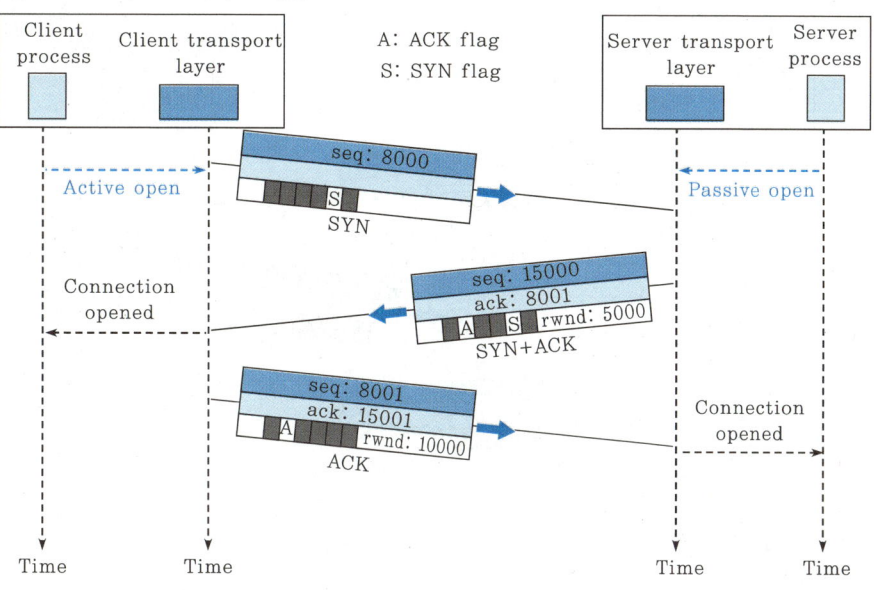

② 데이터 전송

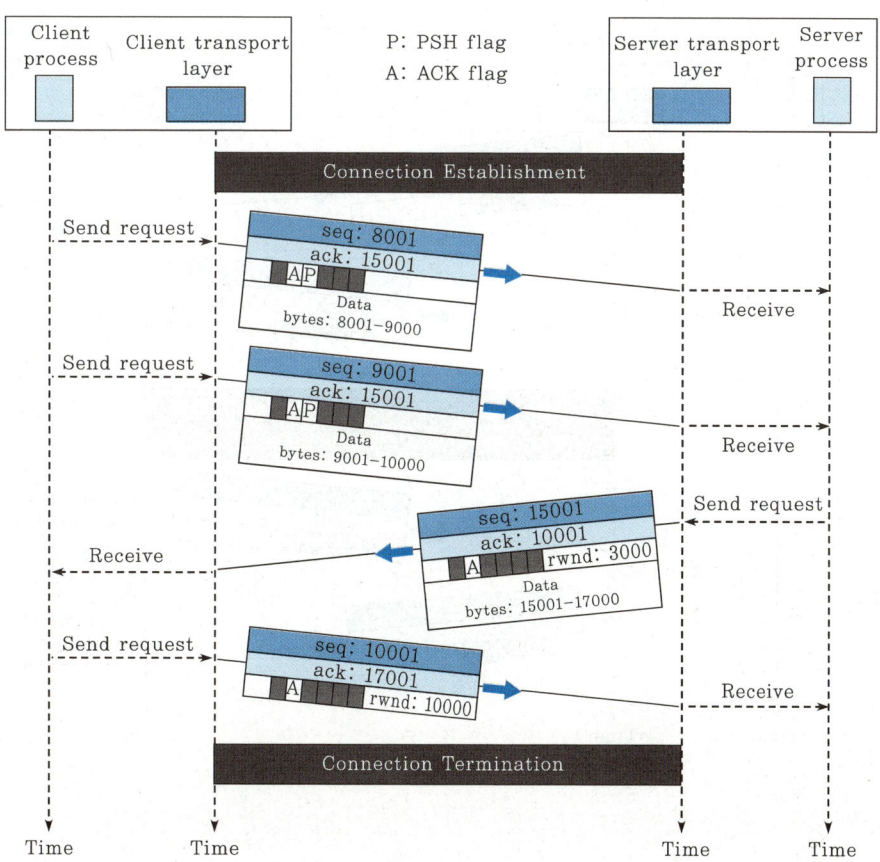

③ 연결종료
  ㉠ 3-단계 핸드셰이크

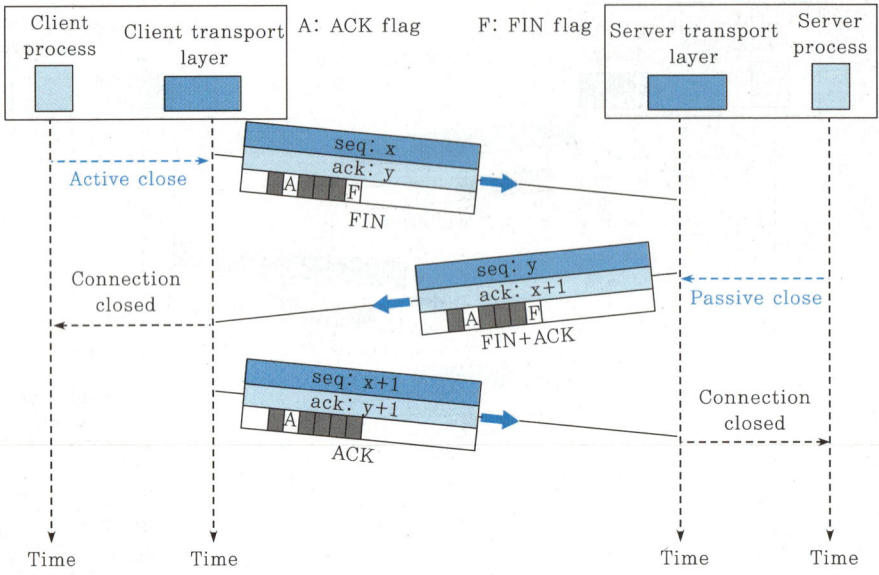

  ㉡ 반-종료(Half-Close)

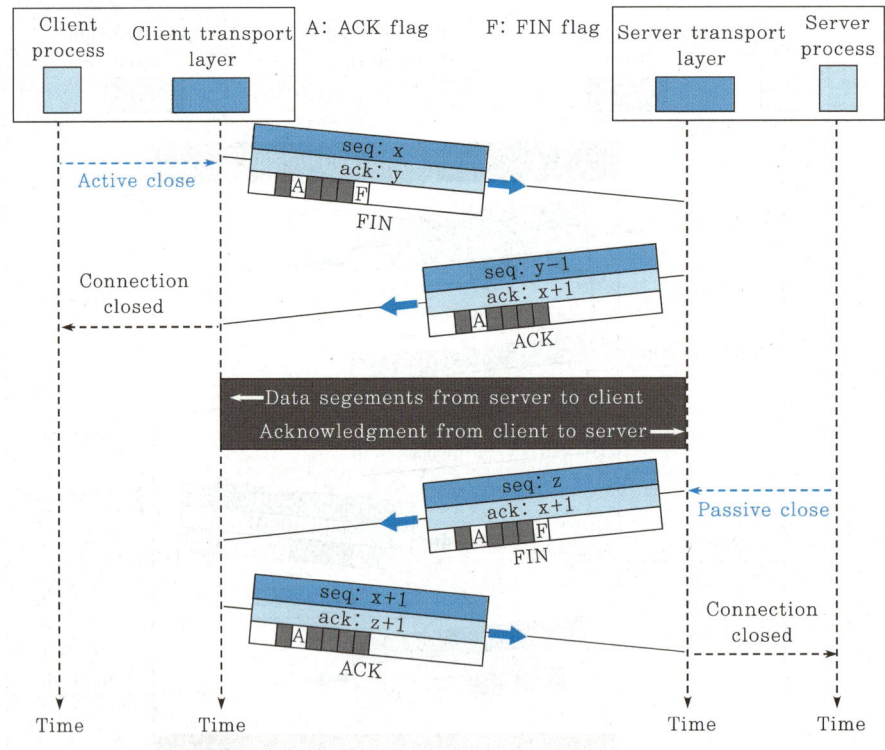

기출 2019-12 다음은 TCP(Transmission Control Protocol)에서 호스트 A와 B 사이에 세그먼트(segment)를 송수신하는 과정을 나타낸 것이다. 〈조건〉을 고려하여 〈작성 방법〉에 따라 서술하시오. [4점]

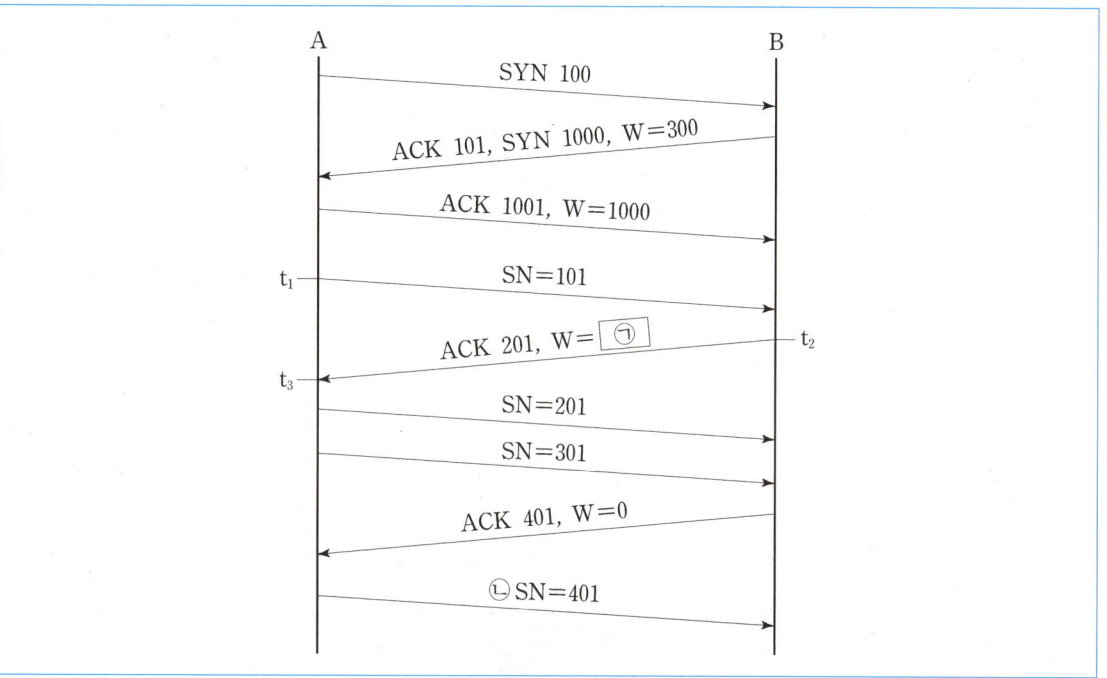

조건
- SYN과 ACK 다음에 나오는 숫자는 각각 세그먼트 전송 시 TCP 헤더에 있는 순서 번호(sequence number)와 확인 응답 번호(acknowledgement number)를 나타낸다.
- SN은 전송할 데이터를 담고 있는 세그먼트를 의미하고, SN다음에 나오는 숫자는 세그먼트 전송 시 TCP 헤더에 있는 순서 번호를 나타낸다.
- W는 수신측에서 송신측으로 전송하는 수신 윈도우 크기로, 바이트(byte) 단위이다. 즉, W=300은 수신측 윈도우 크기가 300바이트임을 의미한다.
- 송신 윈도우 크기는 혼잡 제어를 위해 혼잡 윈도우 크기와 수신측으로부터 수신한 윈도우 크기 W를 이용하여 결정된다.
- 시점 t_1부터 A가 전송하는 세그먼트의 크기는 100바이트이고, 세그먼트 내에는 긴급 데이터가 없다.
- 시점 t_1 이후부터 B에서 수신한 세그먼트 중 수신측 응용 프로그램이 TCP 수신 버퍼로부터 제거한 세그먼트는 없다고 가정한다.
- 송신측에서 전송한 세그먼트 중 수신측의 동작 여부를 확인하는 윈도우 탐침(window probe) 세그먼트는 없다고 가정한다.

작성 방법
(1) 시점 t_2에서 ㉠에 들어갈 B의 수신 윈도우 크기 W를 쓸 것.
(2) 시점 t_3에서 A가 계산한 혼잡 윈도우(congestion window) 크기가 300바이트라고 가정할 때 A의 송신 윈도우 크기를 쓸 것.
(3) ㉡의 세그먼트 전송이 가능한지 여부를 쓰고, 그 이유를 서술할 것.

CHAPTER VII
정보보호론

SECTION 1 정보보호의 개요

1 보안 요소와 침입 형태

(1) 보안 요소

① 인증(authentication)

자신의 신분과 행위를 증명하는 행위를 의미한다. 인증 서비스는 자신이 합법적이고 정당한 실체임을 나타내는 실체 인증과 문서나 전자우편이 특정인에게 온 것임을 증명하는 송신자 인증이 있다.

② 접근 제어(access control)

비인가된 사용자의 위협으로부터 정보자원을 보호하는 것을 의미한다. 사용자의 신분이 확인된 이후에는 해당 사용자가 정보자원에 대하여 어느 수준의 접근 자격을 갖고 있는지를 결정한다.

③ 부인봉쇄(non-repudiation)

송신자나 수신자가 전송 메시지를 부인하지 못하도록 막는 것을 의미한다. 따라서 메시지가 송신되었을 때 수신자는 그 메시지가 실제로 송신자에 의해서 송신되었음을 확인할 수 있게 된다. 마찬가지로 메시지가 수신되었을 때 송신자는 그 메시지가 실제로 수신자에 의해서 수신되었음을 확인할 수 있다.

④ 보안 감사(security audit)

네트워크의 보안에 대한 취약점, 보안 침해 사실의 발견 및 보안에 영향을 미칠 수 있는 시스템의 기록이나 움직임을 조사하고 관찰하여 이에 대응하기 위한 보안 활동을 의미한다.

⑤ 비밀 보장(data confidentiality)

네트워크를 통하여 전달되는 정보가 비인가된 사용자, 주체, 그리고 여러 가지의 불법적인 행위 및 처리 등으로 인하여 그 내용이 노출 되는 것을 방지하는 서비스를 의미한다. 이를 기밀성이라 정의하기도 하는데, 이는 부당한 데이터의 노출로부터 데이터를 보호하기 위해 제공된다.

⑥ 데이터 무결성(data integrity)

데이터의 내용이 정당하지 않은 방법에 의해서 변경 또는 삭제되는 것을 방지하는 서비스를 의미한다. 복구 기능을 갖는 접속 무결성, 복구 기능이 없는 접속 무결성, 선택영역 접속 무결성, 비접속 무결성, 선택영역 비접속 무결성으로 구분한다.

(2) 침입형태

① 수정(modification)

비인가자들의 불법적인 접근으로 다른 내용으로 변조로 인한 무결성에 대한 공격을 의미한다.

② 차단(interruption)

데이터의 전달을 가로막아 정보가 전달되는 것을 방해하는 행위로 가용성에 대한 공격을 의미한다.

③ 가로채기(interception)

데이터를 중간에서 가로채어 비인가자들의 불법적인 접근에 대한 신뢰성에 대한 공격을 의미한다.

④ 위조(fabricate)

데이터가 비인가자들에 의해 다른 송신자로부터 전송된 것처럼 꾸미는 인증에 대한 공격을 의미한다.

2 정보보안의 목표

(1) 정보보안의 목표

① 비밀성(confidentiality)
  ㉠ 의미 : 합법적인 사용자가 아닌 사용자들은 컴퓨터 시스템상의 데이터 또는 컴퓨터 시스템 간에 통신 회선을 통하여 교환, 전송되는 데이터의 내용을 볼 수 없도록 하는 것이다.
  ㉡ 비인가 된 접근이나 지능적인 차단으로부터 중요정보를 보호하는 것이다.
  ㉢ 비인가된 접근이란 인가되지 않은 사람이 시스템을 사용하거나 해당 정보를 읽거나 정보의 내용을 수정하지 못하도록 하는 것이다.

② 무결성(integrity)
  ㉠ 의미 : 데이터 및 네트워크 보안에 있어서 정보가 인가된 사람에 의해서만이 접근 또는 변경 가능하도록 하는 것이다.
  ㉡ 정보와 정보처리 방법의 완전성과 정확성을 보호하는 것이다.
  ㉢ 정보에 대한 정밀성과 정확성을 내포하고 있으며, 한번 생성된 정보에 수정을 허락하지 않음으로써 최초의 내용을 원상 유지하게 하는 것이다.

③ 가용성(availability)
  ㉠ 의미 : 정보와 정보시스템의 사용을 인가 받은 사람이 그를 사용하려고 할 때 언제든지 사용할 수 있도록 보장하는 것이다.
  ㉡ 정보시스템에 장애가 발생하거나 과부하가 걸려서 사용하고자 할 때 사용할 수 없게 되거나 장시간 기다리게 해서는 안 된다는 것이다.

(2) 정보기술 보호의 목표

① 책임 추적성(accountability)
  ㉠ 의미 : 정보나 정보시스템의 사용에 대해서 누가 언제 어떤 목적으로 어떤 방법을 통하여 그들을 사용했는지를 추적할 수 있어야 한다.
  ㉡ 책임 추적성이 결여되어 있을 때 시스템의 임의조작에 의한 사용, 기만 및 사기, 산업스파이 활동, 선량한 사용자에 대한 무고행위, 법적인 책임의 불명확 등의 행위에 의해서 물질적, 정신적인 피해를 입게 된다.

② 인증성(authenticity)
  ㉠ 의미 : 정보시스템 상에서 이루어진 어떤 활동이 정상적이고 합법적으로 이루어진 것을 보장하는 것이다.
  ㉡ 인증성이 결여되어 있을 때 발생하는 문제로는 사기행위, 산업스파이 행위, 무고행위 등이 발생할 수 있으며 부정확한 정보를 가지고 부당한 처리를 하여 잘못된 결과를 가져올 수 있다.

③ 신뢰성(reliability)
  ㉠ 의미 : 정보나 정보시스템을 사용함에 있어서 일관되게 오류의 발생 없이 계획된 활동을 수행하여 결과를 얻을 수 있도록 하는 환경을 유지하는 것이다.
  ㉡ 신뢰성이 확보되지 못한 정보나 정보시스템을 사용하면 공급자로서의 신뢰가 실추되어 시장을 잃게 될 뿐 아니라 내부 직원의 사기를 떨어뜨리고 고객의 신뢰를 잃어 기업에 재정적인 손실을 초래하게 된다.

기출 2014 - 04 다음은 정보 보안의 목표에 대한 설명이다. 괄호 안의 ㉠, ㉡에 해당하는 용어를 순서대로 쓰시오. (2점)

- (㉠)을/를 보장하기 위해서는 접근 통제나 암호화 등의 정보 보안 기술을 통해 인가받은 사용자만이 정보에 접근할 수 있도록 해야 한다. 이렇게 되면 원하지 않는 정보의 공개를 막을 수 있다.
- 가용성을 보장하기 위해서는 사용자가 시스템을 이용하려고할 때 방해받지 않도록 해야 한다. 이렇게 되면 인가받은 사용자는 언제라도 시스템을 사용할 수 있다.
- (㉡)을/를 보장하기 위해서는 비인가자에 의한 정보의 변경, 삭제, 생성 등으로부터 시스템을 보호해야한다. 이렇게 되면 정보의 내용이 비인가자에 의해 훼손되지않고, 정확성, 완전성, 일관성을 유지할 수 있다.

[정답]
㉠ 비밀성(기밀성)   ㉡ 무결성

3 정보보안의 요소

(1) 자산(assets)

형태	내용
물리적 자산	컴퓨터 하드웨어, 통신장비, 사무집기, 건물 등
정보 자산	데이터베이스, 문서, 데이터 파일 등
소프트웨어 자산	응용프로그램, 각종 패키지, 운용프로그램 등
상품 자산	생산제품, 서비스 등
인적 자산	인력
무형 자산	사회적 이미지, 고객의 신뢰도, 전문지식능력 등

(2) 위협(threats)
① 의미 : 조직, 조직의 자산, 조직의 정보시스템에 손상을 유발시키는 원하지 않는 사고의 원인을 제공하는 요인들이다.
② 위협의 유형 : 의도적 위협, 비의도적 위협

(3) 취약점(vulnerability)
① 자산의 취약점은 자산의 물리적인 위치, 조직, 조직의 업무처리절차, 조직원의 구성, 경영관리, 하드웨어, 소프트웨어, 정보 등이 가지고 있는 약점에 기인한다.
② 취약점은 위협의 원인이 되는 것으로 정보시스템이나 조직의 목적에 손상을 가져올 수 있다.
③ 취약점의 분석은 정보, 정보시스템 등의 자산이 가지고 있는 약점을 알아내고 이런 취약점을 이용하여 정보나 정보자산에 어떤 위협을 야기시킬 수 있는 지를 파악하는 것이다.

(4) 위험(risk)
① 의미 : 취약점들을 이용한 위협으로 자산에 손실을 초래하고 조직에 직간접적인 피해를 주는 것을 총칭하는 것이다.
② 위험 시나리오는 특정한 위협이 어떤 특정한 취약점을 이용해서 자산에 손실을 초래하는 가를 기술하는 방법이다. 그러므로 위험은 원하지 않는 사고의 발생 확률과 그 영향의 조합으로서 특징 지워질 수 있다.

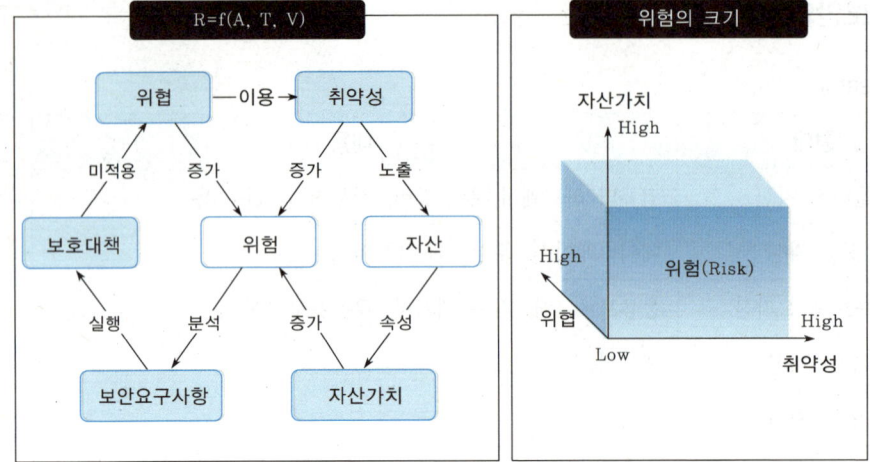

(5) **영향(impact)**
① 의미 : 의도적이든 아니든 원하지 않는 사고에 의해서 자산에 미치는 결과를 말한다.
② 그 결과는 자산의 파괴, 정보시스템에 대한 손상과 비밀성, 무결성, 가용성, 인증성, 신뢰성의 손실을 가져온다.

(6) **보안대책(safeguards)**
① 의미 : 위협을 방지하고 취약점을 감소시키고 원하지 않는 사고로부터 영향을 제한하며, 원하지 않는 사고를 탐지하고 나아가서 관련 설비를 복구하기 위한 활동, 절차, 기술이나 도구이다.
② 효과적인 보안은 통상적으로 자산에 대한 다 계층의 보안(multi layer security)을 마련하기 위하여 여러 가지 다른 보호 대책의 조합에 의하여 수행된다.

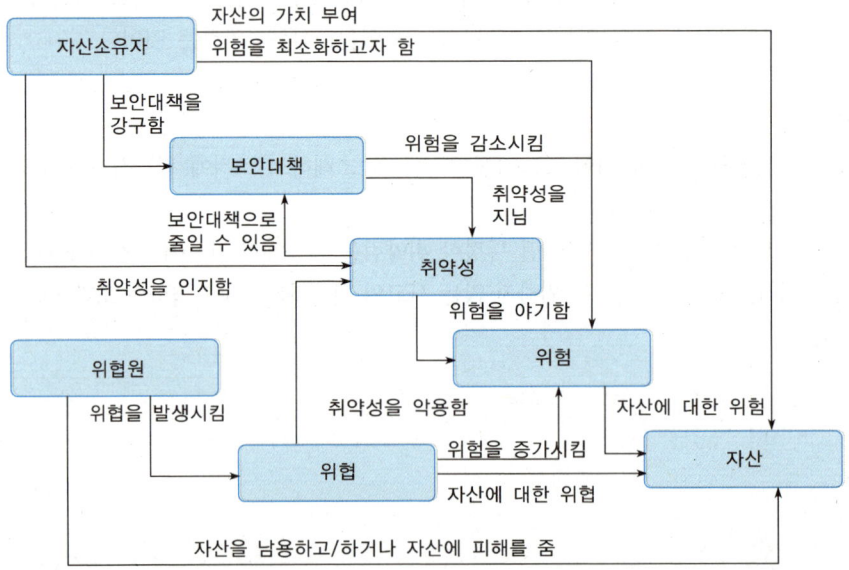

SECTION 2 암호화(Encryption)

1 암호 이용의 목적

(1) 기밀성(confidentiality)
① 기밀성은 몰래 훔쳐보는 방법 등에 의해 정보가 허가 없이 누출되지 않도록 하는 것이다. 특히 물리적인 보호가 충분하지 않는 통신로 상에 데이터의 비밀을 지키기 위해서는 암호화가 유효하다.
② 암호를 사용한 기밀성의 실시 예는 아래와 같다.

> 1. 사전에 갑과 을은 비밀 키와 암호 알고리즘을 공유한다.
> 2. 갑에서 을로 통신이 발생했을 때, 갑은 키와 암호 알고리즘으로 통신 메시지를 암호화하고, 얻은 암호문을 을에게 보낸다.
> 3. 을은 얻은 암호문을 키와 암호 알고리즘을 이용 복원해서 원래의 통신 메시지를 얻는다.

(2) 인증(authentication)
① 상대(사용자) 인증(entity authentication)
  ㉠ 사람 혹은 통신장치와 컴퓨터 내의 프로세서(갑, 을)가 통신할 때는 통신 상대가 주장하는 상대인가 아닌가를 확인하는 서비스를 상대 인증 서비스라고 한다.
  ㉡ 이 서비스로 방지해야만 하는 부정행위는 정당하지 못한 통신자가 정당한 척하는 것을 막을 수 있다.

② 데이터 무결성(data integrity)
　㉠ 무결성은 데이터가 통신 도중에 허가 없이 변경되어지지 않는 것을 보증하는 것이다.
　㉡ 데이터 무결성의 실시 예는 아래와 같다.

> 1. 사전에 갑과 을은 비밀리 키와 해쉬함수를 공유한다.
> 2. 갑에서 을로 통신이 발생하면, 갑은 통신메세지에 대해 키를 결합해서 해쉬함수에 의해 압축한다. 압축해서 얻은 해쉬값과 통신 메시지를 B에 송신한다.
> 3. 을은 같은 방법으로 통신 메시지와 키를 결합한 후, 해쉬함수를 사용해서 해쉬값을 생성하고, 이것이 갑에서의 해쉬값과 일치하면 변경되지 않았다고 판정한다. 일치하지 않으면 어떤 형태의 변경이 있었다고 판정한다.

③ 부인 방지(non-repudiation)
　부인 방지는 통신의 당사자가 통신에 관해서 행한 행위를 나중에 부인하는 것을 방지하는 것이다. 통신에 관해서 행한 행위에는 메시지 생성, 승인, 송신, 배달, 수신, 수령 등이 있다. 디지털 서명에 의해 부인방지를 가능하게 할 수가 있다.

(3) 접근 통제(access control)
파일 등의 컴퓨터 자원에 읽거나 쓰는 접근을 인허가해서 실행하는 것을 접근통제(access control)라고 한다. 접근을 요구하는 것은 사람, 통신장치, 그리고 컴퓨터 내의 프로세스이다. 이 서비스로 방지해야만 하는 부정행위는 허가 없이 자원에 불법 접근하는 것이다.

2 암호 공격 방식

(1) 보안공격
전송되는 메시지에 대한 불법적인 공격자의 위협을 말한다.

① 수동적 공격
　㉠ 전송되는 파일의 도청
　　불법적인 공격자가 전송되는 메시지를 도중에 가로채어 그 내용을 외부로 노출시키는 공격이다.
　㉡ 트래픽 분석
　　전송 메시지의 암호화로 도청을 통한 메시지 내용 파악이 불가능하더라도 메시지의 송신측과 수신측 신원을 파악하는 것이다.

② 능동적 공격
　㉠ 메시지 변조
　　전송되는 메시지들의 순서를 바꾸거나 또는 메시지의 일부분을 다른 메시지로 대체하여 불법적인 효과를 발생시키는 공격이다.

ⓛ 삽입공격

불법적인 공격자가 정당한 송신자로 가장하여 특정 수신자에게 메시지를 보내어 역시 불법적인 효과를 발생시키는 공격이다.

ⓒ 삭제공격

정상적인 통신시설의 사용, 관리를 방해하는 서비스 거부 공격, 특정 수신자에게 전송되는 메시지의 전부 또는 일부가 공격자에 의해 삭제되는 것이다.

ⓔ 재생공격

공격자가 이전에 특정 송신자와 수신자간에 행해졌던 통화내용을 도청하여 보관하고 있다가 나중에 재생하여 전송하는 공격이다.

(2) 암호공격 방식

암호 해독자가 도청한 암호문으로부터 그에 해당하는 평문이나 비밀키를 도출하는 수동적 공격법이다.

① 암호문 단독 공격(Ciphertext only attack)

암호 해독자는 단지 암호문 C만을 갖고 이로부터 평문 P이나 키 K를 찾아내는 방법으로 평문 P의 통계적 성질, 문장의 특성 등을 추정하여 해독하는 방법이다.

② 기지 평문 공격 (Known plaintext attack)

암호 해독자는 일정량의 평문 P에 대응하는 암호문 C를 알고 있는 상태에서 해독하는 방법으로 암호문 C와 평문 P의 관계로부터 키 K나 평문 P를 추정하여 해독하는 방법이다.

③ 선택 평문 공격 (Chosen plaintext attack)

암호 해독자가 사용된 암호기에 접근할 수 있어 평문 P를 선택하여 그 평문 P에 해당하는 암호문 C를 얻어 키 K나 평문 P를 추정하여 암호를 해독하는 방법이다.

④ 선택 암호문 공격 (Chosen ciphertext attack)

암호 해독자가 암호 복호기에 접근할 수 있어 암호문 C에 대한 평문 P를 얻어내 암호를 해독하는 방법이다.

Section 2 암호화(Encryption)

3 암호 방식의 종류

(1) 공통키와 공개키의 비교

구분	공통키(대칭키)	공개키(비대칭키)
암호화 방식	평문 →암호키(비공개)→ 암호문, ←복호키←	평문 →암호키(공개)→ 암호문, ←복호키←
알고리즘	DES, AES, IDEA, SEED, ARIA	RSA, Rabin, ElGamal, ECC, DSA
키의 관계	암호키 = 복호키	암호키 ≠ 복호키
암호화 키	비밀	공개
복호화 키	비밀	비밀
키의 수	두 사람 이상이 한 개의 Secret key를 공유	전송당자 간에 각각 키쌍(Private key, Public key)를 공유
키의 종류	Secret key	Private key, Public key
키의 길이	짧다	길다
키의 관리	어려움	용이
키 수	N(N-1)/2	2N
암호화 속도	고속	저속
성능	효율적	비효율적
안전한 인증	곤란	용이
전자서명	복잡(추가 구현 필요)	간단하게 구현
경제성	높음	낮음
용도	개인파일 암호화, 특정그룹 내의 통신에 사용	불특정 다수의 정보교환(key)에 주로 사용

기출 2016-02 다음은 공개키 암호화 알고리즘을 이용하여 A가 B에게 문서를 보내는 과정을 나타낸 것이다. 괄호 안의 ㉠, ㉡에 해당하는 용어를 순서대로 쓰시오. (2점)

> ○ A가 보낸 문서는 부호화 과정과 (㉠) 과정을 거쳐 B에게 전달된다.
> - A는 공개키로 원문서를 부호화하여 전송한다.
> - B는 (㉡)키를 이용하여 전달받은 문서를 원문서로 변환하여 읽는다.
> ○ 공개키는 원문서를 부호화하기 위해 사용되고 원칙적으로 누구에게나 공개된다.
>
>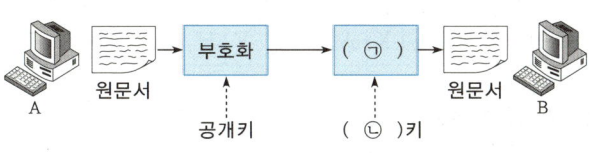

해답	㉠ 복호화 ㉡ 개인 또는 비밀	각 1점

(2) 공통키 암호방식

① 시프트 암호

㉠ 시프트 암호는 평문(Plaintext)을 암호문(Ciphertext)으로 일대일(1:1) 대응시켜 암호화하는 방식으로 대치 암호라고도 한다.

㉡ 암호화 방법

> **예제 01** 시프트 암호의 키가 k=11일 때, 다음의 평문 P을 암호화해 보자.
>
> 평문 P : substitutioncipher
>
> 1. 우선 평문 P를 정수열로 변환한다.
>   18, 20, 1, 18, 19, 8, 19, 20, 19, 8, 14, 13, 2, 8, 15, 7, 4, 17
> 2. 정수열 각각에 11을 더한 다음 26으로 나눈 나머지를 구한다.
>   C = (P + K) % 26
>   3, 5, 12, 3, 4, 19, 4, 5, 4, 19, 25, 24, 13, 19, 0, 18, 15, 2
> 3. 최종적으로 암호된 정수열을 영문자로 변환한다.
>
> ∴ 암호문 C : D F M D E T E F E T Z T N T A S P C

㉢ 시프트 암호는 공격자가 이동 크기를 0부터 25까지 26가지 키를 대입해보면 결국 평문을 얻게 되기 때문에 안전하지 못하다.

㉣ 이러한 공격 방법을 소모적 공격(exhaustive attack)이라고 하며 암호분석과 공격에서 가장 많이 사용되는 방법이다.

② 단순 치환 암호(Simple Substitution Cipher)
   ㉠ 평문의 영문자를 무작위로 배열해서 비밀 키로 정한다. 그런 후 이 비밀 키를 바탕으로 원래의 평문의 문자와 일 대 일 대칭시켜 암호화 하는 방법이다.
   ㉡ 암호화 방법

   > **예제 02** 아래의 비밀 키가 주어질 때, 평문 P를 암호화해 보자.
   >
   > | 비밀키 | A | B | C | D | E | F | G | H | I | J | K | L | M | N | O | P | Q | R | S | T | U | V | W | X | Y | Z |
   > |---|---|---|---|---|---|---|---|---|---|---|---|---|---|---|---|---|---|---|---|---|---|---|---|---|---|---|
   > | | D | E | Q | I | R | C | U | L | X | A | V | W | F | H | M | N | O | J | Y | B | Z | K | S | T | P | G |
   >
   > 평문 P : MADE IN KOREA
   >
   > ∴ 암호문 C : <u>FDIR XH VMJRD</u>

   ㉢ 영문자로 구성되는 단순 치환 암호의 경우 영문자 수가 26자이므로, 사용될 수 있는 키의 수는 26!-1개이다.
   ㉣ 시프트 암호에 비하여 그 키의 수가 상당히 크므로 소모적 공격(exhaustive attack)에 강하다.
   ㉤ 단순 치환 암호는 평문의 암호 빈도수를 비롯한 영문의 통계적 성질을 이용하면 간단하게 해독할 수 있다. 문자의 빈도수에 따라 암호문의 문자를 평문 문자로 대칭 시킴으로서 암호문 해독이 가능 한 것이다.

③ 다중치환 암호(Polyalphabetic Substitution cipher)
   ㉠ 다중치환 암호는 단순 치환 암호 방식이 언어의 통계학적 성질을 이용한 해독에 취약한 것을 보완하기 위해 고안된 방식이다.
   ㉡ 다중치환 암호는 통계적 성질을 이용한 공격을 방지하고자 평문 문장의 문자 빈도수에 따라 평문을 하나의 암호문 또는 그 이상을 문자로 대칭시킴으로써 암호문의 문자 빈도를 균등하게 분포되도록 만드는 방식이다.
   ㉢ 대표적인 예로 시저(Caesar) 암호를 이용한 주기적 치환 암호인 비제네르(Vigenere) 암호가 있다.

   > **예제 03** 평문이 P=kabsoonyee이고, 키(Key)가 MAC일 때 비제네르 암호를 이용하여 암호문 C를 구해 보자.
   >
   > 1. 암호화하려는 평문의 글자수에 맞게 키워드를 반복한다.
   >
   > | M | A | C | M | A | C | M | A | C | M |
   > |---|---|---|---|---|---|---|---|---|---|
   > | k | a | b | s | o | o | n | y | e | e |
   >
   > 2. 첫 번째 행과 두 번째 행의 정수열을 더하여 암호 문자를 구한다.
   >   예) 첫 번째열은 M(12) + k(10) = 22(W)이 된다.
   >
   >   ∴ 암호문 C : <u>WADEOQZYGO</u>

④ 단순 전치 암호(simple transposition cipher)
   ㉠ 평문 문자의 순서를 어떤 특별한 절차에 따라 재배치하여 평문을 암호화하는 방식으로 순열 암호라고도 한다.
   ㉡ 암호화 방법

   > **예제 04** 전치 암호의 키가 다음과 같을 때 P=information securit를 암호화해 보자.
   >
   > 1. 키 :
   >
   > | 1 | 2 | 3 | 4 | 5 | 6 |
   > |---|---|---|---|---|---|
   > | 3 | 5 | 1 | 6 | 4 | 2 |
   >
   > 2. 여섯 문자씩 묶어서 주어진 키 순서에 따라서 단어의 위치를 바꿔주면 원하는 암호문을 만들 수 있다.
   >
   > ∴ 암호문 C : F R I M O N I N A S O T U I E T R C

⑤ Nihilist 암호
   ㉠ 단순 전치 암호의 암호 강도를 높이기 위해 행은 물론 열에 대해서도 전치를 적용한 암호화 방식이다.
   ㉡ 키워드에 따라 먼저 행을 일정 간격으로 전치시키고, 다시 키워드의 순서에 따라 열을 일정 간격으로 전치시킨다.
   ㉢ 암호화 방법

   > **예제 05** LEMON이라는 키워드를 이용하여 Nihilist 암호를 구성해 보자.
   >
   > 1. 평문 : t h i s i s g o o d f o r s e c u r e c I p h e r
   >
   > 2. 평문을 키워드의 배열에 따라 행렬을 구성한다.
   >
   > | | | L | E | M | O | N |
   > |---|---|---|---|---|---|---|
   > | | | 2 | 1 | 3 | 5 | 4 |
   > | L | 2 | H | T | I | I | S |
   > | E | 1 | G | S | O | D | O |
   > | M | 3 | O | F | R | E | S |
   > | O | 5 | U | C | R | C | E |
   > | N | 4 | P | I | H | R | E |
   >
   > 3. Nihilist 암호문 : GSODOHTIISOFRESPIHREUCRCE

2 암호화(Encryption)

기출 2020 - 01 다음은 원문 텍스트, 비밀 키, 암호화된 텍스트의 관계를 보여주는 표이다. 이 표에서 원문 텍스트의 열과 비밀 키의 행이 교차하는 지점의 값이 암호화된 텍스트이다. 예를 들어, 원문 텍스트가 "T A L K"이고 비밀 키가 ' ! '라면, 암호화된 텍스트는 "04 05 01 06"이다. 반대로 암호화된 텍스트가 "06 03 03 04 07 05 08 02"이고 비밀 키가 ' % '라면 원문 텍스트는 (㉠)(이)다. 이와 같이 암호화된 텍스트를 이용해 원문 텍스트를 알아내는 과정을 (㉡)(이)라 한다. 괄호 안의 ㉠, ㉡에 해당하는 내용을 순서대로 쓰시오. [2점]

원문 텍스트 \ 비밀키	G	L	C	Z	T	A	K	O	D	U
!	00	01	02	03	04	05	06	07	08	09
#	02	03	04	05	06	07	08	09	00	01
@	04	05	06	07	08	09	00	01	02	03
%	06	07	08	09	00	01	02	03	04	05
*	08	09	00	01	02	03	04	05	06	07

(3) 공개키 암호방식
① 소인수분해 기반 공개키 암호
㉠ RSA 암호
ⓐ RSA는 1978년 Rivest, Shamir 그리고 Adleman에 의해 설계된 암호로써 Diffie와 Hellman이 제안한 공개키 암호시스템에 대한 개념을 가장 충실히 반영한 것으로 소인수 분해의 어려움에 그 기반을 둔 공개키 암호이다.
ⓑ 소인수 분해의 어려움 : 충분히 큰 두개의 소수를 곱하는 것은 쉽지만, 이들 결과를 소인수 분해한다는 것은 계산적으로 매우 어렵다는 것이다.
ⓒ RSA 암호의 계산 방법

> 1. 공개키를 2개의 큰 정수의 쌍(e, n)으로 주어진다.
> 2. 비밀키를 2개의 큰 정수의 쌍(d, n)으로 주어진다.
> 3. 암호화는 평문 M을 입력으로 $C = M^e \pmod{n}$ 을 계산하는 것으로 암호문 C를 얻는다.
> 4. 복호화는 암호문 C를 입력으로 $M = C^d \pmod{n}$ 을 계산하는 것으로 평문 M을 얻는다.

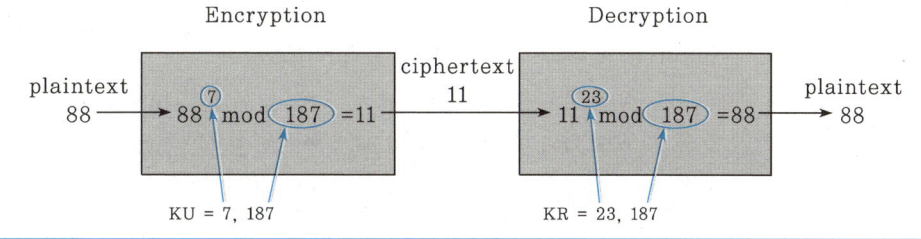

암호화(Encryption)

예제 06

RSA 암호에 의해 암호화와 복호화 함수를 구해 보자.

1. 두 개의 소수 p와 q를 선택하고, 그들의 곱 n = p * q를 계산한다.
   〈설명〉 p=5, q=7을 하기로 한다.. 따라서 n = p * q = 35이다.

2. (p−1)*(q−1)과 공통 약수가 없는 큰 소수 e를 선택한다.
   〈설명〉 이것이 의미하는 것은 e와 (p−1)*(q−1)의 최대 공약수는 1이라는 것이다. 예를 들면 (5−1)*(7−1)=24이다. 그래서 e가 5, 7, 11, 13처럼 24의 약수가 아닌 e를 선택해야 한다. e = 11을 선택하기로 한다.

3. d*e mod (p−1)*(q−1)=1의 조건을 만족시키는 d를 선택한다.
   〈설명〉 반드시 d*11 mod 24 = 1인 d를 찾아야 한다. 이 방정식을 만족하는 것은 11, 35, 59, 83.... 와 같은 수이다. d = 59를 선택하기로 한다.

   따라서, n = 35, e = 11, d = 59이므로
   ∴ 암호화 : $C = M^e \pmod{n}$ ➡ $C = M^{11} \bmod 35$
   ∴ 복호화 : $M = C^d \pmod{n}$ ➡ $M = C^{59} \bmod 35$

   ⓛ Rabin 암호
   ⓐ Rabin 암호 역시 소인수분해 어려움에 안전성의 근거를 두고 있다. 결국 Rabin 암호를 해독하는 어려움과 소인수 분해를 하는 어려움은 같은 것이다.
   ⓑ Rabin 암호는 RSA와 같은 원리를 이용하지만 암호화 과정이 RSA 암호방식보다 빠른 것이 특징이다.
   ⓒ e와 d가 고정된 값을 갖는 RSA 암호방식으로 간주된다.

   - 암호화 : $C = M^2 \pmod{n}$
   - 복호화 : $M = C^{1/2} \pmod{n}$

② 이산대수 기반 공개키 암호
   ㉠ Diffie−Hellman 암호
   ⓐ 1976년에 Diffie와 Hellman이라는 사람에 의해 개발된 최초의 공개키 알고리즘으로써 제한된 영역에서 멱의 계산에 비하여 이산대수 로그(descrete logarithm)문제의 계산이 어렵다는 이론에 기초를 둔다.
   ⓑ 이 알고리즘은 메시지를 암/복호화하는데 사용되는 알고리즘이 아니라 암/복호화를 위해 사용되는 키의 분배 및 교환에 주로 사용되는 알고리즘이다.

ⓒ ElGamal 암호
  ⓐ 스탠퍼드 대학의 테하르 엘가말(Tehar ElGamal)이 제안한 암호로, 이산대수 문제의 어려움에 기반한 암호 알고리즘이다.
  ⓑ 이산대수 문제의 어려움 : $y = g^x \mod p$일 때 g, x, p를 알고 y를 구하는 것이 쉽지만 y, p, g를 알고 x를 찾는 것이 어렵다는 것이다.
  ⓒ RSA에 비해 더 안전하지만 속도가 느리다.
ⓒ 타원곡선 암호(ECC, Elliptic Curve Cryptosystem) 암호
  ⓐ 1985년 워싱턴대학교의 수학교수인 닐 코블리츠(Neal Koblitz)와 IBM연구소의 빅터 밀러(Victor Miller)가 거의 동시에, 독립적으로 고안한 공개키 형식의 암호화 방식이다.
  ⓑ 타원곡선이라고 불리는 수식에 의해서 정의되는 특수한 가산법을 기반으로 하여 암호화·복호화를 하는 암호화 방식이다.
  ⓒ 짧은 키 사이즈로 높은 안전성이 확보되고, 또한 서명할 때의 계산을 고속으로 할 수 있는 것이 특징이다.

4 해쉬함수(hash function)

(1) 해쉬함수의 개념
① 해쉬함수는 메시지를 일단 짧은 데이터로 압축한 후, 압축되어진 데이터에 대해서 전자서명을 생성하는데 암호적 특성를 갖도록 하는 것이다.
② 해쉬함수는 임의의 길이의 메시지를 일정 길이(128bits, 160bit 등)의 출력으로 변환하는 함수이다.
③ 해쉬함수는 메시지의 기밀성(Confidentiality)보다는 주로 정확성(Accurrancy), 무결성(Integrity), 인증(Authentication)을 중요시한다.

(2) 해쉬함수의 특성과 분류

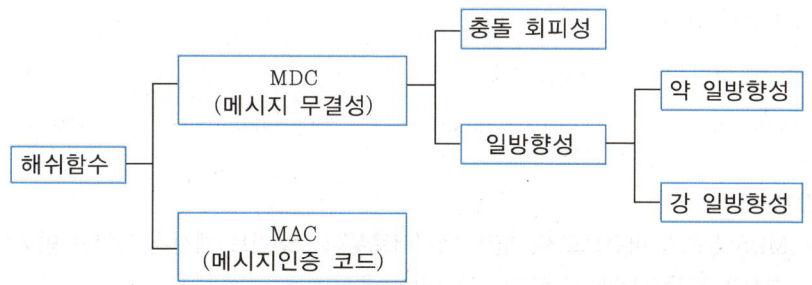

① 해쉬함수의 특성
  ㉠ 해쉬함수의 계산 효율이 양호해야 한다. (성능조건)
  ㉡ 약 일방향성 (Weak onewayness)
    해쉬값 H로부터 h(M) = H되는 서명문 M을 찾는 것은 계산상 불가능해야 한다. (안전성 제약)

ⓒ 강 일방향성 (Strong onewayness)

어떤 서명문 M과 그의 해쉬값 H=h(M)가 주어졌을 때 h(M')=H되는 서명문 M'≠M을 찾는 것이 계산상 불가능해야 한다. (안전성 제약)

ⓓ 충돌 회피성(collision freeness)

h(M)=h(M')되는 서명문 쌍(M, M') (M≠M')을 찾는 것이 계산상 불가능해야 한다. (내부부정 방지)

② 해쉬함수의 분류

ⓐ MAC(Message Authentication Code)
  ⓐ 해쉬값의 생성에 있어서 비밀키를 사용하는 것이다.
  ⓑ 종류 : HMAC, NMAC

ⓑ MDC(Manipulation Detection Code)
  ⓐ 해쉬값의 생성에 있어서 비밀키를 사용하지 않는 것이다.
  ⓑ 종류 : MD5, SHA-1

(3) 해쉬함수의 종류

① 블록암호 이용한 해쉬함수 : DES, MULTI2
② 전용 해쉬함수

〈전용 해쉬함수 비교표〉

	MD5	SHA-1	RIPEMD-160
다이제스트 길이	128비트	160비트	160비트
처리의 기본단위	512비트	512비트	512비트
단계 수	64(16번의 4라운드)	80(20번의 4라운드)	160(16번의 5병행 라운드)
최대 메시지 크기	unlimited	$2^{64}-1$비트	$2^{64}-1$비트
기약 논리 함수	4	4	5
덧셈 상수	64	4	9
Endianness	Little-endian	Big-endian	Little-endian

ⓐ MD4
  ⓐ MD5의 초기 버전으로서, 입력 데이터로부터 128비트 메시지 축약을 만듦으로써 데이터 무결성을 검증하는데 사용되는 알고리즘이다.
  ⓑ MD4의 설계 원칙
    ㉮ 수학적인 가정 없이 안전한 해쉬함수를 설계한다.
    ㉯ 해쉬함수의 수행속도는 가능한 빨라야 한다.
    ㉰ 알고리즘은 단순하며 구현이 용이해야 한다.
    ㉱ little-endian 구조(word의 최하위 바이트가 low-address 바이트 위치에 있는 구조)를 고려한 알고리즘을 설계한다.

ⓛ MD5
  ⓐ MD4가 가장 빠르며, MD5는 MD4보다 보안성이 우수하다.
  ⓑ 가변길이 메시지를 받아들여 128비트의 해쉬 값을 출력한다.
  ⓒ 512비트 블록단위로 처리한다.
  ⓓ 4라운드 64단계로 구성한다.
ⓒ SHA-1
  ⓐ MD4에 기반을 두고 개발된 해쉬 알고리즘으로 NIS가 미국 정부 표준으로 받아들인 160비트 해쉬 값을 가지는 MDC 해쉬함수이다.
  ⓑ 가변길이 메시지를 받아들여 160비트의 해쉬 값을 출력한다.
  ⓒ 512비트 블록단위로 처리한다.
  ⓓ 4라운드 80단계로 구성한다.
② RIPEMD-160
  ⓐ 21워드 입력값을 5개의 워드 출력값으로 변환시킨다. 각 입력블록은 동시에 각기 다른 압축함수에 의해 실행된다.
  ⓑ 임의의 길이의 메시지를 512비트-블록단위로 처리한다.
  ⓒ 160비트의 해쉬 값을 출력한다.

5 전자서명(digital signature)

(1) 전자서명의 개념
전자문서에 첨부되거나 논리적으로 결합되어 서명자를 확인하고 해당 전자문서의 내용에 대해 서명자의 승인을 나타내는데 이용될 수 있는 전자적 형태의 정보를 말한다.

(2) 전자서명의 조건

① 위조 불가(Unforgeable) 조건
  합법적인 서명자만이 전자 문서에 대한 전자 서명을 생성할 수 있어야 한다.

② 서명자 인증(Authentic) 조건
  전자 서명의 서명자를 누구든지 검증할 수 있어야 한다.

③ 부인 불가(Nonrepudiation) 조건
  서명자는 서명 후에 자신의 서명 사실을 부인할 수 없어야 한다.

④ 변경 불가(Unalterable) 조건
  서명한 문서의 내용은 변경될 수 없어야 한다.

⑤ 재사용 불가(Not Reusable) 조건
  전자 문서의 서명은 다른 전자 문서의 서명으로 사용될 수 없어야 한다.

(3) 수기 서명과 전자서명의 차이점

① 서류에 서명하는 문제

수기서명에서는 서명이 서류의 일부분인 반면에 전자서명은 서명되는 서류의 일부분이 아니며 서류의 전체이다.

② 서명을 확인하는 인증문제

수기 서명에서는 실제의 서명과 비교함으로써 증명되는 반면, 전자서명은 공개 된 알려진 인증 알고리즘에 의하여 증명될 수 있다.

③ 복사의 문제

수기 서명에서는 실제의 서명을 복사하기 힘들지만 전자서명에서는 똑같이 복사될 수 있다.

〈수기서명과 전자서명 비교표〉

구분	수기서명	전자서명
서명 결과	고정	가변
디지털 복제	어려움	쉬움
서명 과정	간단	수학적 연산
법적 효력	있음	있음
위조	가능	불가능
서명 도구	필기구	컴퓨터
보조 수단	불필요	필요(해쉬함수)

(4) 전자서명의 형태에 따른 분류

① 메시지 복원형 전자성명

㉠ 개념 : RSA와 같이 공개키로 암호화하고 비밀키로 복호화할 때 본래의 메시지가 환원되고, 비밀키로 암호화하고 공개키로 복호화 하여도 본래의 메시지가 환원되는 방식이다.

㉡ 대표적 방식 : RSA, Nyberg-Rueppel

② 메시지 부가형 전자서명

㉠ 개념 : 임의의 길이로 주어진 메시지를 해쉬 알고리즘을 이용하여 일정한 크기로 압축하고, 그 해쉬 알고리즘의 결과와 서명자의 비밀키를 이용하여 전자서명을 생성해서 메시지를 덧붙여 보내는 방식이다.

㉡ 대표적 방식 : ElGamal, DSA(DSS), KCDSA

(5) 전자서명의 종류

① 부인방지 전자서명
 ㉠ 자체 인증 방식을 배제시켜 서명을 검증할 때 반드시 서명자의 도움이 있어야 검증이 가능한 전자 서명 방식이다.
 ㉡ 부인방지 서명은 이산 대수 문제를 기반으로 구성된다.

② 은닉 전자서명
 ㉠ D.Chaum에 의해서 제안된 서명 방식이다.
 ㉡ 서명 용지 위에 묵지를 놓아 봉투에 넣어 서명자가 서명문 내용을 알지 못하는 상태에서 서명토록 한 방식을 수식으로 표현한 것이 은닉 서명이다.

③ 위임 전자서명
 ㉠ 위임 서명자로 하여금 서명자를 대신해서 대리로 서명할 수 있도록 구성한 서명 방식을 말한다.
 ㉡ 완전위임 방식, 부분 위임방식, 보증 위임방식으로 구분한다.

(6) 전자서명의 방식

① RSA 전자서명
 ㉠ 정보보호 기능과 전자서명 기능을 동시에 수행할 수 있는 암호방식으로 전자서명에 널리 이용된다.
 ㉡ 전자서명 인증 알고리즘이다.

② ElGamal 전자서명
 ㉠ 1985년 발표된 전자서명으로 그 안전성은 이산대수 문제를 기반으로 한다.
 ㉡ 정보보호 기능 없이 서명만을 위해 고안된 방식이다.

③ Schnorr 전자서명
 ㉠ IC카드에 적합한 서명 방식이다.
 ㉡ 이산대수를 이용하는 전자서명의 효율성을 높이기 위한 방식이다.

④ 전자서명 표준(DSA=DSS)
 ㉠ 이산 대수 방식의 전자서명 알고리즘이다.
 ㉡ 미국의 전자서명 표준으로 ElGamal 전자서명을 개량한 방식이다.
 ㉢ 전자서명 표준은 ElGamal 전자서명 방식과 유사하지만 서명과 검증에 소요되는 계산량을 획기적으로 줄인 방식이다.

⑤ KCDSA 전자서명
 ㉠ 한국정보보호센터의 인증서기반 표준 전자서명 알고리즘이다.
 ㉡ 이산 대수 방식의 전자서명 알고리즘이다.
 ㉢ ElGamal 전자서명을 개량한 방식이다.

SECTION 2 암호화(Encryption)

기출 2010 다음 그림은 공개키 암호 알고리즘을 이용한 전자서명 시스템의 개념도로서, 송신자 '갑'과 수신자 '을'이 전자문서를 송수신하는 과정을 나타낸 것이다. 다음 〈조건〉에서 그림과 같이 동작할 때 옳은 것을 〈보기〉에서 모두 고른 것은?

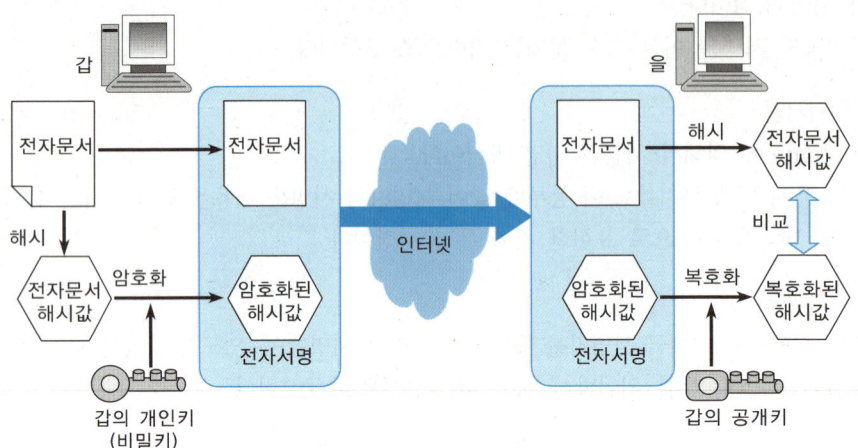

조건
- 해시 함수의 해시값은 충돌을 일으키지 않는다.
- 인터넷상에서 전송 에러가 발생하지 않는다.
- '갑'의 개인키는 안전하며, 문서 송수신 동안에 '갑'의 개인키와 공개키는 변경되지 않는다.

보기
ㄱ. '을'은 전자서명의 서명자가 '갑'임을 확인할 수 있다.
ㄴ. 전자서명된 전자문서의 무결성을 보장할 수 없다.
ㄷ. 서명자인 '갑'이 서명한 사실을 부인할 수 없다.
ㄹ. '을'은 서명자인 '갑'이 전자문서를 송신하였음을 확인할 수 있다.
ㅁ. 전자문서의 해시값을 전자서명에 사용하였으므로 전자문서의 비밀성을 보장할 수 있다.

① ㄱ, ㄴ, ㄷ   ② ㄱ, ㄴ, ㄹ   ❸ ㄱ, ㄷ, ㄹ   ④ ㄴ, ㄷ, ㅁ   ⑤ ㄱ, ㄷ, ㄹ, ㅁ

해설 전자서명

1. 전자서명의 조건
    ① 위조 불가(Unforgeable) 조건
       합법적인 서명자만이 전자 문서에 대한 전자 서명을 생성할 수 있어야 한다.
    ② 서명자 인증(Authentic) 조건
       전자 서명의 서명자를 누구든지 검증할 수 있어야 한다.
    ③ 부인 불가(Nonrepudiation) 조건
       서명자는 서명 후에 자신의 서명 사실을 부인할 수 없어야 한다.
    ④ 변경 불가(Unalterable) 조건
       서명한 문서의 내용은 변경될 수 없어야 한다.

⑤ 재사용 불가(Not Reusable) 조건
  전자 문서의 서명은 다른 전자 문서의 서명으로 사용될 수 없어야 한다.

2. 해쉬함수의 개념
  ① 해쉬함수는 메시지를 일단 짧은 데이터로 압축한 후, 압축되어진 데이터에 대해서 전자서명을 생성하는데 암호적 특성를 갖도록 하는 것이다.
  ② 해쉬함수는 임의의 길이의 메시지를 일정 길이(128bits, 160bit 등)의 출력으로 변환하는 함수이다.
  ③ 해쉬함수는 메시지의 기밀성(Confidentiality)보다는 주로 정확성(Accurrancy), 무결성(Integrity), 인증(Authentication)을 중요시 한다.

네트워크 보안과 해킹

1 네트워크 기반 공격

(1) 서비스 거부(DoS : Denial of Service)공격
   ① Land 공격
      ㉠ 공격 원리
         출발지와 목적지의 IP 주소를 공격자의 IP로 동일하게 만들어서 공격대상에게 보내는 공격으로 패킷을 받은 호스트는 응답을 위해서 수신한 패킷에서 출발지 IP를 이용하여 패킷을 만들어 전송하더라도 자신의 IP이므로 외부로 전송하지 못하고 자신의 컴퓨터에서 부하를 발생하게 된다. 즉, 루프 상태에 빠지게 되어 IP 프로토콜 스택에 심각한 장애를 유발시킨다.
      ㉡ 보안 대책
         라우터나 패킷 필터링 도구를 이용하여 네트워크로 유입되는 패킷 중에서 source 주소가 내부 IP인 패킷을 차단한다.

   ② Ping of Death 공격
      ㉠ 공격 원리
         Ping을 이용하여 ICMP 패킷을 정상적인 크기보다 아주 크게 만들어 진 패킷을 전송하면 네트워크를 통해 라우팅(Routing)되어 공격 네트워크에 도달하는 동안 아주 작은 조각(Fragment)이 되어 공격대상 시스템은 이렇게 작게 조각화된 패킷을 모두 처리해야 하므로 정상적인 Ping의 경우보다 훨씬 많은 부하가 걸리게 되므로 시스템의 성능을 떨어뜨리는 공격이다.
      ㉡ 보안 대책
         방화벽에서 ping이 사용하는 protocol인 ICMP를 차단한다.

   ③ SYN Flooding 공격
      ㉠ 공격 원리
         ⓐ TCP 연결 설정 과정 중에 3-Way Handshaking 과정에서 Half-Open 연결 시도가 가능하다는 취약성을 이용한 공격으로 공격대상 시스템은 외부로부터 접속 요청을 더 이상 받아들일 수가 없게 되어 정상적인 서비스를 제공할 수 없게 된다.
         ⓑ 사용자가 SYN 패킷을 받으면 SYN/ACK을 보내줘야 하는데, 해커의 spoof 때문에 IP가 누군지 모르게 되고, 따라서 SYN queue에 SYN 패킷이 계속 쌓여 오버플로(overflow)가 발생한다.
      ㉡ 보안 대책
         ⓐ 일정 시간을 정해놓고 그 시간 안에 ACK 패킷이 안오면 SYN 패킷을 버리도록 설정 할 수 있다.
         ⓑ 일정 시간으로 들어오는 패킷을 주기적으로 확인한다.

④ 스머프(Smurf) 공격
  ㉠ 공격 원리
    ⓐ 네트워크 수준에서 어떤 호스트의 서비스를 방해하는 서비스거부 공격기법이다.
    ⓑ 공격자는 공격대상 호스트의 IP주소로 위장하여 ICMP 에코 요청을 특정 IP 브로드캐스트 주소로 보내게 된다. 공격대상 주소로 소스 IP주소를 만들고 임의의 브로드캐스트 주소로 ICMP echo packet을 보내면 스푸핑된 IP를 가진 호스트는 ICMP reply 패킷들을 동시 다발적으로 수신하여 시스템 부하가 증가하게 된다.
  ㉡ 보안 대책
    ⓐ 중간매개지로 쓰이는 것을 막기 위해서 라우터에서 다른 네트워크로부터 자신의 네트워크로 들어오는 IP broadcast 패킷을 막도록 설정한다.
    ⓑ 호스트는 IP broadcast address로 전송된 ICMP 패킷에 대해 응답하지 않도록 시스템을 설정할 수 있다.

⑤ UDP Flood 공격
  ㉠ 공격 원리
    공격대상자 시스템에 UDP 패킷을 전송하면 목적지 포트가 어떤 애플리케이션이 서비스하고 있는지 조사하고 그 포트를 이용하여 서비스하고 있는 애플리케이션이 없다고 파악되면 소스 어드레스에 ICMP Unreachable 패킷을 전송하는데, 이때 너무 많은 UDP 패킷이 공격대상자에게 전송되면 시스템에 부하가 걸리게 된다.
  ㉡ 보안 대책
    ⓐ 사용하지 않는 UDP 서비스를 중지한다.
    ⓑ 방화벽 등을 이용하여 패킷 필터링을 한다.
    ⓒ 리눅스 시스템의 경우 chargen 또는 echo 서비스를 중지한다.

⑥ Inconsistent Fragmentation 공격
  ㉠ Bonk 공격
    ⓐ 패킷을 fragment하여 전송할 때 패킷 조작을 하여 결과적으로 공격대상자에게 시스템 부하를 증가시키는 공격이다.
    ⓑ 처음 패킷을 1번으로 보낸 후 다음 패킷의 보낼때 순서번호를 모두 1번으로 조작하여 전송하는 DoS 공격이다.
  ㉡ Boink 공격
    Bonk를 수정한 DoS 공격도구로써 처음 패킷을 1번으로 보낸 후 다음 패킷을 100번, 다음 패킷을 200번 등 정상적으로 보내다가 20번째 패킷을 2002, 21번째 패킷을 100, 22번째 패킷을 다시 2002 등으로 중간에 패킷 시퀀스 번호를 비정상적인 상태로 보내는 공격기술이다.

(2) 분산 서비스 거부(DDoS : Distributed Denial of Service) 공격

① DDoS 공격의 개요

네트워크로 연결되어 있는 많은 수의 호스트들의 패킷을 범람시킬 수 있는 DOS(denial of service) 공격용 프로그램을 분산 설치하여 이들이 서로 통합된 형태로 공격 대상 시스템에 대해 성능 저하 및 시스템 마비를 일으키는 기법이다.

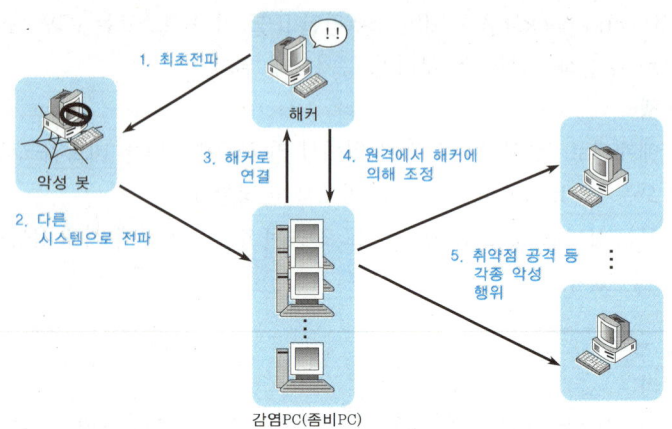

② DDoS 공격의 특징

㉠ 서버의 시스템 장악이나 관리자 계정 획득이 목표가 아니라, 시스템의 서비스를 일정 시간 중단시키는 것을 목적으로 한다.
㉡ 공격 후 목표 서버는 데이터의 파괴, 삭제, 변조, 유출 등의 피해를 받지 않는다.
㉢ 공격의 원인 및 공격자를 추적하기 힘들다.
㉣ 공격 시 이를 감지하게 되어도 해결 방안을 만들어 대처하기 힘들다.
㉤ 매우 다양한 공격의 형태를 취할 수 있다.
㉥ 시스템마다 도스 공격에 대한 반응이 다를 수 있다.
㉦ 다른 공격의 사전 작업으로 수행할 수 있다.

③ DDoS 공격의 형태

㉠ 대역폭 공격(Bandwidth Attacks)
　ⓐ 이 공격은 엄청난 양의 패킷을 전송해서 네트워크의 대역폭이나 장비 자체의 리소스를 모두 소진시켜버리는 형태이다.
　ⓑ 라우터, 서버, 방화벽 같은 주요 장비들은 모두 제한적인 처리용량을 가지고 있기 때문에 그 용량을 초과하는 공격을 받게 되면 정상적인 서비스 요청을 처리하지 못하게 되거나 아예 장비 자체가 죽어버려서 네트워크 전체가 마비되는 사태를 초래할 수 있다.
　ⓒ 대표적인 공격으로 패킷 오버플로 공격이 있다.

㉡ 애플리케이션 공격(Application Attacks)
　ⓐ TCP와 HTTP 같은 프로토콜을 이용해서 특정한 반응이 일어나는 요청 패킷을 발송하여 해당 시스템의 연산처리 리소스를 소진시켜 정상적인 서비스 요청과 처리가 불가능한 상태로 만드는 것이다.
　ⓑ 대표적인 공격으로 HTTP half-open attack과 HTTP error attack이 있다.

(3) 분산반사 서비스 거부(Distributed Reflection DoS) 공격
　① DRDoS 공격의 개요
　　　DRDOS 공격은 DDoS 공격의 에이전트의 설치상의 어려움을 보완한 공격 기법으로 TCP 프로토콜 및 라우팅 테이블 운영상의 취약성을 이용한 공격으로 정상적인 서비스를 작동 중인 서버를 에이전트로 활용하는 공격기법이다.

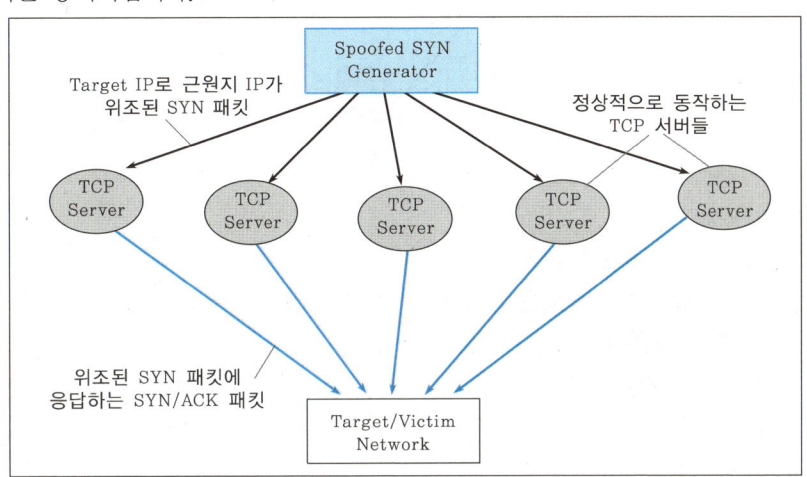

　② DRDoS 공격의 특징
　　　㉠ Source IP spoofing(출발지 IP주소를 위조한다)
　　　㉡ 공격자의 추적이 불가능하다.
　　　㉢ 악성 봇의 감염이 불필요하다.
　　　㉣ 경유지 서버 목록를 활용한다.

(4) IP Spoofing / Session Hijacking / sniffing
　① IP Spoofing
　　　㉠ IP Spoofing의 공격 개요
　　　　ⓐ IP Protocol의 인증 취약점을 이용하여 공격자가 악용하고자 하는 호스트의 IP Address로 바꿔 이를 통해 해킹하는 것이다.
　　　　ⓑ TCP/IP의 구조적인 결함에서 출발한 방법으로 TCP sequence number, source routing, 소스 IP 주소를 이용해서 상대방 호스트가 자신의 호스트를 트러스트(trust)하게 만드는 방법이다.
　　　　ⓒ IP Spoofing의 공격 환경 : 서버와 클라이언트는 신뢰 관계(Trusted Network)가 형성되어 있어야 한다. 여기서 신뢰 관계란 서버와 클라이언트가 접속 할 때 사용자가 ID를 입력시 Password를 요구하지 않는 관계를 말한다.

ⓛ IP Spoofing의 공격 원리

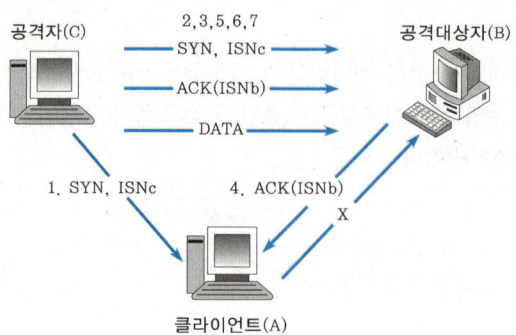

② Session Hijacking
  ㉠ Session Hijacking의 공격 개요
    ⓐ 다른 사람의 세션 상태를 훔치거나 도용하여 액세스하는 해킹 기법으로 세션 ID 추측 및 세션 ID 쿠키 도용을 통해 공격이 이루어진다.
    ⓑ TCP 세션 하이재킹은 연결의 신뢰성을 확보하기 위한 시퀀스 넘버를 이용한 공격으로 클라이언트와 서버간의 통신을 관찰할 수 있을 뿐만 아니라, 트러스트(trust)를 이용한 거의 모든 세션의 갈취가 가능하다.
    ⓒ 세션 하이재킹을 위해서는 ARP Spoofing, ICMP Redirect, IP Forwarding등의 기술이 필요하다.
  ㉡ Session Hijacking의 공격 원리

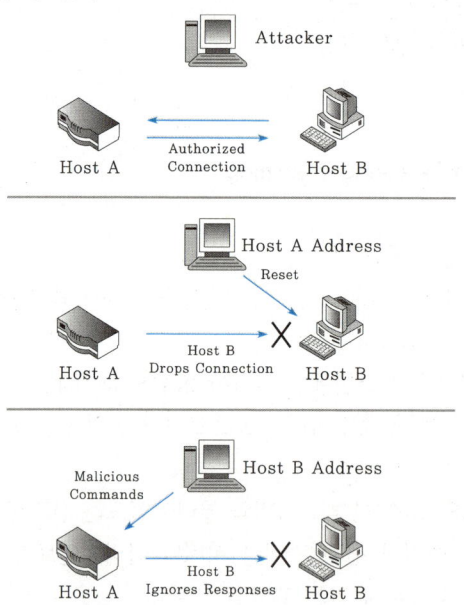

③ 스니핑(sniffing)
  ㉠ 스니핑은 네트워크 상에서 자신이 아닌 다른 상대방들의 패킷 교환을 엿듣는 것을 의미한다.
  ㉡ TCP/IP 프로토콜을 이용한 통신에서는 통신매체를 통과하는 패킷들이 암호화가 되지 않은 상태이므로 이 패킷을 도청하여 메시지 내용을 볼 수 있다.

2 네트워크 장비를 이용한 보안기술

(1) **가상사설망**(VPN : Virtual Private Network)
   ① 인터넷(Internet)과 같은 공중망을 이용하여 사설망과 같은 효과를 얻기 위한 기술로 기존의 전용선을 이용한 사설망에 비해 훨씬 저렴한 비용으로 보다 연결성이 뛰어나면서도 안전한 망을 구성할 수 있다.
   ② VPN은 인터넷(Public Switched Network) 상에서 물리적인 네트워크의 구성과는 무관하게 논리적인 회선을 설정하여, 별도의 사설망을 구축하지 않고도 사설망에서의 안정성을 보장하기 위한 가상 사설 통신망을 구축하는 기술이다.
   ③ VPN을 구성하기 위한 핵심 기술로는 터널링(tunneling) 기술과 암호화 기술이 있다.
   ④ VPN에 사용되는 터널링(tunneling) 기술은 인터넷 상에서 외부의 영향을 받지 않는 가상적인 터널을 형성해 정보를 주고받도록 하는 기술로서, 시작점에서 끝점까지 상호 약속된 프로토콜로 세션을 구성하게 된다.
   ⑤ 암호화 혹은 인증 터널을 통해 전송되는 데이터는 기밀성, 무결성, 인증 과 같은 보안 서비스가 보장된다.

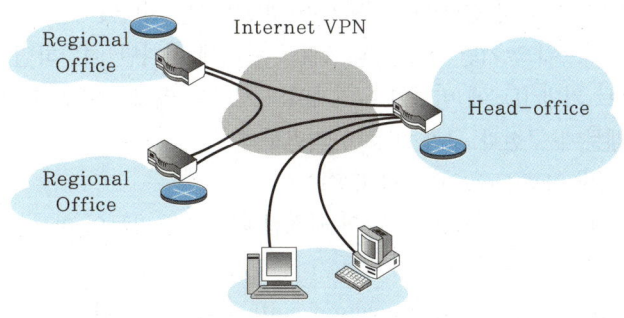

(2) **침입탐지시스템**(IDS : Intrusion Detection System)
   ① 침입탐지시스템(IDS)의 원리
      ㉠ 침입탐지시스템은 대상 시스템(네트워크 세그먼트 탐지 영역)에 대한 인가되지 않은 행위와 비정상적인 행동을 탐지하고, 탐지된 불법 행위를 구별하여 실시간으로 침입을 차단하는 기능을 가진 보안시스템이다.
      ㉡ 침입탐지시스템은 일반적인 보안시스템 구현 절차의 관점에서 침입차단시스템과 더불어 가장 우선적으로 구축되었다.
      ㉢ 침입탐지시스템의 구축 목적은 해킹 등의 불법 행위에 대한 실시간 탐지 및 차단과 침입차단시스템에서 허용한 패킷을 이용하는 해킹 공격의 방어 등의 목적으로 구축된다.

② 침입탐지시스템(IDS)의 종류

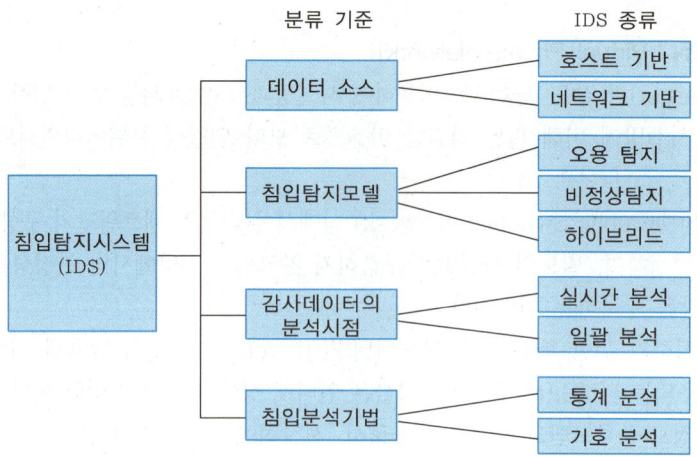

㉠ 데이터 소스 기반 분류
  ⓐ 네트워크 기반 IDS(Network Based IDS)
    ㉮ 네트워크의 패킷 캡쳐링에 기반하여 네트워크를 지나다니는 패킷을 분석해서 침입을 탐지하고 네트워크 기반 IDS는 네트워크 단위에 하나만 설치하면 된다.
    ㉯ 호스트 기반 IDS에 비하여 운영체제의 제약이 없고 네트워크 단에서 독립적인 작동을 하기 때문에 구현과 구축 비용이 저렴하다.
  ⓑ 호스트 기반 IDS(Host Based IDS)
    ㉮ 시스템 내부에 설치되어 하나의 시스템 내부 사용자들의 활동을 감시하고 해킹 시도를 탐지해내는 시스템이다.
    ㉯ 각종 로그파일 시스템 콜(system call) 등을 감시한다.
    ㉰ 시스템 감사를 위해서는 기술적인 어려움이 크고, 비용이 비싸다.
    ㉱ 로그분석 수준, 시스템 콜 레벨 감사까지 지원해야 하기 때문에 여러 운영체제를 위한 제품을 개발하는 것이 시간적, 기술적으로 어렵다.
㉡ 침입모델 기반 분류
  ⓐ 오용 탐지(misuse detection)
    ㉮ 알려진 공격법이나 보안정책을 위반하는 행위에 대한 패턴을 지식데이터베이스로부터 찾아서 특정 공격들과 시스템 취약점에 기초한 계산된 지식을 적용하여 탐지해 내는 방법으로 지식 기반(Knowledge-Base)탐지라고도 한다.
    ㉯ 자신이 가지고 있는 지식에 기반하여 취약점들에 대한 정보를 알아내고 해당 취약점을 이용하려는 시도를 찾기 때문에 비교적 탐지의 정확도가 높으나 알려진 공격에 대한 정보 수집이 어려우며 새로운 취약성에 대한 최신 정보를 유지하기가 어렵다.
  ⓑ 비정상행위 탐지(anomaly detection)
    ㉮ 시스템 사용자가 정상적이거나 예상된 행동으로부터 이탈하는지의 여부를 조사함으로써 탐지하는 방법을 말한다.
    ㉯ 정상적인 혹은 유효한 행동 모델은 다양한 방법으로 수집된 참조 정보들로부터 생성되며 현재 활동과 행동 모델을 비교함으로써 탐지한다.

㉰ 이탈이 발견되면 경보가 발생하며 모든 침입을 탐지할 수 있을 만큼 완벽하지만 높은 확률의 잘못된 경보(False alarm)로 정확성이 문제가 된다.

〈오용탐지와 비정상행위 탐지의 비교표〉

구분	오용탐지(misuse detection)	비정상행위 탐지(anomaly detection)
방식	○ Knowledge-based IDS (Signature-base, Expert System)	○ Behavior-based IDS (Statistical anomaly)
장점	○ low false alarm rate ○ 알람이 규격화되고, 이해 하기 쉬움	○ 보편적인 통계적 처리 방법을 이용가능 ○ 보안 인적 자원 비중이 낮음
단점	○ 새롭고, 독특하고, 원천적인 공격(new, unique, original Attack)은 알지 못함 ○ 지속적인 관리와 Update 필요	○ high false alarm rate ○ 유저의 행위가 불규칙하면 구현 불가능 ○ 시스템 자원의 비중이 요구됨 ○ 탐지 결과의 확실성이 떨어짐
특징	○ 특정 공격에 관한 기존의 축적된 지식을 바탕으로 패턴을 설정하고 이 패턴과 축약 가공된 데이터를 비교하여 일치하는 경우 불법 침입으로 간주하는 방법 ○ 새로운 공격탐지를 위해 지속적으로 새로운 공격패턴 갱신 필요함 ○ 현재 대부분의 상용화 제품 모델	○ 사용자의 행동패턴을 분석한 후 현재 사용패턴과 비교해 이상(예외적인)패턴을 발견하면 침입을 탐지하는 행위기반 침입탐지 방법 ○ 오용탐지 방법에 비해 탐지률이 낮을 수 있으나 새로운 공격패턴 없이도 공격을 탐지할 수 있음 ○ 상용화 제품이 거의 없음(인공지능 요소가 가미되어야 하기 때문)

(3) 방화벽(Firewall)
  ① 방화벽의 개요
    ㉠ 외부로부터 내부망을 보호하기 위한 네트워크 구성요소 중의 하나로써 외부의 불법 침입으로부터 내부의 정보자산을 보호하고 외부로부터 유해 정보 유입을 차단하기 위한 정책과 이를 지원하는 H/W 및 S/W를 말한다.
    ㉡ 두 네트워크 사이를 흐르는 패킷들을 미리 정해놓은 규칙에 따라 차단하거나 보내주는 간단한 패킷 필터를 해 주는 라우터라 할 수 있다

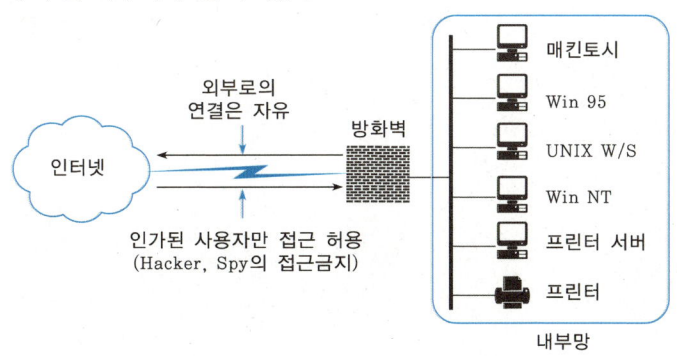

② 방화벽의 종류(기능)
　㉠ 패킷필터링(packet filtering) 방식(1 세대)
　　ⓐ 패킷필터링은 방화벽의 가장 기본적인 형태의 기능을 수행하는 방식이다.
　　ⓑ OSI 모델의 네트워크층(IP 프로토콜)과 전송층(TCP 프로토콜)층에서 패킷의 출발지 및 목적지 IP 주소 정보, 각 서비스에 port 번호, TCP SYN 비트를 이용한 접속제어를 한다.
　　ⓒ 패킷필터링은 설정된 규칙에 의해 패킷의 통과여부를 결정하는 것으로 외부침입에 대한 1차적 방어수단으로 활용된다.
　㉡ 애플리케이션(Application) 방식(2 세대)
　　ⓐ OSI 7계층의 애플리케이션((Application)) 계층에 방화벽 기능이 들어있다.
　　ⓑ 사용자가 서비스를 요청하면 애플리케이션 게이트웨이를 통해 사용자의 요청을 원격시스템의 서비스에 요구하고 다시 요청된 파일 및 관련 정보를 애플리케이션 게이트웨이를 통해 사용자에게 전달하는 방식이다.
　　ⓒ 각 서비스별로 Proxy Daemon이 있어 프록시 게이트웨이 또는 응용 게이트웨이라고도 한다.
　㉢ 서킷 게이트웨이(Circuit Gateway) 방식(3 세대)
　　ⓐ OSI 7계층 구조에서 세션 계층(Session Layer)에서 어플리케이션 계층(Application Layer) 사이에서 접근제어(Access Control)를 실시하는 방화벽을 지칭한다.
　　ⓑ 애플리케이션 게이트웨이와는 달리 각 서비스별로 프록시가 존재하는 것이 아니고, 어느 애플리케이션도 이용할 수 있는 일반적인 프록시가 존재한다.
　　ⓑ 방화벽을 통해서 내부 시스템으로 접속하기 위해서는 먼저 클라이언트측에 서킷 프락시를 인식할 수 있는 수정된 클라이언트 프로그램이 필요하다.
　㉣ 하이브리드(Hybrid) 방식
　　ⓐ 여러 유형의 방화벽들을 경우에 따라 복합적으로 구성할 수 있는 방화벽이다.
　　ⓑ 서비스의 종류에 따라서 사용자의 편의성, 보안성 등을 고려하여 방화벽 기능을 선택적으로 부여할 수 있지만 서비스의 종류에 따라서 다양한 보안정책을 부여함으로써 구축 및 관리하는 데 어려움이 따를 수 있다.
　　ⓒ CheckPoint의 Firewall-1이 전형적인 패킷필터링 방식의 방화벽에서 패킷필터링과 애플케이션 게이트웨이를 혼합한 형태의 방화벽시스템으로 변화되었다.

3 접근통제(access control)

(1) **접근통제의 유형**
 ① 관리적 접근통제
  보안 인식 훈련, 직무 분리, 정책 설정 등 관리적인 방법을 통한 통제이다
   ex 정책, 지침, 감사추적, 직무분리 등

 ② 물리적 접근통제
  시설물 보안, 감시 등을 통해 물리적 자산에 대한 접근통제 방법이다
   ex 경비원, CCTV, 생체인식, 담, 십자 회전문 등

 ③ 기술적/논리적 접근통제
  하드웨어와 소프트웨어를 통한 통제 방법이다
   ex 운영 시스템, 운영 프로그램, 부가적 보안 패키지 등

(2) **접근통제의 원칙**
 ① 최소 권한 정책(least privilege policy) : 허가받은 일을 수행하기 위한 최소한의 권한만을 부여하여, 권한 남용으로 인한 피해를 최소화한다.
 ② 직무 분리(separation of duties) : 업무의 발생부터 승인, 수정, 확인, 완료 등이 처음부터 끝까지 한 사람에 의해 처리될 수 없게 끔 하는 정책이다.
 ③ 최대권한 원칙(maximum privilege policy)
  자원 공유의 장점을 증대시키기 위하여 적용하는 최대 가용성 원리에 기반한다.

(3) **접근통제 정책**
 ① 임의적 접근통제(DAC : Discretionary Access Control)

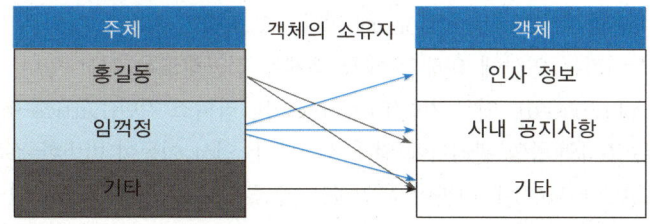

  ㉠ 주체나 또는 그들이 소속되어 있는 그룹들의 ID에 근거하여 객체에 대한 접근을 제한하는 방법을 DAC라고 한다.
  ㉡ 접근통제는 객체의 소유자에 의하여 임의적으로 이루어진다. 그러므로 어떠한 접근 허가를 가지고 있는 한 주체는 임의의 다른 주체에게 자신의 허가를 넘겨줄 수 있다.
  ㉢ 신분 기반(identity-base) 또는 사용자 기반(user-based) 접근 통제라고도 한다.

② 강제적 접근통제(MAC : Mandatory Access Control)

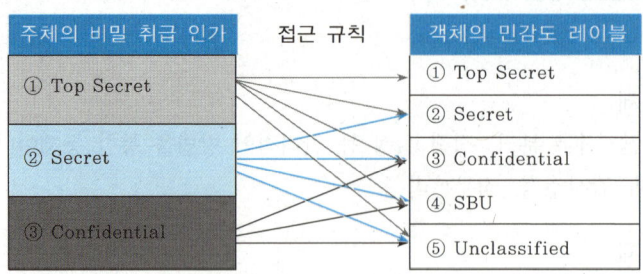

㉠ 주체의 객체에 대한 접근이 주체의 비밀 취급 인가 레이블(Clearance Label) 및 객체의 민감도 레이블(Sensitivity Label)에 따라 지정되는 방식으로, 주체와 객체의 접근은 주체의 비밀 취급 인가와 객체의 민감도 레이블이 결정되면, 미리 정해진 접근 규칙에 따라 정의한다
㉡ 규칙 기반(rule-based) 접근통제라고도 하며, 군대와 같이 기밀성이 매우 중요한 조직에서 사용한다.
㉢ 객체에 대한 접근 권한이 상위비밀 등급에서 하위 비밀등급으로만 허락되기 때문에 흐름 제어(flow control)이라고도 한다.

③ 역할기반 접근통제(RBAC : Role Based Access Control)

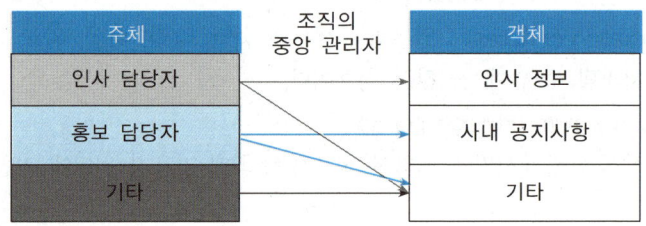

㉠ 각 주체에게 허용된 접근수준과 객체에게 부여된 허용등급에 근거하여 객체에 대한 접근통제를 운영한다.
㉡ RBCA는 비임의적(non discretionary)이다. 즉 조직이 보유하고 있는 보안 정책이나 비즈니스 규칙을 역할이라는 연산에 의해 주체가 객체에 접근하도록 하고 있다.
㉢ 역할 기반(role-based), 임무 기반(task-based), 라티스 기반(Lattice-based) 접근통제라 한다.
㉣ 접근 규칙은 조직의 중앙 관리자에 의해 지정하며, 인사 이동이 빈번한 조직에 효율적인 방식이다.
㉤ RBCA는 DAC나 MAC에 비하여 유연성을 제공하고 접근 통제 방법이 정교하다.

4 해킹(hacking)

(1) 트로이 목마(trojan horse)
자료삭제·정보탈취 등 사이버테러를 목적으로 사용되는 악성 프로그램이다. 해킹 기능을 가지고 있어 인터넷을 통해 감염된 컴퓨터의 정보를 외부로 유출하는 것이 특징이다. 그러나 바이러스처럼 다른 파일을 전염시키지 않으므로 해당 파일만 삭제하면 치료가 가능하다.

(2) 루트킷(rootKit)
자신과 다른 소프트웨어를 보이지 않게 숨기고 사용자가 공격자의 소프트웨어를 인지하고 제거할 가능성을 피하는 것이다.

(3) 누킹(nuking)
레지스트리, 키 파일, 파일 시스템 등을 훼손하여 시스템을 사용 불능상태로 빠뜨리는 프로그램으로 'blue bomb' 혹은 'WinNuke'이라고도 알려져 있다.

(4) 키로거(keylogger)
설치된 컴퓨터에서 키보드로 입력한 정보를 로그로 남기는 프로그램이며, 기능이 업데이트된 키로그 프로그램은 키보드 입력 뿐만 아니라 윈도우를 이용한 프로그램 사용, 인터넷 익스플로러를 이용한 인터넷 접속 정보 등도 로그로 남기며, 로그파일을 실시간으로 공격자에게 전송하거나, 설정된 메일 및 메신저로 지정된 시간에 로그파일을 자동 전송하는 기능도 있다.

(5) APT(Advanced Persistent Threat)
트위터나 페이스북 같은 사회관계망서비스(SNS)를 이용하는 직장인 A씨는 어느날 자신이 평소 애용하던 음악 서비스와 관련해 e메일을 받았다. 즐겨찾는 서비스인 탓에 A씨는 별다른 의심 없이 e메일을 열어봤다. 그로부터 약 3개월 뒤, A씨가 다니는 회사의 고객 정보가 대규모 유출되는 보안 사고가 발생했다. 해커가 음악 서비스 관련 e메일로 위장해 A씨의 컴퓨터에 침입했던 것이다. 잠복하면서 때를 기다리던 해커는 적당한 시점이 되자 고객 정보를 모두 빼내갔다. 이처럼 다소 황당해 보이는 공격이 실제로 우리 주변에서 발생하고 있다. 해외에서는 '룰즈섹'이나 '어노니머스' 같은 해커 단체가 FBI, CIA, 소니와 같은 특정 조직을 겨냥해 개인정보나 기밀을 유출한 사례가 보고됐다. 비슷한 시기에 국내에서는 인터넷쇼핑몰과 은행을 노린 해킹 사고가 발생했다. 2013년 3월20일에는 방송사와 금융사 전산망이 일시에 마비된 사건도 있었다. 이들 피해의 공통점은 하나다. 모두 차세대 보안위협으로 지목되고 있는 이 공격을 당한 것이다.

(6) 사회 공학적 공격
학교 휴지통에서 학생의 정보를 알아내 친한 친구인 것처럼 전화를 걸어 정보를 알아내는 행위, 다른 회사 직원을 사칭해 또 다른 직원으로부터 정보를 알아내는 행위 등이다. 아주 특별한 기술을 필요로 하는 것이 아니라 사람들이 흔히 저지르거나 방심하기 쉬운 실수들을 기반으로 암호 등을 알아내는 수법이다.

정보컴퓨터
일반과정 II

CHAPTER VIII

프로그래밍 언어론

SECTION 1 언어처리기와 바인딩

1 언어 처리기

(1) 저급언어와 고급언어

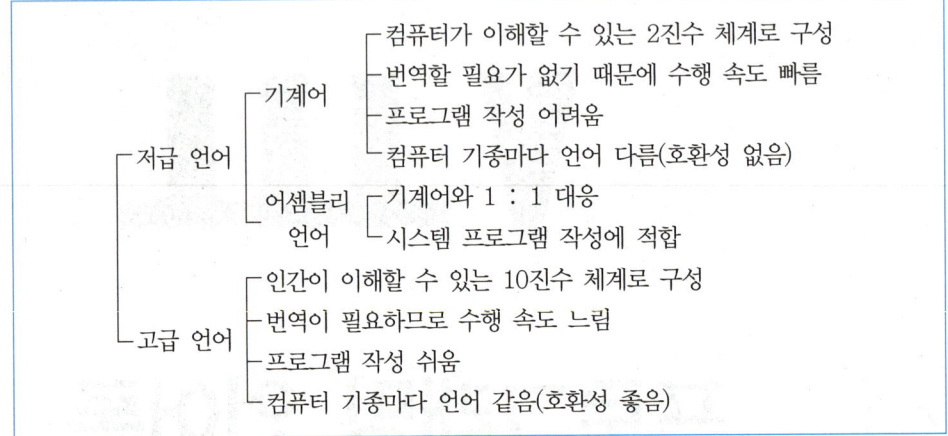

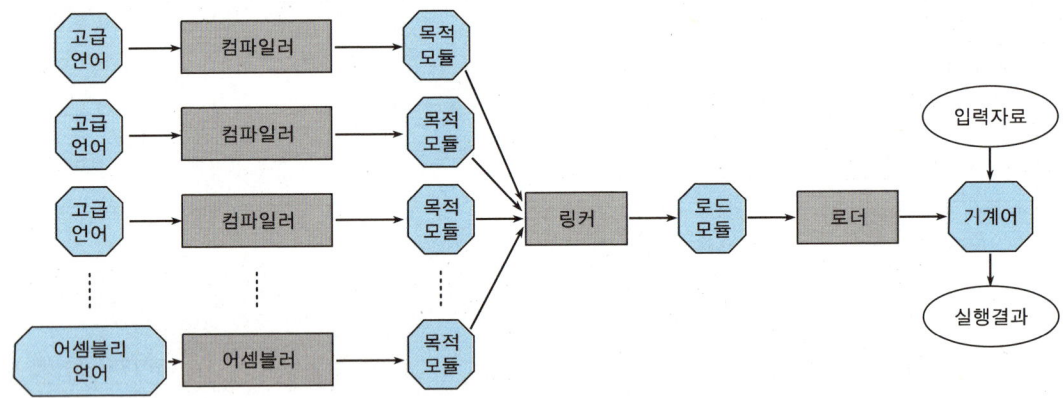

(2) 컴파일러(compiler)

① 컴파일러(compiler)와 인터프리터(interpreter)의 비교

구분	컴파일러	인터프리터
처리속도	효율성을 강조한 고속처리	융통성을 강조한 저속처리
번역방법	기계어로 번역된 것을 하드웨어 인터프리터가 해독하여 실행 (한꺼번에 번역 후 실행)	번역기가 중간언어를 생성 후, 소프트웨어 인터프리터로 실행 (한 문장씩 번역하여 즉시 실행)
목적 코드	생성	생성치 않음
자료구조	정적 자료구조	동적 자료구조
기억장소	많이 필요	적게 필요
바인딩	번역시간(정적) 바인딩	실행시간(동적) 바인딩
종류	Java, C언어, Algol, Pascal, Ada	Javascript, Lisp, APL, Prolog

② 컴파일러(compiler)의 번역단계

　㉠ 어휘 분석(Lexical analysis)

　　원시 프로그램의 각 단어를 분리하여 그에 대응하는 최소 단위인 토큰(Token)을 만들어 내는 단계이다.

　㉡ 구문 분석(Syntax analysis)

　　어휘 분석에서 산출된 각 토큰들이 문법 규칙에 맞는지 확인하기 위해 파스트리(Parse tree)를 구성하는 단계이다.

　㉢ 의미 분석(Semantics analysis)

　　Parse tree를 토대로 그 의미 표현이 올바른지를 분석하는 단계이다.

　㉣ 중간 코드 생성(Intermediate code generation)

　　문법에 맞고 의미가 올바른 코드를 만들어 내는 단계이다.

　㉤ 코드 최적화(Code optimization)

　　실행의 합리화를 위해 최적화시키는 단계이다.

　㉥ 코드 생성(Code generation)

　　원시 프로그램으로부터 기계에 독립적인 명령어를 생성하는 단계이다.

(3) 매크로 프로세서
① 매크로와 부프로그램의 비교

구분	매크로	부프로그램
공통점	반복되는 명령어 집합체를 별도로 작성	
차이점	• 어셈블리 언어 • 개방 서브루틴 • 확장 필요 • 기억장소 낭비	• 고급언어 • 패쇄 서브루틴 • 확장 불필요 • 기억장소 절약

② 매크로 프로세서의 기능
㉠ 매크로 정의 인식 : MACRO와 MEND 연산자에 의해 명시된 매크로 정의 인식
㉡ 매크로 정의 저장 : 매크로 호출을 확장하기 위해 필요한 매크로 명령어 정의 저장
㉢ 매크로 호출 인식 : 프로그램 내에서의 매크로 호출 인식
㉣ 매크로 호출 확장 및 인수 치환 : 형식적 매크로 정의 인수를 호출로부터 대응되는 인수로 치환해야 하며, 치환된 결과를 가지고 매크로 호출을 확장해야 한다.

(4) 로더(loader)
① 로더의 기능
㉠ 할당(allocation) : 프로그램들을 위하여 기억장소 공간을 할당한다.
㉡ 연결(linking) : 목적 모듈간의 기호적 호출을 실제적 주소로 변환한다.
㉢ 재배치(relocation) : 종속적인 모든 주소를 할당된 주기억 장치 주소와 일치하도록 조정한다.
㉣ 적재(loading) : 기계 명령어와 자료를 물리적 기억장소에 배치한다.

② 로더의 종류
㉠ Compile-and-go 로더
ⓐ 방식 : 번역기에 의해 번역된 기계어와 자료들을 번역되는 순서대로 주기억장소에 바로 적재하는 방식이다.
ⓑ 단점
㉮ 기억 장소의 낭비
㉯ 수행시 마다 다시 번역
㉰ 여러 개의 세그먼트를 처리하기가 매우 어렵다.
㉡ 절대 로더(absolute loader)
ⓐ 방식 : 기계어로 번역된 프로그램을 받아 주기억 장치내의 번역기가 전해 준 위치에 기억시킨다.
ⓑ 로더의 기능
• 할당(allocation) : 프로그래머
• 연결(linking) : 프로그래머
• 재배치(relocation) : 번역기
• 적재(loading) : 로더

- ⓒ 장점
    - ㉮ 기억장치 이용이 효율적이다.
    - ㉯ 수행시마다 다시 번역 필요 없다.
    - ㉰ 서로 다른 언어로 작성된 여러 개 세그먼트 이용이 편리하다.
- ⓓ 단점
    - ㉮ 프로그래머가 번역기에게 프로그램의 위치를 선정해야 한다.
    - ㉯ 여러 개의 부프로그램 중 하나만 수정해도 전체 프로그램을 수정해야 한다.

ⓒ 재배치 로더(relocation loader) = BBS 로더
- ⓐ 방식 : 프로그램 번역시 절대 주소를 지정하지 않고 번역된 프로그램을 주기억 장치에 적재할 때 절대 주소가 지정된다.
- ⓑ 로더의 기능
    - 연결(linking)　　　 : Transfer Vector
    - 재배치(relocation) : Relocation bit
- ⓒ 단점
    - ㉮ 전달 벡터에 의한 연결은 전달이 용이하나 외부 자료의 저장은 불편하다.
    - ㉯ 전달 벡터로 목적 프로그램의 크기가 커진다.

ⓔ 직접 연결 로더(direct linking loader)
- ⓐ 방식 : 여러 개의 프로시저 세그먼트와 자료 세그먼트를 허용하고 프로그래머가 다른 세그먼트 내의 자료 또는 명령어들을 자유롭게 사용할 수 있게 한다.
- ⓑ 장점
    - ㉮ 다중 프로시저 세그먼트와 다중 세그먼트 자료가 가능하다.
    - ㉯ 다른 부프로그램내 데이터나 명령들을 참조할 수 있다.
    - ㉰ 프로그램이 독립적으로 번역이 가능하다.
- ⓒ 단점
    - ㉮ 많은 기억 장소가 필요하다.
    - ㉯ 부프로그램 호출시마다 4대 기능을 행해야 한다.

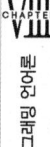

2 바인딩(binding)

(1) 변수

〈D.W. Barron의 변수 4요소 표기법〉

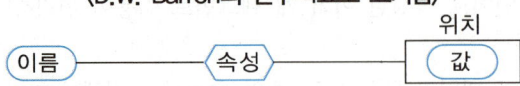

(2) 배정문
① "A := B"의 의미는 B의 값(value)을 A라고 부르는 위치(location)에 배정하라"는 것
② 연산자의 왼쪽은 변수의 4요소 중 참조를 의미하며, 오른쪽은 값을 의미한다.
③ r-value는 값을 의미하는 오른쪽이며, l-value는 참조를 의미하는 왼쪽을 말한다.

(3) 바인딩(binding) 시간
바인딩은 프로그램의 기본 단위에 이 기본 단위가 택할 수 있는 여러 가지 속성 중에서 일부를 선정하여 결정해 주는 행위를 말하며, 바인딩 시간은 이 바인딩이 발생되는 시간을 의미한다.

① 실행 시간(run time)
  ㉠ 변수와 자료구조에 기억장소를 할당한다.
  ㉡ 실매개 변수와 형식매개 변수를 연결한다.
  ㉢ 대입문에 값을 할당한다.

② 번역 시간(translation time)
  ㉠ 변수형, 자료 구조의 형과 크기, 레코드의 필드형을 확정한다.
  ㉡ 번역시간 = 컴파일 시간 + 링크 시간 + 로드 시간
  ㉢ 컴파일러 언어는 중요한 바인딩(binding)이 대부분 번역 시간에 이루어진다.

③ 언어 정의 시간
  ㉠ 혼합 연산시 두 자료(operand)형을 확정한다.
  ㉡ 한 프로그램 언어에서 허용되는 자료구조, 프로그램 구조, 선택문 등에 관한 것은 프로그래밍 언어를 설계하여 정의를 내릴 때 확정한다.
  ㉢ 한 프로그래밍 언어의 구조는 대부분이 그 언어를 정의할 때 확정한다.

④ 언어 구현 시간
  ㉠ 정수와 실수의 유효숫자 범위, 수치의 기계 내부 표현을 확정한다.
  ㉡ 모든 프로그래밍 언어가 그 언어를 정의할 때 그 언어의 원소들에 관한 많은 특성을 구체적으로 모두 한정하지 않고 그 언어를 실제 컴퓨터에 구현할 때 그 특성의 일부를 확정한다.

SECTION 2. 부프로그램(Subprogram)

1 부프로그램의 분류

(1) 호출-반환(Call-Return) 구조
① 되부름을 허용하지 않는 부프로그램이다.
② 직접적인 호출 문장이 필요하다.
③ 호출된 부프로그램은 완전히 수행이 끝난 후에 반환된다.
④ 한 실행 순서만을 유지한다.
⑤ 호출하는 시점에서 즉시 문장의 제어가 이전된다.

(2) 코루틴(coroutine) 구조
① 호출한 프로그램과 호출된 프로그램은 대칭적 개념을 갖는다.
② COROUTINE A, B는 서로 resume A, resume B로 상호 호출한다.
③ 수행이 완전히 끝나기 전에 호출한 프로그램으로 제어를 반환한다.
④ 반환(return) 문장이 없다.

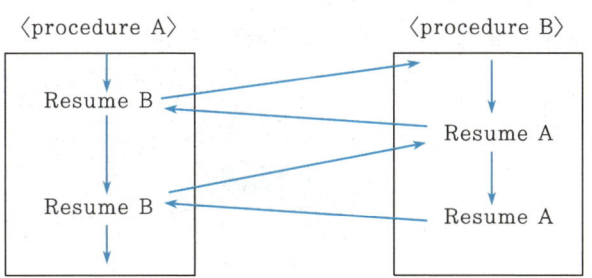

(3) 되부름(recursion) 구조
① 자기 자신을 호출하는 부프로그램이다.
② 복귀주소는 스택에 보관된다.

2 매개변수 전달방법

(1) Call by Value(Result, Value-Result)
　① 정의 : 매개 변수를 전달할 때 실 매개 변수의 값을 대응되는 형식 매개 변수로 보내는 방법으로 기억 장소를 별도로 유지한다.

　② 특징
　　㉠ 함수에서 값을 조회할 때마다 간접주소로 접근하지 않고 직접 조회가 가능하다.
　　㉡ 형식매개 변수에 대한 기억 장소가 추가로 요구된다.

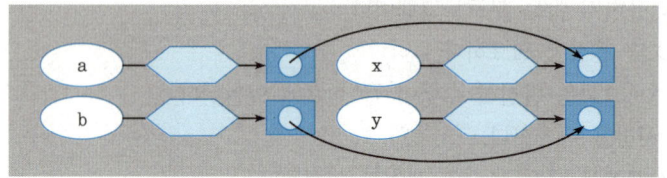

(2) Call by Reference
　① 정의 : 매개변수를 전달할 때 실 매개변수의 주소를 대응되는 형식 매개변수로 보내는 방법으로 기억 장소를 공유한다.

　② 특징
　　㉠ 부작용(side effect)현상이 발생할 수 있다.
　　㉡ 별명(aliasing)현상이 발생할 수 있다.
　　㉢ 형식매개 변수의 기억 장소가 추가로 요구되지 않는다.

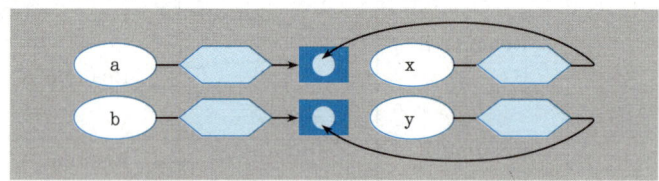

(3) Call by Name
　① 정의 : 형식 매개변수의 이름이 사용될 때마다 그에 대응되는 실 매개 변수 자체가 사용된 것처럼 매번 다시 계산되어 시행하는 방법이다.

　② 특징
　　㉠ 부작용(side effect)현상이 발생할 수 있다.
　　㉡ 다른 매개 변수 전달기법에 비해 구현하기가 난해하다.
　　㉢ 컴파일러 언어에서는 이 기법이 불가능하다.

예제 01

다음 프로그램의 Call by Value, Call by Reference, Call by Name일 때 결과 값은 각각 얼마인가?

```
procedure PROC(x,y,z)
  begin
    y := y+1 ;
    z := z+x ;
  end PROC

begin
  a := 2 ;
  b := 3 ;
  PROC(a+b, a, a) ;
  print a ;
end
```

1-1. Call by Value   : _____

1-2. Call by Reference : _____

1-3. Call by Name   : _____

예제 02

다음은 ALGOL 프로그램이다. 다음을 call by value, call by reference, call by value result, call by result, call by name로 실행한 후 변수 값의 변화를 적으시오.

```
begin
  integer k
  integer array v
  procedure P(a)
    integer a
    begin
      a←a+1
      v[k]←5
      k←3
      a←a+1
    end
  v[3]←6
  v[4]←8
  k←4
  call P(v[k])
end
```

SECTION 2. 부프로그램(Subprogram)

1. call by value

	호출 때	a←a+1	v[k]←5	k←3	a←a+1	반환
k v[3] v[4]						
a						

2. call by reference

	호출 때	a←a+1	v[k]←5	k←3	a←a+1	반환
k v[3] v[4]						
a						

3. call by value result

	호출 때	a←a+1	v[k]←5	k←3	a←a+1	반환
k v[3] v[4]						
a						

4. call by result

	호출 때	a←a+1	v[k]←5	k←3	a←a+1	반환
k v[3] v[4]						
a						

5. call by name

	호출 때	a←a+1	v[k]←5	k←3	a←a+1	반환
k v[3] v[4]						
a						

기출 2000 - 08 ALGOL 형태의 다음 프로그램에서 call-by-reference, call-by-value를 이용하여 V[1], V[2]의 최종값을 구하고자 한다. 12개 빈칸에 알맞는 답을 쓰시오. (6점)

```
begin
    integer k
    integer array V
    procedure test(x)
    integer x
    begin
      x ← x + 1
      V[k] ← 6
      k ← 1
       x ← x + 5
    end
      V[1] ← 7
      V[2] ← 9
      k ← 2
      call test(V[k])
    end
```

[call by reference일 경우]

변수	호출	x←x+1	V[k]←6	k←1	x←x+5	반환
V[1]	7	7	7	7	7	7
V[2]	9	10	6	6	11	11
k	2	2	2	1	1	1

[call by value일 경우]

변수	호출	x←x+1	V[k]←6	k←1	x←x+5	반환
V[1]	7	7	7	7	7	7
V[2]	9	9	6	6	6	6
k	2	2	2	1	1	1

SECTION 2 부프로그램(Subprogram)

기출 2014 다음은 C 유사 언어로 작성된 프로그램이다. 부프로그램의 매개변수 전달 방식으로 callByValue() 함수는 값-전달 방식을 사용하고, callByReference() 함수는 참조-전달 방식을 사용한다. 이 프로그램의 실행 결과를 쓰시오. (단, 배열 list[]의 첨자는 0부터 시작한다.) (2점)

```
void callByValue(int x, int y)
{
    x = x + 1;
    y = x * 2;
}

void callByReference(int a, int b)
{
    a = a + 1;
    b = a * 2;
}

void main()
{
    int sum_value, sum_ref, val = 0;
    int list[3] = {1, 2, 3};
    callByValue(val, list[0]);
    callByValue(list[0], list[val]);
    sum_value = val + list[0] + list[1] + list[2];
    callByReference(val, list[0]);
    callByReference(list[0], list[val]);
    sum_ref = val + list[0] + list[1] + list[2];
    printf ("%d %d", sum_value, sum_ref);
}
```

해설 매개변수 전달방법

- Call by Value : 매개 변수를 전달할 때 실 매개 변수의 값을 대응되는 형식 매개 변수로 보내는 방법으로 기억 장소를 별도로 유지한다. (6)
- Call by Reference : 매개변수를 전달할 때 실 매개변수의 주소를 대응되는 형식 매개변수로 보내는 방법으로 기억 장소를 공유한다. (13)

3 부수효과 / 이명

(1) 부수효과(side effect)
① 식 중의 변수의 값이 그 식이 계산되고 있는 동안에 변하는 현상이다.

> 〈예제〉 X = 10
>   S = F(X, Y) + X

② Call by reference기법에서 발생한다.
③ Call by name기법에서 발생한다.
④ FORTRAN의 COMMON문에서 발생한다.

예제 03

다음의 C 프로그램에 대한 물음에 답하시오.

```
int fun (int *i)
{
  *i += 7 ;
  return 6 ;
}

main( )
{
  int x = 5 ;

  x = x + fun(&x) ;
}
```

1. 피연산자가 왼쪽에서 오른쪽 순서로 평가될 때, 배정문이 실행된 후 x값을 구하시오.

   x : _____

2. 피연산자가 오른쪽에서 왼쪽 순서로 평가될 때, 배정문이 실행된 후 x값을 구하시오.

   x : _____

3. 위의 2번과 같이 x = x + fun(&x)이 실행했을 때 무슨 현상이 발생하는가?

   _____

2 부프로그램(Subprogram)

예제 04

다음의 C 프로그램은 부수효과(side effect) 현상이 발생할 수 있다고 가정한다. 변수가 먼저 평가되었을 때와 함수가 먼저 평가되었을 때 결과를 쓰시오.

```c
int power(int *x)
   {
       int y = 5;

       *x *= y;
       y = y + *x
       return(y);
   }

main()
   {
       int a = 10;

       a = a + power(&a);
       printf("%d", a);
   }
```

∴ 변수 : _____

   함수 : _____

(2) **이명(Aliasing)**

① 한 변수의 값을 변화시키면 자동적으로 동일 자료를 함께 사용하는 모든 변수들의 값이 변하는 상태를 말한다.

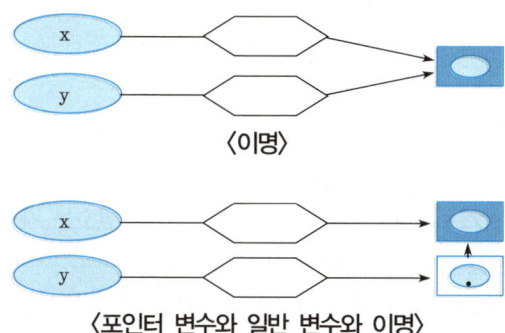

〈이명〉

〈포인터 변수와 일반 변수와 이명〉

② Call by reference에서 발생한다.
③ C언어의 공용체(union)에서 발생한다.
④ COBOL의 REDEFINES문에서 발생한다.
⑤ FORTRAN의 EQUIVALENCE문에서 발생한다.

```
〈예제〉  call p(a, a)   /* Call by reference */
         procedure  p(x, y) ;
            x := x + 1 ;
            y := x + y ;
         end p
```

언어의 블록 구조

1 영역과 수명

(1) **영역규칙**(scope rule)
   ① 정적 영역 규칙(static scope rule) : 블록 내의 모든 비지역변수는 자신을 둘러싸고 있는 가장 가까운 블록에서 선언된 변수를 참조하는 것이다.
   ② 동적 영역 규칙(dynamic scope rule) : 함수를 호출하는 순서에 기반을 둔 것으로, 동적 영역은 실행시간에 결정된다.

(2) **변수의 수명**(life time)
   변수가 메모리에 할당되는 시간부터 그 역할을 마치고 저장공간이 반환되는 시간까지를 의미한다.

예제 05

정적영역 규칙과 동적영역 규칙을 다음의 프로그램에 적용시킬 때 sub1에서 출력되는 x의 값은 무엇인가?

프로그램

```
program main;
   var x : integer;
      procedure sub1;
         begin {sub1}
         writeln('x=', x)
         end; {sub1}
      procedure sub2;
         var x: integer;
         begin {sub2}
         x := 10
         sub1
         end; {sub2}
   begin {main}
      x := 5;
      sub2
   end {main}
```

- 정적영역 규칙 : _____
- 동적영역 규칙 : _____

예제 06

다음 프로그램에서 정적 영역 규칙과 동적 영역 규칙을 각각 적용시킬 때의 출력되는 결과를 구하시오.

```
program scope ;
var a, b : integer ;
function p : integer ;
 var a : integer ;
 begin
  a:=1 ; b:=2 ; p:=3
 end p ;

procedure print ;
 begin
  write(a) ; write(b) ; writeln(p)
 end print ;

procedure q ;
 var b, p : integer ;
 begin
  a:=4 ; b:=5 ; p:=6 ;
  print
 end q ;

begin
 a:=p ;
 q
end
```

1. 정적 영역(static scope) 규칙을 사용했을 때, 실행 결과를 쓰시오.

_____

2. 동적 영역(dynamic scope) 규칙을 사용했을 때, 실행 결과를 쓰시오.

_____

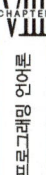

언어의 블록 구조

기출 2004 - 04 다음 프로그램을 보고 물음에 답하시오. [총 4점]

```
program main;
  var x, y, z : integer;
  procedure sub1;
    var x : integer;
    begin
      x:=2; y:=8;
      write(z);
    end
  procedure sub2;
    var z : integer;
    begin
      x:=5; z:=6;
      write(y);
      sub1;
    end
  begin
    x:=4; y:=7; z:=5;
    sub2;
    write(x);
  end
```

4-1. 위 프로그램에서 동적 영역 규칙을 적용할 경우 출력되는 값 중, 두 번째 출력되는 변수 값과 그 변수가 선언된 함수(procedure 혹은 program) 이름을 쓰시오. (2점)

값 : z = 6   함수이름 : sub2

4-2. 위 프로그램에서 정적 영역 규칙을 적용할 경우 출력되는 값 중, 두 번째 출력되는 변수 값과 그 변수가 선언된 함수(procedure 혹은 program) 이름을 쓰시오. (2점)

값 : z = 5   함수이름 : main

(3) 가시성(visibility)
선언의 바인딩이 적용되는 프로그램의 부분이다.

예제 07

다음 프로그램에서 sub1, sub2, sub3의 각 몸체에서 가시적인 모든 변수들을 나열하시오.

```
program main ;
 var x, y, z : integer ;
 procedure sub1 ;
  var a, y, z : integer ;
  procedure sub2 ;
    var a, b, z : integer ;
     begin {sub2}
       …
     end ; {sub2}
  begin {sub1}
    …
  end ; {sub1}
  procedure sub3 ;
    var a, x, w : integer ;
    begin {sub3}
      …
    end; {sub3}
 begin {main}
  …
 end. {main}
```

1. sub1 : _____
2. sub2 : _____
3. sub3 : _____

2 기억장소 할당

(1) 동적 체인(dynamic chain)
① 현재 활성화된 활성 레코드부터 동적 링크를 추적하는 연결이다.
② 단위 활성화의 동적 내포 관계를 표현한 것이다.

(2) 정적 체인(static chain)
① 비지역 변수를 접근하는 모든 활성 레코드의 정적 링크를 추적하는 연결이다.
② 정적 내포관계에 있는 활성 레코드를 표현한 것이다.

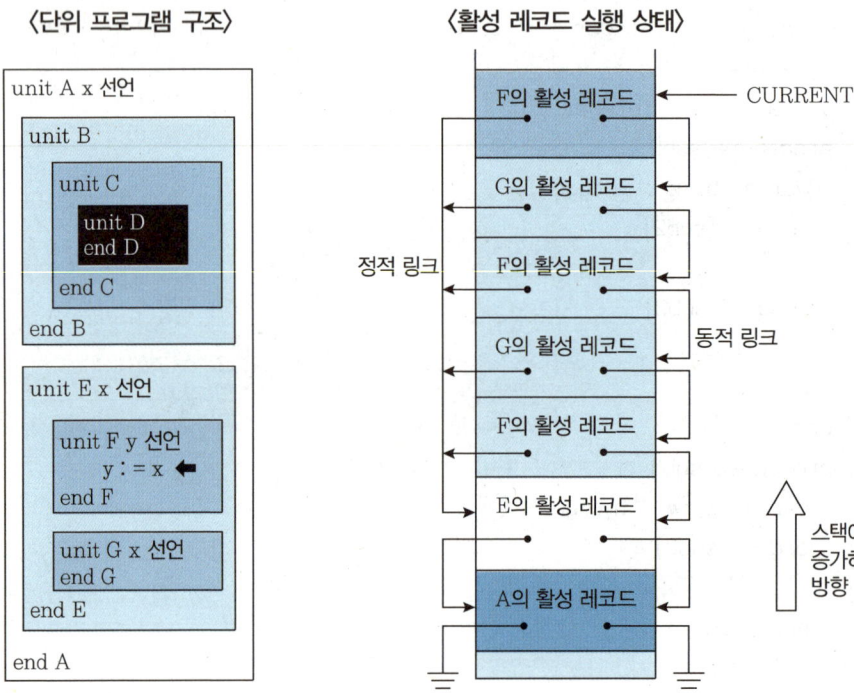

호출순서 : A → E → F → G → F → G → F

° 정적 링크 : 단위 프로그램 내포구조 표현
° 동적 링크 : 단위 프로그램 호출순서 표현

예제 08

다음 ALGOL 형태 프로그램을 가지고 물음에 답하시오.

```
        program A:
         procedure B:
          procedure C:
             ...
              call B:
             ...
           end C:
           ...
           call C:
         end B:
         procedure D:
           ...
           call B:
           ...
         end D:
         ...
         call D:
        end A:
```

1. 프로시저 C가 두 번 호출될 때까지 간단한 호출 순서를 나열하시오.

2. 이때 발생된 활성 레코드들은 실행시간 스택을 사용하여 할당되는데, 정적 링크와 동적 링크를 명시하시오.

예제 09

다음 골격 프로그램의 지점 1에 실행이 도착했을 때, 아래 물음에 답하시오.

```
procedure BIGSUB ;
 procedure A(flag : boolean) ;
   procedure B ;
    ...
    A(false) ;
    ...
   end ; {B}
   begin {A}
    if flag
       then B
       else C
    ...
   end ; {A}
  procedure C ;
    procedure D ;
     ...  ← 1
    end ; {D}
    ...
    D ;
  end ; {C}
   A(true) ;
   ...
end ; {BIGSUB}
```

1. 지점 1에 실행이 도착했을 때, 호출 순서를 나열하시오.

2. 정적 체인과 동적 체인이 포함된 모든 활성 레코드 스택을 나타내시오.

3 자료형의 동치

(1) 이름 동치(name equivalence)
① 두 변수를 함께 선언하거나 동일 식별자 이름을 사용해서 선언하면 두 변수는 동일형으로 인식되며 반대의 경우도 성립한다.
② 사용언어 : Ada

(2) 구조적 동치(structural equivalence)
① 자료형의 구성요소가 모든 측면에서 같다면 두 변수는 동일형으로 인식되며 반대의 경우도 성립한다.
② 사용언어 : Algol, Fortran, Cobol

〈예제-1〉

```
type T = array[1..100] of integer ;
var x, y : array[1..100] of integer ;
    z : array[1..100] of integer ;
    w, v : T ;
```

(3) 선언 동치(declaration equivalence)
① 이름 동치 개념에 추가해서 재 선언을 하여 원래의 구조를 그대로 사용하는 경우에도 원자료형과 동등하게 간주하는 방법을 말하다.
② 사용언어 : Pascal, Modular2

〈예제-2〉

```
type T1 = array[1..100] of integer
type T2 = array[1..100] of integer
type T3 = T2 ;
```

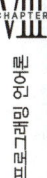

SECTION 3 언어의 블록 구조

예제 10

Pascal 구문으로 된 자료형과 변수 선언이 다음과 같을 때, 이름 동치(name equivalence)와 구조적 동치(structural equivalence), 선언 동치(declaration equivalence)의 동등한 변수를 나열하시오.

```
type
   range = -5..5 ;
   table1 = array[range] of char ;
   table2 = table1 ;
var
   x, y : array [-5..5] of char ;
   z : table1 ;
   w : table2 ;
   i : range ;
   j : -5..5 ;
```

1. 이름 동치(name equivalence)
   _____

2. 구조적 동치(structural equivalence)
   _____

3. 선언 동치(declaration equivalence)
   _____

4 배열과 단락평가

(1) 배열(array)

① 정적 배열(static array)
  ㉠ 첨자 범위가 정적으로 바인딩되고, 기억장소 할당이 정적으로 이루어지는 배열이다.
  ㉡ 동적 기억장소 배당 및 회수가 필요하지 않으며, 이는 정적 변수에 속한다.

② 고정 스택-동적 배열(fixed stack-dynamic array)
  ㉠ 첨자 범위가 정적으로 바인딩 되지만, 기억장소 할당이 동적으로 이루어지는 배열이다.
  ㉡ 기억장소 공간의 효율성을 가지며, 이는 준정적 변수에 속한다.

③ 스택-동적 배열(stack-dynamic array)
  ㉠ 첨자 범위가 동적으로 바인딩되고, 기억장소 할당이 동적으로 이루어지는 배열이다.
  ㉡ 정적과 고정 스택-동적 배열에 비해서 유연성을 가지며, 이는 준동적 변수에 속한다.

④ 힙-동적 배열(heap-dynamic array)
  ㉠ 첨자 범위가 동적으로 바인딩과 기억장소 할당이 동적으로 이루어지고, 이것이 그 배열의 존속기간 동안에 여러 번 변경될 수 있는 배열이다.
  ㉡ 다른 유형에 비해서 유연성을 가지며, 이는 동적 변수 또는 힙 변수라고도 한다.

	첨자 범위 바인딩	기억 장소 할당	장점
정적 배열	정적	정적	효율성
고정 스택-동적 배열	정적	동적	기억장소 공간의 효율성
스택-동적 배열	동적	동적	고정 후 변경 불가 유연성
힙-동적 배열	동적	동적	변경 가능 유연성

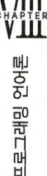

SECTION 3 언어의 블록 구조

기출 2007-12 프로그래밍 언어에서 변수(활성 레코드)의 크기와 기억장소 할당에 대한 바인딩(정적 바인딩과 동적 바인딩)에 따라 변수를 아래 표와 같이 4가지로 분류한다. 아래 표의 빈칸 ①~④를 채우고 준동적 변수와 동적 변수의 차이점을 2줄 이내로 기술하시오. 포트란, 코볼 등의 언어에서 되부름(recursion)이 허용되지 않는 이유를 바인딩의 관점에서 2줄 이내로 설명하시오.

변수의 종류	변수의 크기에 대한 바인딩	기억장소 할당에 대한 바인딩
정적(static) 변수	정적 바인딩	정적 바인딩
준정적(semistatic) 변수	① 정적 바인딩	② 동적 바인딩
준동적(semidynamic) 변수	③ 동적 바인딩	④ 동적 바인딩
동적(dynamic) 변수	동적 바인딩	동적 바인딩

- 준동적 변수와 동적 변수의 차이점 : 준동적 변수는 스택(Stack)을 사용하고 동적 변수는 힙(Heap) 기억장소를 사용한다.

- 되부름(recursion)이 허용되지 않는 이유 : 포트란이나 코볼은 정적 기억장소 배당을 하기 때문에 정적 바인딩을 행한다. 그러나 되부름은 반드시 스택이 필요하기 때문에 스택 기반 기억장소 배당을 해야 한다.

(2) 단락-회로 평가(short-circuit evaluation)

프로그래밍 언어에서 부울 식은 좌에서 우로 평가되고, 전체 식의 진위 값을 알 수 있을 때까지만 계산하고 평가를 멈춘다.

예제 11

다음의 단락회로평가(short-circuit evaluation)에 대한 물음에 답하시오.

1. 다음의 조건식을 가지고 단락회로 평가의 의미를 간단히 설명하시오.

   (a >= 0) && (b < 10)

2. 단락회로평가를 하지 않는 경우에, 다음 key 탐색(search) 프로그램에서 무슨 오류가 발생하는가?

   ```
   index := 1 ;
   while ( index <= listlen ) and ( list[index] <> key )) do
           index = index + 1 ;
   ```

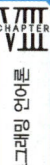

CHAPTER IX

소프트웨어 공학

SECTION 1 생명주기와 비용산정

1 생명주기(SDLC)의 모형

(1) 전통적 폭포수(waterfall) 모형
  ① 특징
    ㉠ 1979년 B. Boehm에 의해 개발된 하향식 생명주기 모형이다.
    ㉡ 가장 오래된 전통적 생명주기 모형으로, 소프트웨어 공학에서 가장 폭 넓게 사용된다.
    ㉢ 앞 단계가 끝나야만 다음 단계로 넘어갈 수 있다.
    ㉣ 단계별 정의가 분명하다.
    ㉤ 요구사항 변경이 어렵다.
  ② 과정

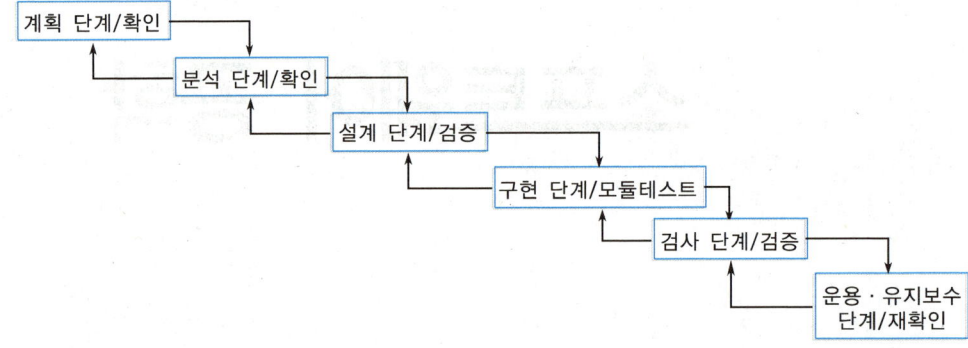

기출 2016 다음 〈작업 내용〉이 폭포수 모델의 소프트웨어 개발 생명주기(software development life-cycle)에서 어느 단계에 해당하는지 쓰시오. 그리고 이 단계에서 생산되는 산출물인 주요 형상관리 항목 중 1가지를 쓰시오. (2점)

> **작업 내용**
> ○ 소프트웨어 개발에서 무엇(what)을 개발할 것인가를 결정하는 단계이다.
> ○ 개발을 의뢰한 사용자의 요구나 주어진 문제를 정확히 파악하여 개발하려는 시스템에 대한 요구를 결정하는 작업을 수행한다.
> ○ 기존 시스템을 변경하는 경우 시스템의 현재 상태와 요구 조건을 정의하고, 구현할 시스템의 목표를 도출한다.

해답	• 요구사항 분석(requirement analysis) 단계 • 요구사항 명세서	각 1점

(2) **프로토타이핑(prototyping) 모형**

① 특징
  ㉠ 개발자가 사용자의 소프트웨어 요구 사항을 미리 파악하기 위한 모형이다.
  ㉡ 고객이 빠른 시간 내에 개발의 완료를 요구할 때 적합하다.
  ㉢ 프로토타입은 개발자나 개발자 모두에게 공동의 참조 모델을 제공한다.
  ㉣ 프로토타입은 구현 단계의 구현 골격이 될 수 있다.

② 과정

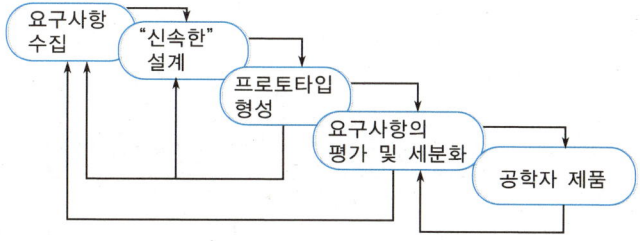

(3) 진화적 프로토타이핑(Prototyping) 모형
   ① 특징
      ㉠ B. Boehm의 나선형(spiral)모형이라고도 하며, 최근에 가장 각광 받고 있는 개발절차 모형이다.
      ㉡ 위험분석(risk analysis)은 프로토타입을 발전시킬 때마다 실시하는 새로운 시각을 갖고 있다.

   ② 과정

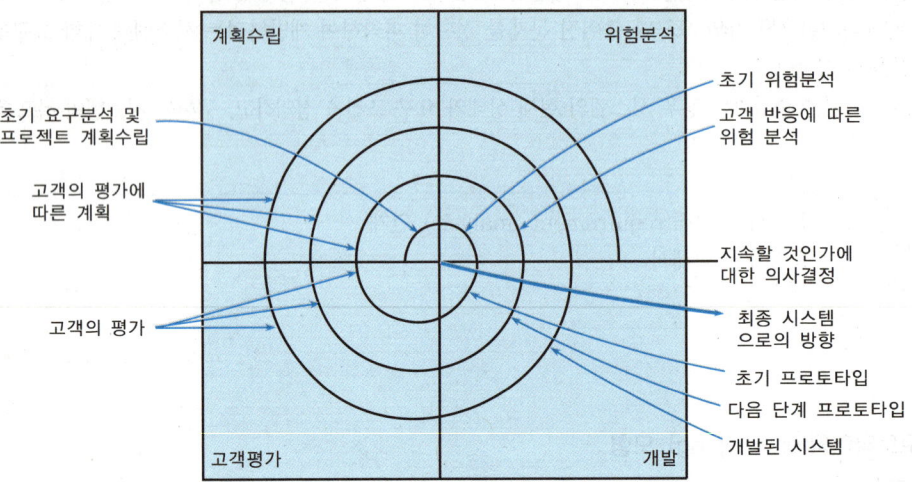

   ㉠ 계획수립(planning) : 목표, 제약조건을 설정한다
   ㉡ 위험분석(risk analysis) : 위험요소를 분석하여 관리 기술을 통하여 해결한다
   ㉢ 개발(engineering) : 다음 단계의 프로토타입을 개발한다
   ㉣ 고객평가(customer evaluation) : 개발된 프로토타입을 고객이 평가한다.

2 소프트웨어 위기(software crisis)

(1) 소프트웨어 위기의 개념
① 소프트웨어 위기라는 용어는 1968년 10월에 개최된 NATO의 과학 위원회가 주최한 소프트웨어 기술자 및 전문가 국제회의에서 사용하였다.
② 수요를 따르지 못하는 생산성에 대한 심각한 인식이 소프트웨어 위기이다.

(2) 소프트웨어 위기의 현상
① 개발 기간의 지연 및 하드웨어 비용을 초과하는 개발 비용의 증가
② 성능 및 신뢰성의 부족
③ 유지 보수의 어려움으로 인한 엄청난 비용 발생

(3) 소프트웨어 위기의 원인
① 소프트웨어 규모의 거대화와 복잡화
② 기술적인 시험 체계의 부재에 따른 신뢰성 문제
③ 품질 보증에 대한 확실한 개념의 부재
④ 소프트웨어 개발 일정과 비용 예측의 부정확

(4) 소프트웨어 위기의 해결책
① 객체지향 기법과 4세대 언어
② CASE(Computer-Aided Software Engineering)
③ 3R(재사용, 재공학, 역공학)

3 소프트웨어 비용 산정법

(1) 하향식(top-down) 산정법
① 전문가의 감정(export judgment) : 경험과 지식을 고루 갖춘 2명 이상의 전문가에게 비용 감정을 의뢰하는 방법이다.
② 델파이(delphi)식 산정 : 전문가들의 편견이나 분위기에 지배받지 않도록 조정자(coordinator)두어 비용을 산정하는 방법이다.

(2) 상향식(bottom-up) 산정법
① 원시코드 라인수(LOC, Lines Of Code)기법

$$예측치 = \frac{낙관치 + (4 \times 기대치) + 비관치)}{6}$$

② 개발단계별 인월수(effort per task)기법
  ㉠ 각 기능을 구현시키는 데 필요한 노력(MM, Man Month)을 각 생명주기의 단계별로 산정하는 방법이다.
  ㉡ 원시코드 라인수 기법보다 더 정확성을 기한다.

(3) 수학적 산정법
① COCOMO(COnstructive COst Model)모형
  ㉠ Basic COCOMO 모형 : LOC
  ㉡ Intermediate COCOMO 모형 : LOC +노력승수(effort multiplier)
  ㉢ Detailed COCOMO 모형 : 노력승수를 생명주기의 각 단계에 적용

② 생명주기 예측모형
  ㉠ Putnam의 측정 모형이라 부른다.
  ㉡ 대형 프로젝트에 대한 노력 분포를 나타내는 동적 다중 변수 모형이다.
  ㉢ Rayleigh-Norden곡선의 노력 분포도에 따른다.

③ 기능점수(function-point)모형
  Albrecht에 의해 소프트웨어 생산성을 측정하기 위해 소프트웨어의 기능을 증대시키는 요인별로 가중치를 부여하고, 그 값을 합산하여 기능점수(FP, Function Point)를 구하는 것이다.

예제 01

LOC/MD는 하루(D) 동안 프로그래머(M)가 작성한 코드 라인수(LOC)로서 생산성을 나타내는 단위이다. 어떤 프로젝트에 20명의 프로그래머가 투입되어 1년 동안 100,000 LOC를 작성했다고 하자. 1년간 실제 일한 날이 250일이라고 할 때, 이 프로젝트의 생산성을 구하시오.

- 프로젝트의 생산성 : _____

예제 02

어떤 소프트웨어의 총 개발 기간은 12개월이며, 5명의 개발 인력이 처음에 투입되었다. 5개월 시작 시점에 추가로 3명이 투입되어 개발이 완료되었다면, 이 소프트웨어의 개발에 투입된 총 인-월(Man-Month)은 얼마인가?

- MM(Man-Month) : _____

예제 03

두 개의 모듈로 구성된 프로젝트가 있다. LOC(Line of Code) 기반으로 규모를 추정하려고 한다. 각 모듈의 규모 추정이 아래와 같을 때, 프로젝트의 총규모(LOC, Lines Of Code)를 계산하여 쓰시오.

모듈번호	낙관적 LOC	보통 LOC	비관적 LOC
1	100	200	300
2	60	100	200

4 일정계획

(1) **이정표(milestone) 관리**
   ① 기간별로 일정계획을 진행하는 것이다.
   ② 갠트 도표(Gantt Chart)를 이용하여 일정계획(작업일정, 작업기간)과 검토회의 시점을 파악하는 데 활용한다.

(2) **중점경로방법(CPM; Critical Path Method)**
   ① 프로젝트를 서로 연관된 소작업(activity)으로 구분하고 이들의 시작부터 끝나는 시점까지의 관계를 망(network)형태로 표현한 것이다.
   ② AON(Activity On Node)망 : 작업은 노드로 표시되고 화살표는 작업들의 전후관계로 표시하는 망이다.
   ③ EON(Event On Node)망 : 노드는 각 작업의 시작 및 완료 시점을 나타내고 화살표가 작업을 나타내는 망이다.

(3) **프로젝트 평가 및 검토기술(PERT)**
   ① CPM(Critical Path Method)이 작업의 개발기간을 하나의 숫자로 확정적 예측을 하는 데 비하여 PERT는 예측치를 적용하여 불확실성을 고려하였다.
   ② 예측치 = $\dfrac{낙관치 + (4 \times 기대치) + 비관치)}{6}$

예제 04

다음 표는 어떤 프로젝트를 수행하는 데 필요한 작업, 작업 수행 기간, 작업들 간의 종속 관계(선후 관계)를 나타낸 것이다. 임계경로(Critical Path)를 구하여 쓰시오.

작업	작업 수행 기간(일)	종속 관계
T1	15	-
T2	10	T1
T3	15	T1, T2
T4	15	-
T5	15	T4
T6	10	T3
T7	10	T6
T8	15	T3, T5
T9	10	T7
end	-	T8, T9

5 프로젝트 조직

(1) 민주주의적 팀(democratic teams)
   ① 와인버거(weinberg)에 의해 제안된 것으로 분산형 팀 구조이다.
   ② 팀원 모두가 의사결정에 자유로이 참여하므로 가장 많은 의사소통 경로가 존재한다.
   ③ 의사소통의 제약이 없어 팀원의 높은 참여도와 만족도를 높이고 이직률을 낮게 한다.
   ④ 팀구성원 사이의 의사교류를 활성화시키므로 복잡한 장기 프로젝트에 적합하다.
   ⑤ 의사소통의 경로의 수는 $\frac{n(n-1)}{2}$(단, n : 팀원 수)이다.

(2) 책임 프로그래머 팀(chief programmer teams)
   ① 민주주의 팀 구조보다 더 잘 짜여진 조직이며, 중앙 집중식 팀 구조이다.
   ② 책임 프로그래머의 능력 하에 의사 결정이 이루어지므로 의사소통 경로가 줄어 개발 과정이 신속하다는 장점이 있다. (단기 프로젝트)
   ③ 책임 프로그래머의 개인적 능력에 크게 의존하는 문제점이 있다.

(3) 계층적 팀(hierarchical teams)
   ① 민주적 팀과 책임 프로그래머 팀의 중간 형태이다.
   ② 구성원은 5~7명의 작은 그룹으로 구성되고 각 그룹은 고급 프로그래머가 관리한다.
   ③ 소프트웨어가 계층적 구조인 경우 적합하고, 팀원간의 의사소통 경로가 감소한다.

SECTION 2 분석 및 설계

1 구조적 분석의 도구

(1) **자료 흐름도**(DFD; Data Flow Diagram) : 시스템의 프로세스와 이 프로세스들을 연결하는 데이터를 네트워크(network)로 표현한 것이다.

기호	표기법
프로세스(process)	◯
자료흐름(flow)	→
자료 저장소(data store)	═
단말(terminal)	□

ex 상품 판매/구매 자료흐름도

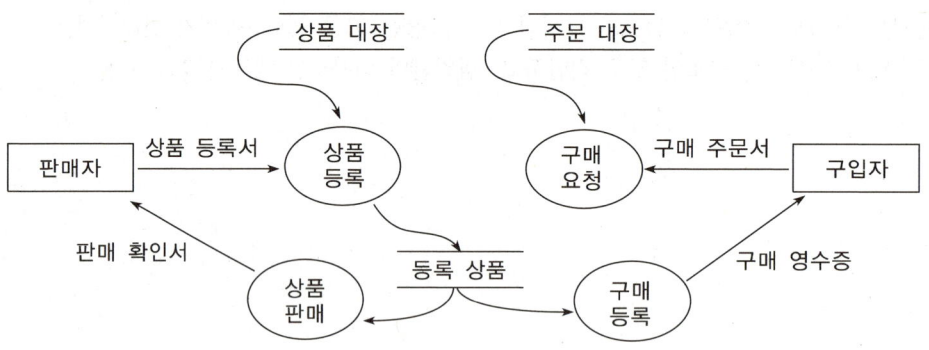

(2) **자료 사전**(DD; Data Dictionary) : 자료 흐름도에 나타나는 모든 자료 흐름 및 자료 저장소에 대한 정의의 집합이다.

기호	설명
=	정의
+	연결
( )	생략
[|]	선택
{ }	반복
* *	설명

(3) **소단위 명세서(Mini-spec; Mini specification)** : 자료 흐름도의 프로세스(process)에서 어떤 일이 일어나는가를 기술한 것이다(구조적 언어, 의사 결정도, 의사 결정표).

2 모듈화의 평가기준

(1) **결합도(coupling)** : 두 모듈 간의 상호 의존도를 나타내며, 낮은 결합도를 유지해야 함

결합도	설명
data coupling	두 모듈 간에 데이터 통신
stamp coupling	두 모듈 간에 자료구조 통신
control coupling	두 모듈 간에 제어신호 통신
common coupling	두 모듈이 공통 기억장소 사용
content coupling	한 모듈이 다른 모듈의 내부 기능이나 자료를 참조

(2) **응집도(cohesion)** : 단일 모듈 내의 활동 정도를 나타내며, 높은 응집도를 유지해야 함

응집도	설명
functional cohesion	하나의 모듈 기능을 수행하는 데 관련된 모든 요소들을 포함
sequential cohesion	데이터가 한 구성요소에서 다른 구성요소로 흐름
communication cohesion	한 모듈이 2가지 기능요소를 가질 때 서로 다른 출력
procedural cohesion	제어가 한 구성요소에서 다른 구성요소로 흐름
temporal cohesion	초기화 모듈과 종료 모듈
logical cohesion	모듈에 있는 활동과 실행된 활동은 모듈 외부로부터 선택
coincidental cohesion	서로 의미가 없는 관계를 갖는 구성요소

(3) **제어폭(Fan-out)**
① 어느 한 모듈이 직접 제어할 수 있는 모듈의 수를 의미한다.
② 좋은 소프트웨어로 판정하는 기준은 7 ± 2로 하는 것이 적절하다.

(4) **공유도(Fan-in)**
① 어느 한 모듈을 제어하는 타 모듈의 수를 의미한다.
② 제어폭과 마찬가지로 너무 크지 않게 7 ± 2로 하는 것이 적절하다.

예제 05

다음은 소프트웨어의 구성요소인 모듈의 계층적 구성을 나타내는 프로그램 구조도이다. 모듈 G에서의 팬인(Fan-In)과 팬아웃(Fan-Out)을 각각 구하시오.

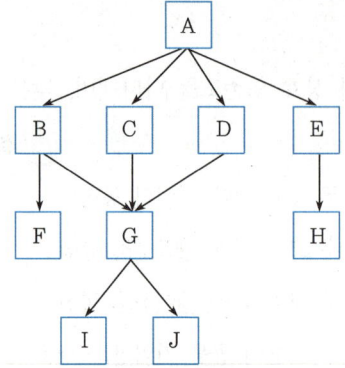

- Fan-In   : _____
- Fan-Out : _____

예제 06

다음과 같은 〈C 언어〉가 주어졌을 때, 함수 first()와 함수 second() 간의 결합도와 함수 second()의 응집도로 가장 적합한 것을 순서대로 쓰시오.

C 언어

```c
void first(void){
    int a, b, in ;
    int result ;
    scanf("%d %d %d", &a, &b, &in) ;
    result = second(a, b, in) ;
    printf("result = ", result) ;
}

int second(int x, int y, int z) {
    if( z>0 )
        return x + y ;
    else
        return = x - y ;
}
```

예제 07

다음과 같은 〈C 언어〉에서 사용된 함수들을 약한 결합도 부터 강한 결합도 순으로 나열하시오.

C 언어

```c
int g ;
int fun1(int x, int y) {
   return x + y + g ;
 }


int fun2(int x, int y) {
   return x + y ;
 }


struct RECT { int w ; int h ; }
int fun3(RECT r) {
   return r.w * r.h ;
 }


int fun4(int p, int x, int y) {
    if( p>0 ) return fun1(x, y) ;
    else if( p==0 ) return fun2(x, y) ;
    else {
       struct RECT r ;
       r.w = x ; r.h = y ;
       return fun3(r) ;
      }
 }

void main()
 {
    int a = 10 , b =20 ;
    printf("%d", fun4(10, a, b)) ;
 }
```

3 객체지향 언어

(1) 객체지향 언어의 용어

용어	설명
객체(object)	속성(데이터)과 메소드(연산)를 함께 캡슐화한 것
클래스(class)	동일한 속성, 공통의 행위를 가지는 객체들의 집합
캡슐화(encapsulation)	속성과 연산을 하나로 묶는 것
상속성(inheritance)	상위 클래스의 속성과 연산을 하위 클래스가 물려받는 것
다형성(polymorphism)	메시지에 의해 객체(클래스)가 연산을 수행하게 될 때 하나의 메시지에 대해 각 객체(클래스)가 가지고 있는 고유한 방법으로 응답할 수 있는 능력
추상화(abstraction)	불필요한 부분을 생략하고 객체의 속성 중 가장 중요한 것에만 중점을 두어 개략화하는 것
정보은닉(information hiding)	다른 객체에게 자신의 정보를 숨기고 자신의 연산만을 통하여 접근을 허용하는 것
MVC	Model + View + Controller

(2) 람바우(Rumbaugh)의 객체지향 분석
① 객체 모델링(object modeling) : 객체 다이어그램(object diagram)
② 동적 모델링(dynamic modeling) : 상태 다이어그램(state diagram)
③ 기능 모델링(function modeling) : 자료흐름도(DFD)

(3) 접근 지정자(access modifier)
① public : public으로 선언된 메소드와 변수는 어느 곳에서든 호출이 가능하다.
② protected : protected로 선언된 메소드와 변수는 클래스의 멤버와 서브 클래스, 패키지 내에서만 사용이 가능하다.
③ private : private로 선언된 메소드와 변수는 자신의 클래스에서만 사용이 가능하고 상속된 클래스에서는 사용이 불가능하다.

접근 지정자				
접근 지정자	같은 클래스	하위 클래스	같은 패키지	모든 클래스
private	○	×	×	×
protected	○	○	○	×
public	○	○	○	○

〈오버로딩(Overloading)과 오버라이딩(Overriding)의 차이점〉

오버로딩(Overloading)	오버라이딩(Overriding)
○ 상속과 관련없고 한 클래스안에서 정의한다. ○ 한 클래스 내에서 다수의 오버로딩된 메소드들을 정의한다. ○ 메소드 이름이 같아야 한다. ○ 매개변수의 개수 또는 타입이 달라야 한다. ○ 매개변수는 같고 리턴타입이 다른 경우 오버로딩이 성립되지 않는다.	○ 상속과 관련이 있고 상속된 하위 클래스에서 재정의한다. ○ 한 하위 클래스에서 한번만 오버라이딩 할 수 있다. ○ 메소드 이름이 같아야 한다. ○ 매개변수의 개수의 개수가 같아야 한다. ○ 리턴타입이 같아야 한다.

4 UML(Unified Modeling Language)

UML은 객체 지향 방법론을 사용한 시스템 설계 모델링에 그 유용성이 입증된 언어로 객체지향 시스템을 가시화, 명세화, 문서화하는 것을 목적으로 시스템을 개념적이고 물리적으로 표현하여 의사소통을 돕는다.

Diagram	개념
Use Case Diagram	요구 분석 과정에서 시스템과 외부와의 상호 작용을 묘사하는 다이어그램
Class Diagram	시스템의 구조적인 모습을 그리는 다이어그램
Activity Diagram	업무의 흐름을 모델링하거나 객체의 생명 주기를 표현하는 다이어그램
Sequence Diagram	객체 간의 메시지 전달을 시간적 흐름에서 분석하는 다이어그램
Collaboration Diagram	객체와 객체가 주고받는 메시지 중심의 동적 다이어그램
Component Diagram	소프트웨어 구조가 그리는 다이어그램
Deployment Diagram	기업 환경의 구성과 컴포넌트들 간의 관계를 그린 다이어그램

(1) Use-case Diagram

유즈케이스는 'Use-case'라는 말 그대로 사용되는 사례를 나타내는 다이어그램이다. 유즈케이스는 시스템의 기능을 한 눈에 보여줄 수 있기 때문에 사용자의 요구를 추출하고 분석하는 데 사용되며, 외부에서 보는 시스템의 동작에 초점을 두고 그려진다. 유즈케이스는 Actor, Usecase, Relation의 3가지로 구성된다.

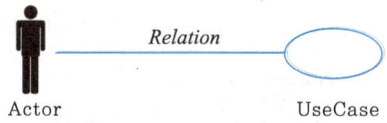

SECTION 2 분석 및 설계

Actor	시스템과 상호작용하는 사용자나 다른 시스템, 명사로 표현된다
Usecase	시스템이 수행하는 작업, 동사로 표현된다
Relation	① Communicate 관계 : Actor와 Usecase 사이의 관계, 화살표로 표시한다 ② Include 관계 : Usecase A가 Usecase B에 의해 제공되는 기능을 사용하게 한다 ③ Extends 관계 : Usecase A가 Usecase B에 의해 제공되는 기능을 확장하게 한다.

ex 계좌관리의 UseCase Diagram

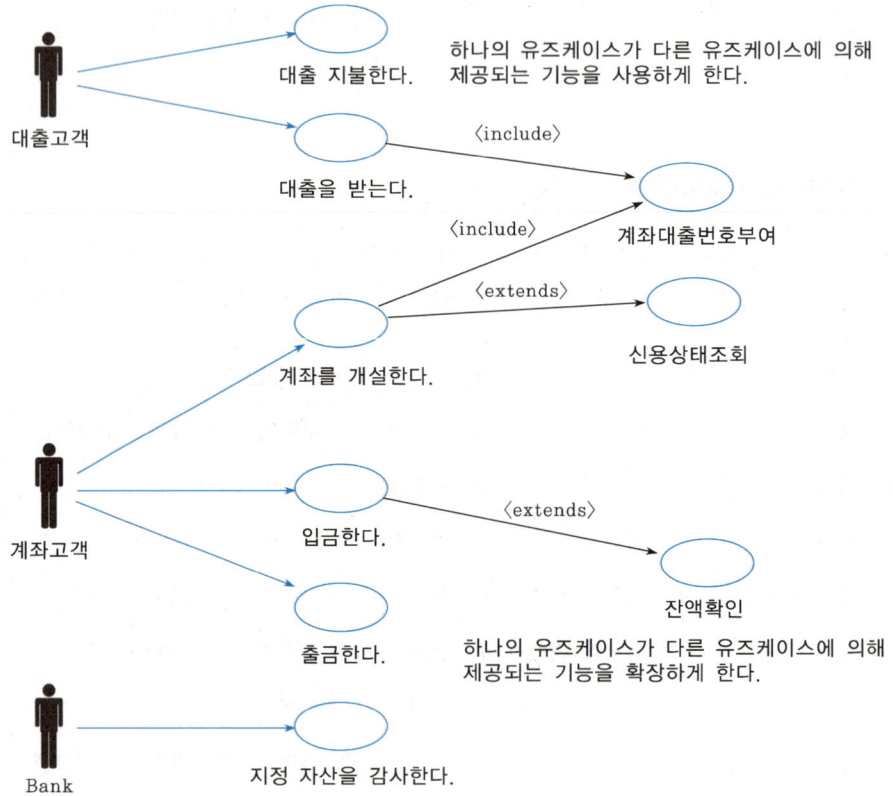

(2) **Class Diagram**
① 클래스 다이어그램은 "클래스"라고 하는 객체지향 설계 단위를 이용하여 시스템의 구조를 표현한 것이다.
② 클래스 다이어그램은 실제 프로그래밍 되는 코드와 가장 유사하다.
③ 클래스는 클래스 이름(Class Name), 속성(Attribute), 메소드(Method)로 구성한다.
④ 접근지정자를 위한 Prefix : public(+), private(-), **protected(#)**

클래스 이름(Class Name)
속성(Attribute)
메소드(Method)

➡

Book
#title #writer
+showContents()

ex 도형 클래스의 Class Diagram

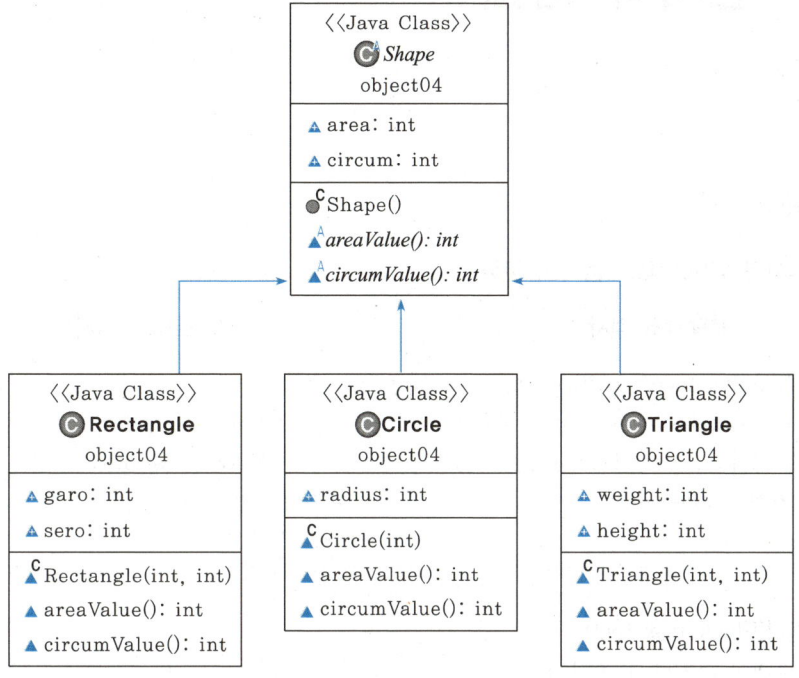

5 디자인 패턴(design pattern)

(1) **싱글톤 패턴(singleton pattern)** : 해당 클래스의 인스턴스(instance)가 하나만 만들어지고, 어디서든지 그 인스턴스에 접근할 수 있도록(전역 접근) 하기 위한 패턴이다.

(2) **팩토리 패턴(factory pattern)** : 객체를 생성하기 위한 인터페이스를 정의하는데, 어떤 클래스의 인스턴스를 만들지는 서브클래스에서 결정하게 만든다. 클래스의 인스턴스를 만드는 일을 서브클래스에 맡긴다.

(3) **스트래티지 패턴(strategy pattern)** : 같은 문제를 해결하는 여러 알고리즘(방식)이 클래스 별로 캡슐화되어 있고 이들이 필요할 때 교체할 수 있도록 함으로써 동일한 문제를 다른 알고리즘으로 해결할 수 있는 패턴이다.

(4) **스테이트 패턴(state pattern)** : 상태에 대한 알고리즘을 인터페이스를 통해 독자적으로 관리해주며 이들이 필요할 때 교체할 수 있도록 함으로써 모든 상태를 조절해주는 패턴이다.

(5) **옵서버 패턴(observer pattern)** : 일대 다의 객체 의존 관계를 정의하며, 한 객체의 상태가 변화되었을 때, 의존 관계에 있는 다른 객체들에게 자동적으로 변화를 통지한다.

(6) **어댑터 패턴(adapter pattern)** : 이미 개발된 클래스의 인터페이스를 다른 클래스의 요구에 맞게 인터페이스를 변환해주는 것이다.

(7) **반복자 패턴(iterator Pattern)** : 컬렉션(collection)의 구현을 드러내지 않으면서 컬렉션(collection) 내에 있는 모든 객체들에 대해 반복 작업할 수 있다.

검사와 품질

1 소프트웨어 검사

(1) 블랙박스 검사와 화이트박스 검사의 분류

블랙박스 검사	화이트박스 검사

• 동등 분할(equivalence partitioning)
• 경계값 분석(boundary value analysis)
• 원인/결과 그래프(cause/effect graphing)
• 오류 예측(error quessing)
• 비교 검사
	• 기초 경로검사
	• 구조 시험(structure testing)
	   − 루프 시험(loop testing)
	   − 데이터 흐름검사
	   − 조건 검사

(2) 블랙박스 검사(Black box test)
① 기초적 모델의 관점에서 검사이다.
② 데이터 위주(data-driven) 또는 입출력 위주(IO-driven)검사라고도 한다.
③ 블랙박스 검사의 종류
    ㉠ 동등분할(equivalence partitioning) 기법
        ⓐ 프로그램의 입력데이터를 동등분할하여 검사의 근거로 삼는다.
        ⓑ 동등분할는 입력데이터의 타당성 또는 부당성을 나타낸다.
        ⓒ 동등분할의 지침
            ㉮ 입력 조건이 범위(range)를 명세 : 1개는 타당하고 2개는 부당하게 분할
            ㉯ 입력 조건이 특수한 값(value)을 요구 : 1개는 타당하고 2개는 부당하게 분할
            ㉰ 입력 조건이 집합(set)의 구성요소를 명세 : 1개는 타당하고 1개는 부당하게 분할
            ㉱ 입력조건이 부울형(boolean) : 1개는 타당하고 1개는 부당하게 분할
    ㉡ 경계값 분석(boundary value analysis) 기법
        ⓐ 동등분할을 보완해 주는 검사기법이다.
        ⓑ 입력데이터에만 치중하는 것이 아니라 경계치에 치중하면서 출력유형도 고려한 검사기법이다.
    ㉢ 원인-결과 그래프(cause-effect graphing) 기법
        ⓐ 논리적인 조건과 그에 대응하는 동작을 간결하게 표현하는 검사기법이다.
        ⓑ 입력데이터간의 관계가 출력에 영향을 미치는 상황을 체계적으로 분석하여 효율성을 높이는 검사기법이다.
    ㉣ 오류예측(error guessing)기법
        ⓐ 입력데이터의 오류를 검사하기 때문에 데이터 확인(data validation) 기법이라 부른다.
        ⓑ 동등분할, 경계값 분석, 원인-결과 그래프기법에서 놓칠 수 있는 오류들을 감각과 경험으로 찾는 것이다.

(3) 화이트박스 검사(White box test)
① 소프트웨어의 내부논리구조를 파악하거나 복잡도를 계산하는 검사기법이다.
② 논리 위주(logic-driven)검사라고도 한다.
③ 화이트 박스 검사의 종류
    ㉠ 문장 커버리지(statement coverage) : 모든 실행문의 수행조사

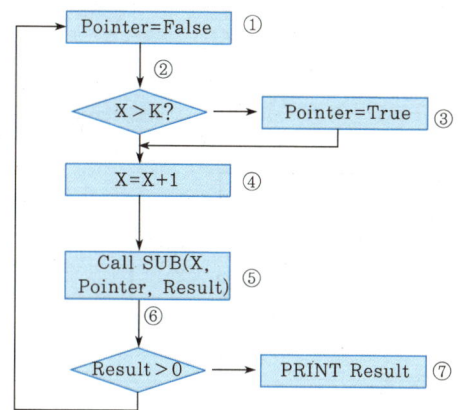

프로그램에 있는 모든 문장이 적어도 한 번씩 수행되는 검증 기준으로 ①-②-③-④-⑤-⑥-⑦까지의 문장을 구동시키면 됨

    ㉡ 분기 커버리지(branch coverage) : 분기점 조사

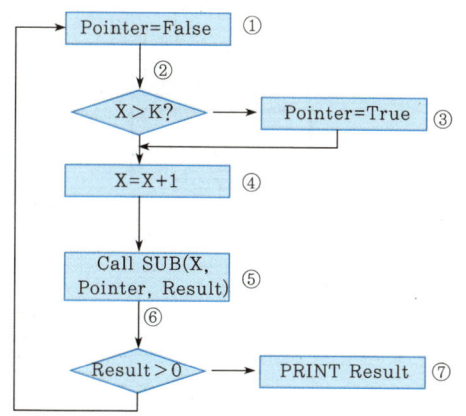

프로그램에 있는 선택 분기점을 파악 예에서는 X값이 K값보다 큰 수인지 판단하는 분기점과 Result 값이 양수인지 비교하는 분기점 두 개의 참과 거짓 조건을 모두 테스트할 수 있는 테스트 케이스는 아래와 같이 두 개임

- X가 k보다 크고 Result가 양수인 경우 : ①-②-③-④-⑤-⑥-⑦
- X가 k보다 작고 Result가 음수인 경우 : ①-②-④-⑤-⑥-①

    ㉢ 경로 커버리지(path coverage) : 경로 검사

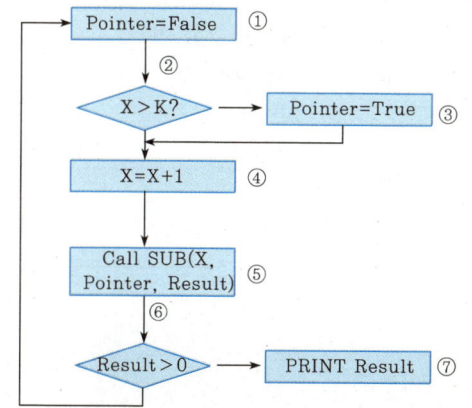

①-②-③-④-⑤-⑥-⑦
①-②-③-④-⑤-⑥-①
①-②-④-⑤-⑥-⑦
①-②-④-⑤-⑥-①

예제 08

다음과 같은 제어 흐름을 갖는 프로그램을 테스팅할 때 사용한 테스트 기준과 그 테스트 기준을 100% 만족하기 위해 필요한 프로그램 경로들을 찾고자한다. 아래의 〈작성 방법〉에 따라 기술하시오. (단, 제어흐름도의 모든 프로그램 경로는 실행 가능하다)

제어 흐름

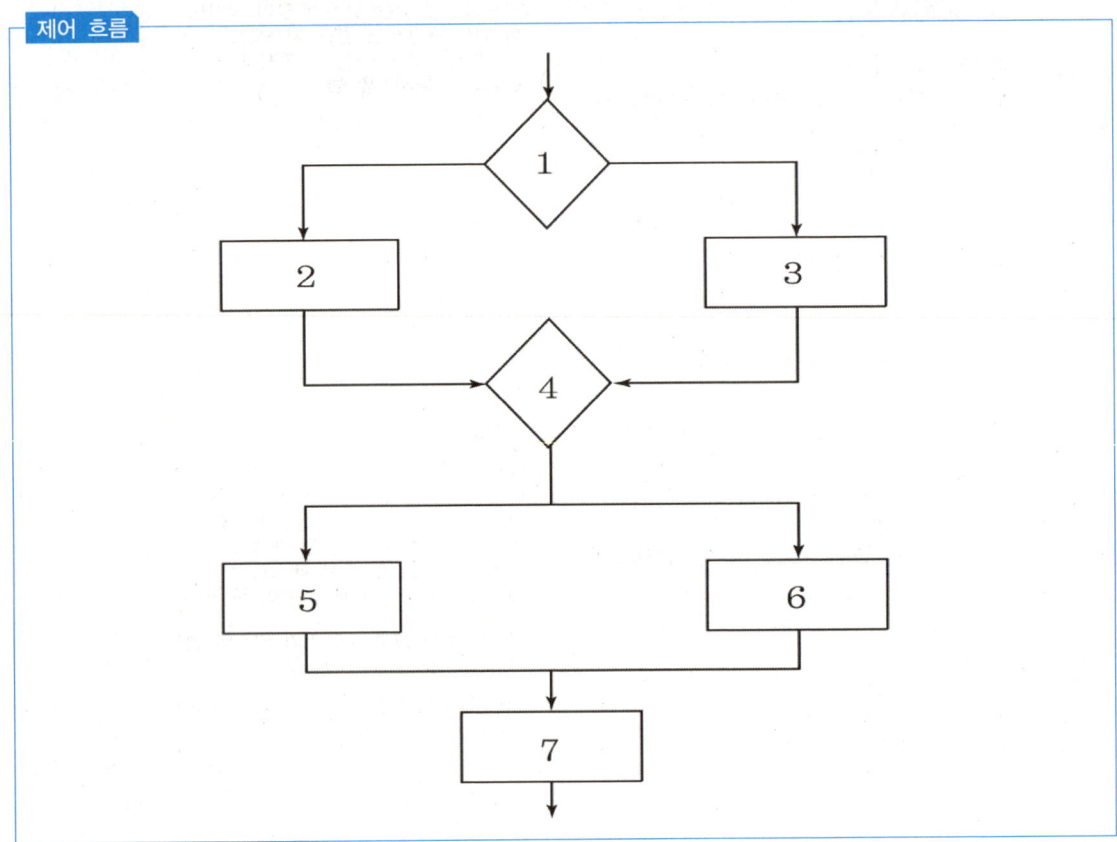

작성 방법

(1) 문장 커버리지(statement coverage)에 대한 최소의 테스트 케이스 개수를 구할 것.
(2) 분기 커버리지(branch coverage)에 대한 최소의 테스트 케이스 개수를 구할 것.
(3) 경로 커버리지(path coverage)에 대한 최소의 테스트 케이스 개수를 구할 것.

2 단계별 소프트웨어 검사

(1) **단위 검사** : 코딩에 대한 검사, 화이트 박스 검사

(2) **통합 검사** : 설계에 대한 검사
- 하향식 통합 : Stub
- 상향식 통합 : Cluster

(3) **인수검사(acceptance test)** : 요구사항에 대한 검사
① 알파검사(alpha test) : 사용자에 의해 개발자 앞에서 행해진다. 소프트웨어는 개발자가 사용자의 어깨너머로 바라보며 오류와 사용상의 문제점을 기록한다.
② 베타검사(beta test) : 선정된 사용자들이 자신들의 사용환경에서 일정기간 사용해 보면서 문제점을 기록하고, 이것을 일정한 간격을 두고 개발자에게 보고한다.

(4) **시스템 검사** : 시스템 공학에 대한 검사(복구검사, 보안검사, 강도검사, 성능검사)

3 소프트웨어 복잡도 메트릭스

(1) T. McCabe에 의해 프로그램 구조의 복잡도를 순환적 복잡도(cyclomatic complexity)로 측정한 분석법이다.

(2) 순환적 복잡도는 흐름 그래프(flow graph)의해 측정되며, 이 그래프는 프로그램 라인을 표시하는 노드(node)와 수행경로를 표시하는 화살표(arrow)로 나타낸다.

(3) 순환적 복잡도
① 복잡도(V) = 화살표 수(A) - 노드 수(N) + 2
② 복잡도(V) = 서술 노드(P) + 1
③ 복잡도는 흐름 그래프의 영역의 수와 일치한다.
④ 복잡도는 프로그램 구조에서 직선으로 독립 경로(linearly independent paths)의 수와 일치한다.

예제 09

다음의 흐름 그래프를 보고 물음에 답하시오.

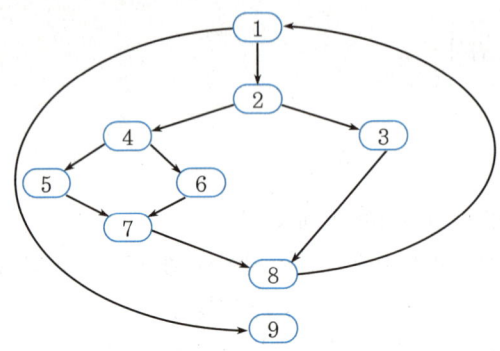

1. 흐름 그래프의 복잡도는 얼마인가?

   V(G) = _____

2. 서술노드를 모두 나열하시오.
   _____

3. 독립경로를 모두 구하시오.
   _____
   _____
   _____
   _____

4 신뢰도(reliability)

(1) 하드웨어적인 신뢰도를 기반으로 MTBF로 간단히 소프트웨어의 신뢰성을 산출할 수 있다.

(2) MTBF = MTTF + MTTR

```
                        MTBF
      ┌─────────┬──────────────────────┬──────────────┐
      │고장(failure)│   장비 정상가동, 운전    │다음 고장(failure)│
      └─────────┴──────────────────────┴──────────────┘
         MTTR              MTTF
```

① MTBF(Mean Time Between Failure)
  ㉠ 평균 고장 간격
  ㉡ 시스템의 고장 발생시점으로부터 다음 고장 발생시점까지의 평균 시간

② MTTF(Mean Time To Failure)
  ㉠ 평균 가동 시간
  ㉡ 시스템의 고장 완료시점으로부터 다음 고장 발생시점까지의 평균 시간
  ㉢ $MTTR = \dfrac{작업\ 시간의\ 총합}{가동\ 횟수}$

③ MTTR(Mean Time To Repair)
  ㉠ 평균 수리 시간
  ㉡ 시스템의 고장 발생으로부터 고장 완료시점까지의 평균 복구 시간
  ㉢ $MTTR = \dfrac{수리\ 시간의\ 총합}{고장\ 횟수}$

(3) 신뢰도의 요소(RAS)
  ① **신뢰도(reliability)** : 시스템 또는 각 구성요소가 정해진 조건으로 의도하는 기간 중에 소정의 기능을 완수하는 능력을 말한다.

  ② **가용도(availability)** : 어느 특점의 시점에서 소정의 기능을 완수하고 있는 비율을 말하며, 그 확률을 가동률이라 한다.

$$가동률 = \dfrac{실제\ 가동한\ 시간의\ 합}{시스템\ 총\ 작업\ 시간} \times 100\% = \dfrac{MTTF}{(MTTF+MTTR)} \times 100\%$$

  ③ **보전도(serviceability)** : 시스템 또는 각 구성요소에 장애가 발생하였을 때 회복을 위한 수리의 간편도를 말한다.

예제 10

다음 표를 근거로 계산한 시스템의 MTBF(Mean Time Between Failure)를 구하시오.

시스템 운용 기간	운용 상태
14	정상가동
3	고장/수리
15	정상가동
2	고장/수리
13	정상가동
1	고장/수리

- MTBF = _____

5 유지보수(maintenance)

(1) **하자보수(corrective maintenance)** : 소프트웨어 사용 도중 발견된 오류를 찾아 수정하는 작업을 말한다(21%).

(2) **기능개선(perfective maintenance)** : 성공적 소프트웨어에 새로운 기능을 추가시켜 기존 소프트웨어를 개선하는 작업을 말한다(25%).

(3) **환경 적응(adaptive maintenance)** : 변화된 환경, 즉 새로운 운영체제 또는 하드웨어 환경으로 이식하는 작업을 말한다(50%).

(4) **예방적 조치(preventive maintenance)** : 미래의 유지보수성이나, 신뢰성을 향상시키거나 미래의 품질향상에 더 나은 기초를 제공하는 작업을 말한다(4%).

송광진 교수

現) 에코에티카 정보컴퓨터 동영상강의 전임교수
現) 윌비스 임용고시학원 정보컴퓨터 전임교수
前) 영동대학교 자바/안드로이드 과정 강의(2013년도 2학기)
前) 서울특별시 인재개발원에서 '정보체계론' 강의
前) 건양대학교 자바/JSP/Spring/안드로이드 과정 강의
前) 성결대학교 자바/JSP 과정 강의
前) 노량진 우리고시학원 정보/컴퓨터 강의
前) 노량진 서울고시학원 정보/컴퓨터 강의
前) 노량진 서울고시학원 전산직 강의
(주)서울미터산업연구소 타코미터(택시미터기) C 언어 개발프로젝트
서울시 전자계산소 연수원에서 전산직 공무원 대상으로 C++ 강의
방송대학 TV '전자계산기구조' 강의

정보컴퓨터 일반과정 Ⅱ   ISBN 979-11-90130-93-6

발행일 · 2017年 2月 25日   초판 1쇄
　　　　2019年 1月 25日   　　2쇄
　　　　2020年 2月 21日 개정판 1쇄

저　자 · 송광진 | 발행인 · 이용중
발행처 · 도서출판 배움 | 주소 · 서울시 영등포구 영등포로 400 신성빌딩 2층 (신길동)
주문 및 배본처 | Tel · 02) 813-5334 | Fax · 02) 814-5334

본서의 無斷轉載·複製를 금함. 본서의 무단 전재·복제행위는 저작권법 제136조에 의거 5년 이하의 징역 또는 5,000만 원 이하의 벌금에 처하거나 이를 병과할 수 있습니다. 파본은 구입처에서 교환하시기 바랍니다.

정가 16,000원